다시 연결되는 뇌, 기쁨을 깨우다

발달장애 아동 부모를 위한 신경발달 접근법

발달장애 아동 부모를 위한 신경발달 접근법

다시 연결되는 뇌, 기쁨을 깨우다

윤조이 지음

노츠랩

추천의 말

3년 전, 선한목자교회 사랑부 담당 안재영 목사님으로부터 이 책의 초안 감수를 부탁받고서 설레는 마음으로 내용을 검토했던 기억이 납니다. 특수교육 현장 전문가로서 치료교육 분야, 특히 '감각통합 지도법'에 관심을 가지고 연구 및 실천을 해온 저에게 이 책은 참 많은 공감과 새로운 도전의 계기가 되었습니다.

이 책을 발달장애 자녀를 가진 부모들에게 적극 추천하는 이유는 저자인 윤조이 선생님이 입양한 두 명의 장애 자녀에게 '신경발달 접근법Neuro-Developmental Approach'을 토대로 매일 가정에서 적용하여 신체 발달과 행동 변화, 학습의 발전을 이루어낸 교육 실천 지도서이기 때문입니다. 또한 지난 3년간 선한목자교회 사랑부 부모들이 저자와 함께 '기쁨을 향한 여정 워크숍'을 열어 단체와 아동 개인별 가정 지도 프로그램으로 발전시켜 큰 성과를 거두었기 때문이기도 합니다.

특히 '신경발달 접근법'의 활용 장점은 특별한 공간과 장비가 없어도 된다는 점입니다. 집 거실이나 작은 바닥 공간이면 충분하고, 집안에서 쉽게 구할 수 있는 물건을 활용하면 이 책에 소개된 대부분의 훈련 프로그램을 시행할 수 있습니다. 그리고 책 중간마다 QR코드가 들어가 있는데, 이것을 휴대전화로 접속하면 대뇌 발달 및 감각 자극의 중요한 이론 해설과 훈련 프로그램을 볼 수 있도록 저자의 〈기쁨의 발견〉 유튜브 채널로 연결되어 시청각적 이해를 도와줍니다.

물론 발달장애와 학습장애 아동의 성장 지원을 위해 꼭 필요한 치료와 특수교육 전문가의 도움도 필요합니다. 그러나 많은 교육학자는 '자녀 교육에 있어 최고의 교사는 부모'라고 강조하고 있습니다. 따라서 이 책에서 제시하고 있는 구체적인 활동 프로그램을 매일 반복적으로 꾸준히 적용하여 기존의 전문적 치료와 교육을 보완함과 동시에 자녀의 전인적 발달을 촉진하며, 부모 자신이 자녀의 성장 과정에서 주도적이고 적극적인 동반자가 되었다는 자부심을 가지시기를 바랍니다.

한편 이 책은 한국의 발달장애 아동 치료 및 특수교육 분야에 종사하는 전문가들에게도 유익한 자료가 될 것이라 확신합니다. 특히 현장 교사들이 신경발달 접근법에 관한 학문적인 연구와 지속적인 교육 실천을 통해 자신들이 담당하는 발달장애와 학습장애 아동들에게 올바른 신체 성장과 행동 개선, 나아가 언어 및 학습 발달을 촉진하는 데 크게 이바지하리라 기대합니다.

끝으로 이 책이 발달장애 아동을 키우는 부모와 현장 전문가들이 하나 되어 아동의 성장과 기쁨을 향한 여정을 함께 열어가는 데 굳건한 디딤돌이 되길 소망합니다.

김용한 前 용인강남학교 교장

저자는 오랜 시간 발달장애 아동과 가족들을 품어 안으며, 특수교육 전문가로서의 경험과 부모로서 삶의 지혜를 이 책에 담아냈습니다. 그래서 이 책은 단순한 지침서가 아니라 부모와 아이가 손을 맞잡고 함께 걸어가도록 안내해 주는 '동행의 지도'입니다.

복잡한 뇌과학 이론을 단순화하고, 이해하기 쉬운 실천법을 제시하여 일상에서 부모가 주체가 되어 실천할 수 있도록 안내합니다. 가정에서 꾸준히 이어간다면 아이의 발달뿐 아니라 부모와 자녀의 마음도 함께 자라나는 변화를 경험하게 될 것입니다.

저는 이 책이 부모님들께 구체적인 방법과 함께 기쁨을 누릴 희망을 전해줄 것이라 확신하며, 저자에 대한 존경과 감사의 마음으로 기쁘게 추천합니다.

이지선 서울재활병원 원장

장애 아동에게 가장 큰 힘이 되는 것은 부모의 사랑과 따뜻한 친밀감입니다. 부모와의 안정적인 관계는 아이가 정서적으로 안정되고 자신감을 회복하는 데 큰 도움이 됩니다. 이는 단순히 위로를 넘어, 아이가 발달 과정에서 어려움을 극복하고 새로운 가능성을 열어가는 원천이 됩니다. 결국 부모와의 사랑과 친밀감은 장애 아동의 회복과 성장에 있어 무엇보다 중요한 밑거름이 됩니다.

특히 부모-자녀 간의 안정적 친밀감은 아동의 정서 조절 능력, 사회적 기술, 자기 효능감 증진에 긍정적 영향을 미치며, 이는 장애로 인한 발달적 제약을 완화하고 회복적 발달을 가능하게 합니다. 장애 아동을 키우며 때로는 지치고 외로운 순간이 있겠지만, 이 책을 통해 아이와 함께하는 동안 혼자가 아님을 깨닫고 따뜻한 용기와 위로를 받게 되리라 생각합니다. 또한 아이와 가정을 더 단단하게 세워가는 힘이 된다는 것을 다시금 확인하게 될 것입니다.

고성은 건국대학교병원 소아재활의학과 교수

저에게 소아재활은 두 가지 그림으로 균형 잡혀 있습니다. 발전의 그림과 기본의 그림입니다.

지난 세대 동안 소아재활 분야가 새로운 치료법과 다학제적 접근으로 환아들의 치료에 큰 효과를 거두는 발전의 그림을 지켜보며 놀랍고 감사했습니다.

기본의 그림은 제가 수련 시절에 경험한 장면입니다. 당시 소아재활을 가르치시던 교수님께서 매주 입원 환아들의 어머니들을 모아, 소아 발달과 그에 따른 여러 도움 방법을 가르쳐주셨습니다. 어머니들은 늘 공책에 열심히 기록하고, 실습하며, 질문을 아끼지 않으셨습니다. 조이 선생님께서 전문가로서 또한 환아를 키우는 엄마로서 귀한 책을 내주신 것, 진심으로 축하와 감사드립니다. 마라톤 치료의 주인인 환아와 가족들이 소망을 두고 이 경주를 달려 나가시도록 응원합니다.

이윤경 세브란스병원 재활의학과 진료교수

발달이 늦은 아이들을 교육하면서 가장 어려웠던 점은 원인을 알 수 없는 행동들을 다루는 것이었습니다. 문제의 근본 원인을 파악하고 효과적인 교육 방법을 찾고자 그동안 큰 노력을 기울였지만, 시도한 것들마다 기대한 효과를 보지 못해 수많은 좌절을 겪어야 했습니다.

그러던 중 아이들의 나이에 상관없이 큰 변화가 나타난다는 이야기를 듣고 조이 선생님의 신경발달 접근법 강의를 듣게 되었습니다. 신경발달 접근법에 대해 알면 알수록 그 과학적 원리와 실제적 효과에 더 깊이 매료되었습니다. 벅차오르는 감동을 부모님들께 빨리 전해드리고 싶다는 마음으로, 강의를 받은 후 즉시 네 가정의 부모님들과 함께 신경발달 접근법을 시작하였습니다.

매일 꾸준히 실천한 한 아이의 경우, 놀랍게도 한 달 만에, 눈에 띄는 변화가 나타나기 시작했습니다. 언어능력과 운동능력, 인지능력이 향상되었고, 감정조절 능력이 개선되었으며, 무엇보다 부모와 아이 관계가 눈에 띄게 좋아졌습니다.

이 신경발달 접근법은 시작하는 순간부터 나이에 상관없이 아이와 부모가 함께 변화를 기대할 수 있는 최고의 접근법입니다. 기존 교육만으로는 해결되지 않던 난제들이 신경발달 접근법에 도전하는 순간부터 아이와 부모 모두에게 새로운 희망의 빛으로 다가올 것입니다.

강정화 광주 행복한꿈트리연구소장

발달장애인 사역을 오랫동안 해오며 가졌던 고민이 있었습니다. '장애가 있는 아이와 부모의 회복과 구원을 위해서 어떤 공동체를 세워가야 하는가?'였습니다. 성경을 통해서 얻은 답변은 총체적인 공유공동체였습니다. 그들의 아픔과 좌절을 함께 짊어지고 기쁨과 비전도 공유하는 공동체 말입니다. 이를 위해서 교회 안에 예배와 돌봄 공동체를 만들고, 신앙과 일상의 삶을 공유하는 공동체를 작게나마 만들어왔는데, 한 가지 아쉬운 점이 있었습니다. 부모와 장애 당사자의 가장 큰 관심사이면서 어려운 문제인 장애 본질의 문제에 대해서는 교회가 할 수 있는 부분이 없다는 것이었습니다. 교회이기에 그저 전문 기관에 맡길 수밖에 없다고 그동안 생각해 왔습니다.

그러다가 하나님께서 만나게 해주신 훈련이 신경발달 접근법이었습니다. 이 훈련은 마치 '성경에서 말하는 재활훈련은 바로 이런 것이야'라고 알게 해주시는 것 같았습니다. 죄로 무너진 인간의 원형을 주님이 우리 안에 오셔서 하나하나 회복하시듯이, 우리의 분주함과 조급함으로 소홀히 여겼던 단순하고 일상적인, 그러나 중요한 몸의 움직임을 반복 훈련함으로써 발달장애인의 뇌 신경이 조금씩 회복하게 된다는 원리가 너무 놀랍고 감격스럽기까지 했습니다. 우리 교회는 윤상혁, 윤조이 선생님을 4년 전에 만나서 지금까지 이 훈련을 해오고 있는데, 학생들의 작은 회복의 열매는 물론이거니와 부모와 자녀가 이 훈련을 통해 서로를 더 이해하고 사랑하게 된 공유와 공감의 마음이 가장 큰 열매라고 생각합니다. 이번에 나온 책이 장애 자녀와 평생의 여정을 함께해가는 부모님과 선생님들에게 큰 기쁨의 열매가 될 것을 기대합니다.

안재영 선한목자교회 사랑부 담당 목사

2021년, 코로나 시국의 한복판에서 만난 〈기쁨의 발견〉 유튜브 채널은 사랑부 가정에게 찾아온 하나님의 특별한 선물이었습니다. 신경발달 접근법은 단순한 훈련을 넘어, 우리 공동체 안에서 새로운 가능성과 기쁨을 발견하게 해주었습니다.

그동안 교회는 늘 함께하고자 최선을 다했지만, 아이들을 어떻게 이해하고 도와야 하는지는 부모님 각자에게 맡겨져 있었습니다. 그러나 신경발달 접근법 훈련 공동체를 통해 엄마와 아이는 서로를 더 깊이 이해하고 사랑할 수 있었고, 엄마와 엄마는 서로에게 위로와 격려가 되는 든든한 동지가 되었습니다. 또한 아무에게도 관심이 없는 것 같던 아이와 아이가 서로의 존재를 느끼며 하나 되는 놀라운 경험을 하게 되었습니다.

물론 이 훈련 하나만으로 모든 문제의 해답을 얻을 수는 없습니다. 또한 아이마다 편차는 있습니다. 그러나 선한목자교회 사랑부가 지난 시간 경험한 것처럼, 이 여정은 발달의 어려움을 가진 아이들과 그 가족들에게 어제보다 더 나은 내일을 향해 나아가도록 이끄는 소중한 마중물이 됩니다.

저는 이 훈련이 아이들의 세상을 이해하고, 아이들의 마음 깊은 곳으로 한 걸음을 내디디려는 모든 이들에게 귀한 길잡이가 될 것이라 확신합니다. 이 책을 발달장애 아동의 부모 뿐 아니라 그런 가정을 사랑으로 품고자 하는 모든 분에게 기쁨으로 추천합니다.

최현주 선한목자교회 사랑부 담당 사모

아름다운 여정의 기록이 한 권의 책으로 출간되어 기쁨과 기대가 큽니다. 제가 3년이 넘는 시간 동안 매일 아이와 신경발달 훈련을 하며 뚜벅뚜벅 걸어올 수 있었던 것은, 이 여정의 길을 먼저 걸어간 윤조이 선생님과 선생님의 사랑스러운 두 자녀 야곱과 에스더라는 분명한 증거, 멈추고 싶을 때마다 뒤를 돌아볼 때, 곁에서 손잡아주며 함께 가자고 이끌어준 교회 사랑부 공동체가 함께 있어 준 덕분입니다.

신경발달 접근법을 진행하면서 성민이의 감각적인 어려움이 완화되고 듣고 외우는 숫자가 늘어나는 등 아이가 쑥쑥 자라났습니다. 그러나 궁극적인 변화는 성민이의 부모인 저희 부부가 성민이를 더 깊이 이해하게 되면서 더 사랑하게 된 것입니다. 무엇과도 바꿀 수 없는 기쁨을 발견하는 여정에 저희와 같은 많은 장애 가정을 초청합니다.

이혜정 이성민 어머니

신경발달 접근법을 집에서 아이와 함께 훈련하면서 아이를 바라보는 눈이 바뀌게 되고, 인생의 전환점이 되었습니다. 그렇게 저는 참 고맙고 놀라운 시간을 경험했습니다. 아이를 더 많이 사랑할 기회가 생긴 것이 가장 감사합니다.

모든 부모가 이 책을 꼭 읽어보고 함께 이 여정을 시작해보길 바랍니다. 그래서 우리 아이를 더 많이 사랑할 기회가 여러분께도 생기길 바랍니다.

구남경 이지윤 어머니 (음악치료사)

신경발달 접근법이라는 생소한 관점에서 아이들의 발달 상황을 관찰하고 뇌의 특정 영역을 활성화하는 활동 훈련과 감각 입력을 통해 신경계의 연결을 돕고, 특히 뇌신경을 재생성하고 발달시킬 수 있다는 내용을 접했을 때 반신반의했습니다.

단순 발달지연으로만 알고 3살부터 아들의 학령전기 대부분을 재활치료에 매달렸건만 이렇다 할 성과 없이 초등 입학을 준비할 즈음, 대학병원 희귀질환센터에 의뢰해 둔 정밀 유전자 검사 결과를 통해 극 희귀질환인 특정 유전자 돌연변이라는 진단을 받게 되었습니다. 체념하듯 지적장애 진단을 받고 특수학교 입학을 결정하고 나서 더 이상 해줄 것이 없다는 좌절감으로 힘들어하던 상황이라 더 와닿지 않았던 것 같습니다.

유전자 검사 결과를 들으러 가서 치료 방법은 없느냐 울부짖는 우리 부부에게 의사가 말한 대로 "아드님은 정말 경한 정도입니다. 학교 입학하고 일상생활이 조금 늦을 뿐 다 할 수 있습니다. 더 심한 중증 장애아가 얼마나 많은 줄 아세요? 아드님 명문대 보내시려는 거 아니잖아요?" '원인을 알게 된 것만으로도 얼마나 다행인가? 최소한 예후를 알고 대비할 수 있으니…' 서로를 위로하며 신체가 아프지 않고 건강하게 행복하게만 자라면 더 바라는 건 우리 욕심이겠거니 생각했습니다.

이 책을 읽고 훈련하면서 우리 아이들의 뇌신경학적 메커니즘은 다르고 다를 뿐만 아니라 매우 손상되어 있는 상태라는 걸 최근 몇 년 사이에 알게 되었습니다. '내가 모르는 그 기간 내 아이는 얼마나 힘들었을까?' 생각하며 아이를 더 이해하고 다른 시선으로 바라보는 계기가 되었습니다.

이 책은 발달장애 아이들에게 왜 신경발달 훈련이 필요한지, 어느 부분을 어떻게 보충해 주어야 하는지를 실제 발달장애 가정의 훈련 과정을 통해 자세히 설명하고 있습니다. 부모들이 쉽게 이해하고 집에서도 따라 할 수 있는 설명서 같은 책. 정말 우리에게 필요했던 것인데. 이렇게 책으로 만들어주셔서 진심으로 감사드리고 싶습니다. 손상된 뇌신경의 진정한 회복을 위한 지침이 되는 이 책을 내 아이와 비슷한 아이들을 키우시는 분들께 정말 추천하고 싶습니다.

김난희 신온유 어머니

처음 신경발달 접근 훈련을 접했을 때는 반신반의하는 마음이 있었습니다. 성인기에 접어든 아이가 과연 나아질 수 있을까 하는 의구심이었습니다. 그런데 불과 2주 만에 아이와 나 사이에 있던 보이지 않는 벽이 허물어지는 것을 먼저 경험했습니다. 상호작용과 신체접촉을 통해 서로 더욱 친밀해지고, 심리적으로 편안함과 안정감을 느끼게 된 것입니다.

그 이후의 변화는 조용하지만 확실했습니다. 지속적인 청각 처리 훈련 덕분에 아이가 단어를 흘려버리지 않고 기억하는 능력이 생기면서 말을 이해하는 능력이 향상되었습니다. 그 결과 사소한 상황에도 터져 나오던 짜증이 줄어들고, 기다리는 시간이 길어졌으며, 오래 닫혀 있던 표현의 문도 열리기 시작했습니다. 또 다른 변화는 촉각 감각이었습니다. 상처와 거스러미를 집착적으로 만지던 습관이 서서히 사라지고, 손과 발 등 몸의 작은 상처들이 하나둘 자취를 감췄습니다. 신경발달 접근을 활용한 단순하고 꾸준한 감각 훈련으로 아이가 이렇게 변할 수 있다는 사실이 경이로웠습니다.

이 책은 뇌 가소성을 활용한 신경발달 접근법을 통해 감각세계에 갇혀 있는 아이들을 세상으로 이끌어주는 획기적인 안내서입니다. 이 책이 자녀의 발달 지연으로 낙담하고 힘들어하는 모든 부모에게 소망과 기쁨이 되어주리라 확신합니다.

박정화 김도영 작가 어머니

신경발달 접근법과 식이요법을 통해 아이의 뇌와 몸이 본래의 모습으로 놀랍게 변화되는 것을 경험했습니다. 그동안 아이가 받아온 치료는 실행 위주의 반복 연습이 대부분이라 아이의 본래 힘을 끌어내기에는 한계가 있었습니다. 약을 먹는 것 외에는 뾰족한 방법이 없다는 무력감도 컸습니다. 그러던 중 우연히 참석하게 된 기쁨을 향한 여정은 우리 가족과 공동체에 커다란 변화를 불러왔습니다. 처음에는 훈련에 적응하기 힘들었지만, 시간이 지나면서 아이가 매일 필요한 동작을 스스로 해내며 눈에 띄게 달라지는 모습을 보았습니다. 그 변화를 지켜보는 것은 큰 기쁨이자 이 훈련을 포기할 수 없는 이유가 되었습니다.

나 혼자였다면 지쳐서 이미 그만두었을지도 모릅니다. 하지만 매주 여러 가정과 함께 모여 훈련하며 서로를 격려한 덕분에 다시 힘을 얻을 수 있었고, 내 아이뿐 아니라 다른 가정의 아이들까지 변화하는 모습을 보며 더 큰 소망을 경험했습니다. 이 책이 세상에 나와 더 많은 가족이 신경발달 접근법을 알게 되어 진심으로 감사드립니다.

서남희 이호재 어머니

이 책은 내 아이의 감각적 어려움을 이해하고 부모가 직접 그 예민하고 부족한 부분을 발달의 하위 단계부터 채워줄 수 있도록 접근했습니다. 아이들에게 훈련을 시키며 궁금한 질문들도 주요 감각마다 다루고 있어서 실제적으로 도움이 됩니다.

장애뿐 아니라 모든 아이의 성장 발달 단계마다 놓치고 지났던 부분들을 채워갈 수 있는 좋은 책입니다. 아이와 함께 시선을 맞추고 손을 맞잡고 훈련하며 '아이를 꼭 안아주세요.' 오늘도 아이의 뇌 발달, 감각 발달에 부모의 손을 더해주세요.

강현자 김재욱 어머니 (언어치료사)

감사의 말

"한 아이를 키우려면 온 마을이 필요하다.
It takes a village to raise a child."

이 아프리카 속담은 발달장애가 있는 자녀를 양육하는 가정에 더욱 깊이 와닿는다. 아이의 온전한 성장은 결코 부모 혼자만의 힘으로 이루어질 수 없다. 함께 울어주고, 함께 웃어주는 공동체가 필요하다. 우리는 서로를 돌보며 함께 자라는 '마을'을 다시 회복해야 한다.

이 책은 신경발달접근법NDA, Neuro-Developmental Approach을 바탕으로, 발달 지연이나 다양한 형태의 발달장애로 어려움을 겪는 아이들의 뇌 발달과 일상 속 회복을 도울 수 있도록 마련된 가정 중심의 접근 방식을 담고 있다. 이 길은 전문가만이 걸어야 하는 특별한 길이 아니다. 사랑으로 아이 곁을 지키는 부모가 가장 깊이, 가장 가까이에서 회복의 여정을 함께할 수 있다는 믿음에서 시작되었다.

그리고 바로 그 믿음이 현실이 된 이야기가 여기에 있다. 이 여정은 아주 작고 조용한 시작에서 출발했다. 발달장애 자녀를 둔 12명의 용감한 어머니들, 그분들의 헌신과 끈기 있는 실천이 한국에서 신경발달 접근법을 적용하는 첫 걸음이 되었다. 그리고 이 흐름은 선한목자교회 사랑부를 통해 이어졌다. 사랑부는 교회 내에서 장애가 있는 자녀와 그 부모들을 위한 특별한 공동체로, 서로의 아픔을 나누고 희망을 함께 키워가는 따뜻한 울타리 역할을 하고 있다.

〈기쁨의 발견〉 유튜브 채널을 통해 이 접근법을 알게 된 부모들이 내가 영어로 작성한 설명서를 자발적으로 번역해 주었고, 2022년 3월 작은 워크숍으로 이어졌다. 그 작은 시작은 아이들의 놀라운 변화와 성장, 회복을 경험하는 기쁨으로 이어졌고, 지금까지도 끊임없이 계속되고 있다.

이 책은 단순한 이론서가 아니다. 발달장애 자녀를 양육하는 부모들이 혼자가 아님을, 그리고 우리가 모두 이 회복의 여정에 함께할 수 있음을 전하고자 한다. 아이를 향한 사랑과 인내가 가정에서 시작되어, 지역사회로, 더 나아가 이 사회 전체에 희망의 물결이 되기를 바란다.

다시 한번, 이 귀한 여정을 함께 열어 준 선한목자교회 사랑부의 목사님과 사모님, 그리고 무엇보다도 용기와 헌신으로 길을 만들어 준 12명의 어머니에게 깊은 감사를 드린다. 그 사랑이 이 책의 씨앗이 되었다. 그리고 앞으로 이 책을 통해 수많은 가정에 기쁨이 발견되고 회복의 열매로 맺히기를 소망한다.

　마지막으로, 우리 가정의 막내 야곱이와 에스더에게 깊은 사랑과 감사를 전한다. 발달장애와 신체적 어려움을 지닌 두 아이의 삶은 우리 가족에게 깊은 깨달음을 주었고, 신경발달 접근법을 배우고 실천하는 여정의 출발점이 되었다. 야곱이와 에스더를 통해 우리는 가정에서의 회복이 가능하다는 희망을 직접 경험했고, 그 경험이 더 많은 부모와 나누어야 할 사명으로 이어졌다.

　이 책은 바로 그 두 아이가 우리 가정에 가져다준 회복의 기쁨에서 비롯된 열매다.

당부의 말

이 책을 통해 발달장애 아동을 양육하고 있는 부모님에게 신경발달 접근법NDA을 소개할 수 있어 기쁘다. 이 책에 들어가기 전에 독자들의 이해를 돕기 위해 몇 가지 당부드리고자 한다.

신경발달과 관련된 방법에는 크게 두 가지 흐름이 있다. 하나는 신경발달 치료법Neuro-Developmental Treatment, NDT이고, 다른 하나는 신경발달 접근법Neuro-Developmental Approach, NDA이다. 이름은 비슷하지만, 역사적 배경과 적용 대상, 그리고 목적에서 서로 뚜렷하게 다르다.

먼저 신경발달 치료법NDT을 살펴보자. 이 치료법은 1940~1950년대 영국의 베르타 보바스Berta Bobath와 카렐 보바스Karel Bobath 부부가 시작한 방법이다. 이 부부는 뇌성마비 아동을 돕기 위해 손상된 신경이 만들어 내는 비정상적인 운동 패턴을 줄이고, 정상적인 움직임을 끌어내는 방법을 개발했다. 이후, 이 치료법은 물리치료사, 작업치료사, 언어치료사 등 전문 의료인들에 의해 발전되었고, 오늘날에도 재활치료의 중요한 한 부분으로 자리 잡고 있다. 한마디로 신경발달 치료법은 전문가들이 의료 현장에서 환자를 치료하는 방법이다.

이와 달리 신경발달 접근법NDA은 임상치료에서 출발한 신경발달 치료법과 다른 길을 걸어왔다. 신경발달 접근법은 발달심리학, 신경과학(특히 뇌 가소성), 특수교육학에 뿌리를 두고 있으며, 교육적이고 가정 중심적인 활동으로 발전했다. 부모와 보호자가 직접 아이와 함께 실천할 수 있도록 쉽게 만든 접근 방식이다.

신경발달 접근법의 역사를 거슬러 올라가면 1930년대 미국의 신경외과 의사 템플 페이Temple Fay의 연구를 만날 수 있다. 그는 필라델피아에 있는 「인류잠재력성취연구소Institutes for the Achievement of Human Potential」에서 교육자와 의료인들과 함께 뇌 가소성에 주목했다. 뇌 가소성이란 뇌가 자극을 통해 스스로 변화하고 성장할 수 있다는 개념으로, 그는 이를 바탕으로 새로운 발달 평가와 훈련 방법을 제시했다. 이러한 초기 연구가 훗날 가정과 교육 현장에서 활용할 수 있는 신경발달적 접근의 기초가 되었다.

20세기 중반 이후, 여러 학문 분야의 발견들이 합쳐지면서 이 접근법은 본격적으로 자리를 잡았다. 발달심리학에서는 아이의 발달이 뇌와 환경의 상호작용 속에서 이루어진다는 것을 밝혔고, 신경과학에서는 어린 시절 뇌 가소성이 매우 크다는 것을 증명했다. 또한 특수교육학에서는 놀이, 감각, 운동 중심의 학습을 강조했다. 이 모든 것이 어우러져 새로운 발달 접근법이 탄생한 것이다.

구체적인 프로그램도 등장했다. 1970년대 영국에서는 피터 블라이스Peter Blythe가 INPPInstitute for Neuro-Physiological Psychology를 설립하여 발달 지연 아동을 위한 부모 교육과 운동 프로그램을 시작했다. 1990년대 미국에서는 잔 비델Jan Bedell이 자이언트 스텝스Giant Steps / 리틀 자이언트 스텝스Little Giant Steps 프로그램을 만들어 부모 중심의 신경발달 훈련을 널리 알렸다.

이 모든 움직임 뒤에는 하나의 공통된 철학이 있었다. "전문가만의 치료가 아니라, 가정에서도 부모가 자녀와 함께할 수 있어야 한다"라는 믿음이었다. 그래서 신경발달 접근법은 단순한 이론을 넘어, 발달심리학과 뇌과학 연구, 그리고 템플 페이의 초기 연구로부터 이어진 실제 부모·교사 교육 프로그램의 역사적 뿌리를 가지고 있다. 복잡한 의학 용어 대신 누구나 이해할 수 있는 말로 설명하여, 부모가 직접 아이의 발달을 도울 수 있는 길잡이가 되고자 했다.

이번에 한국에서 처음 선보이는 이 책은 이러한 신경발달 접근법을 한 걸음 더 발전시키고, 더 많은 부모에게 쉽게 전하고자 쓰였다. 단순히 쉽게 설명하는 데 그치지 않고, 부모가 가정에서 실제로 따라 할 수 있도록 발달 단계에 맞춰 체계적으로 구성했다. 나는 발달장애 아동을 기르며 직접 이 접근법을 적용한 경험과, 수많은 세미나와 워크숍을 통해 쌓은 지식을 바탕으로 이 책을 완성했다. 이 책을 통해 더 많은 부모가 신경발달 접근법NDA을 활용하여 자녀의 회복은 물론 가정의 회복까지 경험하길 바란다.

여는말

나의 진심, 그리고 우리의 공감

아이를 키우며 부모가 느끼는 수많은 감정 중 하나는 '잘하고 있는 걸까?'라는 끝없는 질문이다. 특히 발달에 어려움이 있는 자녀를 둔 부모라면, 그 질문은 더 깊고 절박해진다.

우리 부부가 발달장애 아동을 돌보는 여정을 시작하게 된 것은, 「선양하나Ignis Community」라는 비영리 단체를 통해서였다. 남편은 카이로프랙틱과 재활의학을 전공한 의사고, 나는 특수교육과 교육치료 전문가다. 그 덕분에 자연스럽게 발달장애 아동들과 그 부모님들과 많은 시간을 함께하게 되었다. 그리고 시간이 지날수록, 우리 마음속에는 이 아이들을 더 돕고 싶다는 마음이 깊어졌다. 그러면서 진정한 도움이란, 치료 기술만이 아니라 부모의 아픔에 함께 공감하고 동행하는 것이라는 사실을 배워가게 되었다.

그러던 어느 날, 우리 부부는 발달장애 아동을 입양하기로 결심했다. 단순한 동정이 아니라, 이 아이들의 아픔을 내 삶 안에서 진짜 끌어안고 싶었기 때문이다. 장애아동의 치료가 '누군가의 이야기'가 아니라 '우리 가족의 이야기'가 되어야 한다고 생각했다. 그렇게 남편과 나는 마음을 모아 입양을 결정했다.

그리고 2016년, 우리는 제이콥을 처음 만났다. 세 살이 넘은 아이였지만 몸무게와 키는 18개월 아이와 비슷할 만큼 왜소했다. 우리는 하루빨리 제이콥이 성장하길 바랐고, 다행히 가족이 된 지 얼마 지나지 않아 제이콥은 식욕도 회복하고 점차 몸도 자라기 시작했다. 하지만 또래 아이들과 비슷한 체격이 된 것은 다섯 살이 지나서였다. 제이콥은 균형과 조정 능력의 문제, 약한 미세운동 기능, 청각처리장애와 주의력결핍장애를 동반한 경미한 뇌성마비 진단을 받았다. 우리 부부는 매일 아이와 함께 치료와 운동을 반복하며 최선을 다해 돌봤고, 결국 제이콥은 보행 능력을 회복했고 여러 장애 행동도 점차 줄어들었다. 지금은 뇌성마비를 앓았다고 말하면 아무도 믿기 어려울 정도로 또래 아이들과 비슷하게 성장했다.

그러던 어느 날, 중학생이던 큰딸이 두 번째 입양을 제안했다. 처음에 이런 이야기를 듣고 우리는 아주 당황했다. 이미 세 아이와 제이콥까지 네 명의 아이를 돌보는 상황에서, 그것도 해외 의료봉사 활동까지 병행하고 있는 우리 형편에 두 번째 입양은 도저히 상상할 수 없었던 편이었다. 솔직히 말하면, 당혹스럽기까지 했다.

하지만 이 제안은 우리 마음속 깊은 곳을 흔들었다. 마음이 조금씩 움직이기 시작하더니 결국 또 한 명의 아이를 가족으로 맞이하겠다는 결심에 이르게 되었다. 얼마 뒤, 우리는 한 장의 사진을 받았다. 남편은 사진을 보는 순간 눈물을 흘리며 말했다.

"우리 딸이야."

그렇게 에스더는 두 살의 어린 나이에 우리 가족이 되었다.

에스더는 여러 선천성 기형을 안고 태어난 아이였다. 정형외과 수술을 여러 번 받아야 했고, 의족을 착용해야 했으며, 심한 사시로 두 번의 눈 수술도 필요했다. 입양 직후 1년 동안 네 번의 수술을 받아야 했고, 고관절을 만들기 위해서 깁스와 의족에 적응해야 하는 과정도 절대 쉽지 않았다. 3살이 되도록 전혀 걷지 못하던 에스더는, 이제 의족을 착용하고 스스로 걷는다. 육체적으로나 정신적으로나, 에스더는 우리가 기대한 것 이상으로 성장했다. 이 작은 아이가 보여준 기적은 말로 다 설명하기 어려울 만큼 감동이었다. 특히 집에서 함께 실천한 신경발달 접근법 훈련은 제이콥과 에스더에게 큰 변화를 가져다주었다. 신체적인 발달은 물론, 지연되어 있던 인지·감각·사회성 발달까지 함께 자라나는 것을 눈으로 직접 볼 수 있었다.

이 책에서 소개하는 〈신경발달 접근법Neuro-Developmental Approach. NDA〉은 결코 어려운 이론이나 특별한 전문가만 할 수 있는 훈련이 아니다. 부모가 매일 집에서 자녀와 함께할 수 있는, 그래서 자녀가 가진 뇌 발달의 틈을 부모가 함께 메워갈 수 있는 아주 실제적이고 효과적인 방법이다. 우리 가족이 직접 경험했고, 지금도 실천하고 있는 훈련이다. 그렇지만 이 책은 전문 의학 지침서나 과학 논문을 대신하려 하지 않는다. 뇌과학적 사실과 의학적 개념을 가능한 한 쉽고 단순하게 풀어내, 부모와 보호자가 일상에서 아이와 함께 시도해 볼 수 있도록 돕는 안내서다. 따라서 여기서 다루는 내용으로 의학적 진단이나 치료를 대체하는 것이 아니라, 부모가 이해할 수 있는 언어로 '뇌와 발달'이라는 어려운 주제를 풀어낸 것이다.

그래서 이 책은 뇌신경학의 세부 이론을 깊이 다루지 않는다. 대신 아이의 발달을 돕고자 하는 부모의 마음을 우선해 실제 가정에서 바로 적용할 수 있는 방법을 소개했다.

이 책은 과학적 교과서가 아니라 부모를 위한 길잡이다. 발달의 여정 속에서 부모가 아이와 함께 웃고, 함께 성장할 수 있도록 돕는 작은 도구가 되길 간절히 바란다. 그리고 우리는 확신한다. 아이를 가장 잘 도울 수 있는 사람은 바로 부모라는 것을. 이 접근법을 통해 우리 부부는 아이의 발달뿐 아니라, 부모로서 아이와 함께하는 기쁨과 친밀감도 되찾았다. 부모가 진심으로 아이와 소통하고 함께 훈련하며 함께 성장할 수 있을 때, 장애라는 단어에 가려졌던 웃음과 희망은 다시 살아난다.

 이 책이 발달장애 자녀를 돌보는 모든 부모에게 힘이 되기를 바란다. 그리고 이 길을 걸어가는 당신의 여정도 '기쁨'이라고 표현될 수 있길 소망한다.

목차

추천의 말　4
감사의 말　9
당부의 말　11
여는말　13

1부　발달장애 이해하기

1장　자녀에게 초점을 맞추기
장애보다 자녀를 먼저 봐야 한다　20
발달장애와 학습장애는 어떻게 연결될까?　21
학습장애에도 답은 있다, 신경발달 접근법　23

2장　애착 형성이 중요하다
기본욕구가 먼저 채워져야 한다　25
애착은 자녀의 발달에 직접적인 영향을 준다　26
뇌교의 미발달은 애착 형성에 영향을 준다　27
애착장애, 회복될 수 있다　28

2부　신경발달 접근법, 왜 중요한가?

1장　뇌는 연결될 때 기능이 살아난다
신경발달 훈련은 왜 꼭 필요할까?　32
전문 치료와 일상 훈련은 함께 가야 한다　34
뇌세포의 잠재력을 어떻게 깨울 수 있을까?　35

2장　정상적인 발달과 신경발달 접근법
발달 속도의 차이와 발달의 틈　36
바닥이 가장 좋은 놀이터　37
희소식, 뇌신경은 다시 만들어진다　39
뇌의 발달과 그 발달을 돕는 방법　40

3부　뇌가 발달하면 아이도 달라진다

1장　움직임이 뇌를 조직한다
아이의 뇌신경 발달을 돕는 운동 발달 4단계　48
아이 발달의 틈, 지금부터 메우면 된다　51
교차 패턴, 왜 중요한가?　52
뇌신경 발달을 돕는 효과적인 훈련법　53
뇌교 훈련　54
뇌교 훈련법 자주 묻는 질문　63
중뇌 훈련　64
대뇌 훈련　70
뇌 훈련, 자주 묻는 질문　74

2장　감각 자극이 운동 기능을 결정한다
감각이 들어온 만큼, 아이는 움직인다　75
감각 자극은 신경발달에 꼭 필요하다　76
감각 자극 훈련, 양보다 질이 더 중요하다　77

3장　아이의 발달은 순서가 있다
아이는 어떤 순서로 발달할까? (신경발달 접근법 감각 발달 단계)　79
촉각 발달은 어떻게 이루어질까?　80
청각 발달은 어떤 순서로 이루어질까?　82
시각 발달도 순서가 있다　83
언어 감각은 이렇게 발달한다　84
손의 기능, 소근육 운동 발달 단계　85
몸 전체 움직임, 대근육 운동 발달 단계　86

4부　감각 처리는 어떻게 자녀의 정보처리를 돕는가?

1장　감각 기능의 어려움
- 내 아이의 감각컵은 어떤 상태일까?　90
- 자녀의 감각 욕구 찾기　91

2장　감각 정보, 이렇게 받아들인다
- 뇌를 자극하면 새로운 신경망이 생긴다　97
- 모든 감각 고르게 발달시키기　98
- 정보 수용의 7단계　98

3장　전정 자극이란 무엇인가?
- "나는 균형을 잡고 싶어요"　100
- 균형감각을 위해 오히려 흔들림이 필요하다　101
- 전정 자극 훈련　104
- 전정 자극에 관해 자주 묻는 질문　114

4장　촉각 자극과 심압 자극이 필요하다
- 손 기능이 떨어질 때는 어떻게 하나?　115
- 내 몸의 위치를 아는 감각, 고유수용감각　115
- 꾸준히 눌러주기, 심압 자극　116
- 가벼운 촉각도 중요한 감각이다　117
- 얼굴의 삼차 신경 자극　117
- 구강 자극　117
- 후각 자극　118
- 감각 자극 훈련은 어떻게 하나요?　119
- 심압 자극 훈련　120
- 감각 자극 훈련　126

5장　시각 운동과 눈 협응력이 중요하다
- 시각 운동이 대근육 기능 발달과 연결된다　136
- 주변과 중심을 구분하지 못할 때는? 중심 세부 시야와 주변 시야　137
- 시각 운동 훈련　138

6장　정보를 처리하는 과정
- 정보는 감각을 따라 들어온다　142
- 정보처리 능력을 키우려면　143

7장　청각 정보처리 능력을 키워주기
- 청각 정보처리, 발달의 속도를 결정한다　144
- 청각 정보처리는 발달 성숙도도 결정한다　145
- 훈련하면 청각 처리도 좋아진다　146
- 청각 처리 평가 방법　147
- 청각 처리 훈련법은 이렇게　152
- 청각 처리 훈련　154
- 청각 처리에 대해 자주 묻는 질문　166

8장　시각 정보처리 능력도 훈련이 필요하다
- 시각 기억이 곧 학습 능력　177
- 시각 정보처리 능력도 훈련이 답이다　178
- 시각 정보처리 훈련법　180
- 시각 처리 훈련에 대해 자주 묻는 질문　193

5부　어떻게 유지하고 강화할까?

1장　정보의 저장은 우세 기능이 좌우한다
- 운동 기능도 정렬이 되어야 한다　200
- 정렬되지 않으면 뇌는 혼란을 느낀다　201
- 정보처리 능력은 학습 능력에 큰 영향을 준다　201

2장　소망은 끝까지 자란다
- 꾸준함과 인내가 변화를 만든다　203
- 두려움은 함께 이겨내야 한다　204
- 작은 성공도 함께 축하해 주기　205
- 아이는 분명히 성장한다　206
- 끝까지 포기하지 말기　219

참고 자료　221

신경발달 접근법 훈련 도구　222

1장

자녀에게 초점을 맞추기

장애보다 자녀를 먼저 봐야 한다

자녀를 키운다는 것은 결코 쉬운 일이 아니다. 특히 장애가 있는 자녀를 양육하는 일은 부모에게 훨씬 더 많은 힘과 인내를 요구한다. 많은 부모들이 장애 아동의 치료를 위해 여러 병원을 오가고, 긴 대기 시간을 견디며 하루를 보내는 일상을 반복한다. 그러다 보면 가족의 하루는 아이의 치료에 온전히 매달릴 수밖에 없고, 부모는 점점 지쳐가게 된다.

게다가 발달장애 아동의 경우, 소통의 어려움과 문제행동 때문에 부모와 아이 사이에 친밀한 관계가 형성되기조차 어렵다. 하루 대부분을 함께 보내고 있음에도 불구하고, 정작 가장 가까운 아이와 마음은 닿지 않는 것 같은 안타까움이 있다. 무엇보다 힘든 건, 그렇게 큰 노력을 들였음에도 아이의 회복이 눈에 띄게 빠르지 않다는 점이다. 쉽게 좋아지지 않고, 때로는 오히려 더 극단적인 위기 상황에 놓이기도 한다. 매일 예측할 수 없는 상황 속에서 하루하루를 버티다 보면, 부모 마음속의 기쁨마저 사라지고 깊은 좌절감이 밀려온다.

장애 자녀를 돌본다는 것은, 장애가 없는 아이를 양육하는 것보다 훨씬 더 많은 시간과 에너지를 요구한다. 이것은 분명한 현실이다. 하지만 그렇다고 해서, 그 여정 속에 기쁨이 전혀 없는 것은 아니다. 부모의 마음이 바뀌기 시작하면, 그때부터 새로운 희망이 보이게 된다. 지쳐 있던 마음 사이로 한 줄기 빛이 들어오고, 생각이 바뀌는 그 지점에서부터 새로운 돌파구가 열린다.

발달장애 자녀를 키우는 여정 속에서 기쁨을 발견하기 위해, 부모의 인식이 조금 달라질 필요가 있다.

첫째, '장애'가 무엇인지 다시 생각해보아야 한다. 부모는 자녀를 '장애 자녀'로 보기 전에, 그저 자녀라는 사실을 먼저 마음에 새겨야 한다. 모든 아이는 저마다 타고난 고유한 가치를 지니고 있다. 장애가 있는 자녀도 마찬가지다. 다만 우리 아이가 조금 특별한 상황 속에 있기 때문에, 더 세심한 사랑과 배려가 필요한 것이다. 가장 중요한 건 아이가 지금 어떤 상태에 있든 분명히 성장할 가능성과 능력을 갖추고 있다는 사실이다. 부모는 그 가능성을 믿고 아이가 자신의 속도대로 성장해 가는 과정을 따뜻하게 지켜봐야 한다. 부모의 역할은 자녀 안에 숨어 있는 잠재력을 끌어올려 주는 것이다. 마치 꽃봉오리가 제때를 만나 활짝 피어나듯, 아이의 잠재력도 부모의 기다림과 응원을 통해 피어날 수 있다.

둘째, 자녀를 전인격적으로 바라보는 시선이 필요하다. 장애가 있는 자녀에게도 분명히 강점이 있다. 약점만 보게 되면 아이의 가능성을 놓치게 되지만, 강점에 집중하면 아이는 훨씬 더 밝게 성장할 수 있다.

부모는 자녀가 가진 장점과 긍정적인 면을 찾아내고, 그것을 소중히 여겨야 한다. 작고 사소해 보이는 것이더라도, 자녀가 해낼 수 있는 목표를 설정해 주어야 한다. 그러면 그 목표를 하나씩 이루어가며 쌓이는 작은 성취들이 결국 자녀 인생의 큰 열매가 된다.

셋째, 자녀의 장애가 아이의 삶 전체에 어떤 영향을 주는지도 함께 생각해 보아야 한다. 단순한 신체적 어려움만이 아니라, 아이가 사회 속에서 마주하게 되는 여러 장벽이 무엇인지 살펴야 한다. 그리고 부모는 그 장벽을 어떻게 낮춰줄 수 있을지를 고민해야 한다. 아이의 장애를 줄이는 것만이 아니라 아이 주위에 형성된 장애물을 낮추며 아이의 능력을 키워주는 일이 함께 이루어져야 한다. 그러기 위해서는 아직 부족한 부분만 바라보는 것이 아니라, 이미 아이 안에 있는 재능과 가능성도 함께 바라봐야 한다.

나는 이 책을 통해, 우리 아이들이 지금부터 시작할 수 있는 작은 단계들에 주목하고자 한다. 그리고 그 작은 걸음들이 결국 아이 안에 숨겨진 가능성을 열어가는 길이 될 수 있다는 것을 전하고 싶다. 부모가 어떻게 도와야 아이가 자기 잠재력을 최대한 발휘할 수 있을지, 그 길을 함께 찾아갈 수 있도록 이 책이 작은 안내서가 되기를 바란다.

발달장애와 학습장애는 어떻게 연결될까?

안타깝게도 발달장애가 있는 아동의 수는 점점 증가하고 있다. 이러한 현상은 진단 도구와 의료 시스템의 발달로 더 많은 아동이 의학적으로 진단받을 수 있게 되었기 때문이기도 하다. 또한 과거에는 생존이 어려웠던 미숙아나 고위험 신생아들이, 현재는 빠르고 정교한 의학적 치료를 통해 생존할 수 있게 되면서 발달장애 아동의 비율이 높아진 측면도 있다. 이런 아기 중 일부는 출산 과정에서 받은 신체적·신경학적 손상이나 초기 트라우마 때문에 이후 발달에 어려움을 겪는 경우가 많다. 하지만 그런데도 희망적인 변화가 있다. 무엇보다 발달장애에 대한 정보가 과거보다 훨씬 많아졌고, 사회 전반의 인식 또한 조금씩 긍정적으로 바뀌고 있다는 점이다.

발달장애는 하나의 장애가 아니라, 여러 가지 의학적 진단을 포함하는 넓은 범위의 개념이다. 의학적으로는 약 24가지 이상의 진단명이 발달장애 범주에 포함되며, 장애의 유형은 신체적인 부분, 학습, 언어, 행동 등 여러 측면에서 다양하게 나타난다. 이런 증상들은 아이가 성장해 나가는 과정에서 점차 드러나며, 일상생활을 하는 데 어려움을 주기도 한다. 가장 흔한 발달장애 유형으로는 시각장애, 청각장애, 지적장애, 자폐성장애가 있으며, 이 외에도 주의력결핍장애ADHD, 학습장애, 전반적인 발달 지연 등도 자주 나타나는 발달장애에 해당한다. 미국에서는 전체 학생 중 거의 5%가 특정한 학습장애를 가지고 있는 것으로 알려져 있다. 이처럼 학습에 어려움을 겪는 학생들에게는 개별적인 교육 지원이 필요하며, 특수교육이 중요한 역할을 하게 된다. 특히 자폐성장애, 주의력결핍장애, 뇌성마비와 같은 발달장애가 있는 아동에게는 특수교육이 필수적이다. 이 중에서도 주의력결핍장애는 가장 많은 비율을 차지한다. 미국의 통계에 따르면 전체 아동의 최소 9%가 주의력결핍장애 증상을 보인다고 한다. 주의력결핍장애 증상이 나타나면 주의 집중이 어렵고, 실행 기능이 부족해 학습을 따라가기 힘든 경우가 많다. 따라서 이 아이들에게는 적절한 학습 중재와 환경 조정이 꼭 필요하다.

그다음으로 높은 비율을 차지하는 장애는 자폐성장애다. 전 세계 아동의 약 1~2%가 자폐성장애를 가지고 있다고 알려져 있다. 자폐성장애는 사회성 발달과 행동 발달에 어려움이 있는 것이 특징이며, 대부분의 자폐 아동은 특수교육의 지원이 꼭 필요하다.

또한 뇌성마비 아동의 경우에는 신체적인 장애뿐 아니라 주의력결핍장애나 학습장애가 함께 나타나는 경우도 많다. 전 세계적으로 약 300명의 신생아 중 1명이 뇌성마비로 진단된다는 통계도 있다. 이처럼 다양한 장애 유형에 지적·행동적 특성이 함께 나타나는 경우가 많으므로, 전 세계적으로 특수교육에 대한 수요는 계속 증가하고 있다. 미국의 경우 전체 학생의 약 13~14%가 특수교육을 받는 것으로 보고되고 있다.

학습장애에도 답은 있다, 신경발달 접근법

발달 지연이나 장애 때문에 생기는 학습장애는, 언어 정보와 비언어 정보의 습득 능력, 정보 조직 능력, 기억력, 이해력 등에 영향을 주는 여러 증상을 포함한다. 이러한 학습장애는 태아 시기의 비정상적인 뇌 발달이나 유전적 요인 같은 생물학적 원인으로 발생할 수 있다. 여기서 주의해야 할 점은, 학습장애가 있다는 것이 지적인 능력에 문제가 있거나 동기가 부족하다는 의미가 아니라는 것이다. 특정 학습장애는 뇌신경이 정보를 처리하는 방식에 어려움이 있는 것이며, 아이의 지적인 능력 자체가 부족해서가 아니다. 실제로 학습장애가 있는 아이들 대부분은 평균 또는 평균 이상의 지능을 가지고 있다. 이 아이들에게는 단지 정보를 받아들이고 정리하고 기억하는 과정에 더 많은 자극과 지원이 필요할 뿐이다.

학습장애는 다양한 형태로 나타난다. 언어 습득, 수학적 계산, 조직 능력과 사회적 능력에 영향을 미치는 여러 가지 장애를 포함한다. 가장 대표적인 학습장애로는 읽기, 쓰기, 맞춤법, 수학, 조직 능력, 감각 입력, 사회적 행동상의 장애와 관련된 열 가지 유형이 있다.

학습장애가 나타나는 원인은 크게 두 가지로 나눌 수 있다. 첫째는 감각 자극의 통합이 제대로 이루어지지 않는 경우다. 발달장애 아동은 청각이나 시각 정보를 처리하는 데 어려움이 있을 수 있고, 이러한 감각 처리의 어려움이 학습 능력 저하로 이어지기도 한다. 둘째는 뇌의 우세성이 안정되지 않은 경우다. 뇌의 우세성이란 뇌가 어떤 방향으로 정보를 더 잘 처리하는지를 의미하는 개념인데, 이 부분은 뒤에서 좀 더 자세히 설명하겠다.

학습장애 구분	주요 장애	학습상의 문제
난독증 (읽기장애)	읽기, 쓰기, 맞춤법, 말하기	읽기 능력 저하, 언어 표현의 어려움
연산부전증 (산술장애)	수학 연산, 시간, 금전 계산	수 개념 이해의 어려움
난필증 (쓰기장애)	필기와 맞춤법	글쓰기 표현력 부족
맞춤법 장애	맞춤법과 쓰기	철자 인식과 문장 구성의 어려움
부전실어증 (언어장애)	구어와 문자 언어 이해	언어 이해력 저하
청각 정보처리 장애	소리의 차이에 대한 청각적 인지장애	언어 정보 처리의 어려움
시각 정보처리 장애	시각적 정보 해석에 대한 인지장애	읽기, 수학 연산, 상징 이해의 어려움
발달적 실행장애	소근육 운동 및 감각장애	손-눈 협응, 신체 균형의 어려움
조직장애	조직화의 어려움	과제 수행, 수학, 글쓰기의 어려움
사회적 신호처리장애	행동상의 어려움	지시 따르기, 사회적 기술 부족

[표] 학습장애의 유형

〈신경발달 접근법Neuro-Developmental Approach, NDA〉은 앞서 표에서 살펴본 다양한 문제들을 직접적으로 다루고, 해결하는 데 도움을 준다. 모든 발달장애에는 신경학적, 유전적, 신체적 장애 여부와 관계없이 발달 지연적 요소가 존재한다. 그래서 우리는 발달장애가 있는 자녀가 자신의 잠재력을 최대한 펼칠 수 있도록 도와야 한다. 이미 기초적인 성장 발달 단계를 어느 정도 거친 아이라 하더라도 초기 단계 뇌신경 발달과정 자극이 뇌에 다시 통과하도록 하면, 뇌는 그 지연된 발달이나 소실된 기능을 회복할 수 있는 능력을 스스로 작동시킨다. 이것이 가능한 이유는 바로 뇌가 '가소성plasticity'이라는 놀라운 회복 능력을 갖추고 있기 때문이다. 앞으로 이 뇌의 가소성을 촉진하는 〈신경발달 접근법〉에 대해 좀 더 자세히 알아보도록 하겠다.

2장

애착 형성이 중요하다

기본욕구가 먼저 채워져야 한다

자녀의 뇌신경 세포가 새롭게 연결되어 지연된 발달단계를 회복하려면, 먼저 자녀 안에 있는 잠재된 능력이 끌어올려질 수 있는 환경이 마련되어야 한다. 그 출발점은 아이의 기본적인 욕구가 충분히 채워지는 것이다. 이와 관련해 '매슬로의 욕구 5단계 이론'이 있다. 이 이론은 인간의 욕구를 하위에서 상위로 나누어 다섯 단계로 설명한다. 매슬로는 하위 단계의 욕구가 충족되어야 그다음 단계의 욕구를 향한 의욕이 생긴다고 설명한다.

매슬로의 욕구 5단계에서 가장 아래 단계는 기본적인 생리적 욕구다. 음식, 물, 적절한 온도 유지, 건강, 휴식 등 육체적인 필요가 여기에 포함된다. 아이가 배가 고프다면 학습에 집중할 수 없다. 전 세계 모든 학교에서 점심시간을 운영하는 이유도 바로 공복 상태에서는 학습이 어렵기 때문이다. 또한 음식만큼이나 중요한 기본 욕구가 있다. 바로 '안전'에 대한 욕구다. 부모로서 한 번 생각해 보아야 한다. '우리 아이는 안정적인 환경에서 생활하고 있나?' 만약 아이가 불안정한 환경에 놓여 있다면, 정상적인 학습을 할 수 없다. 이런 상황에서는 도전을 회피하는

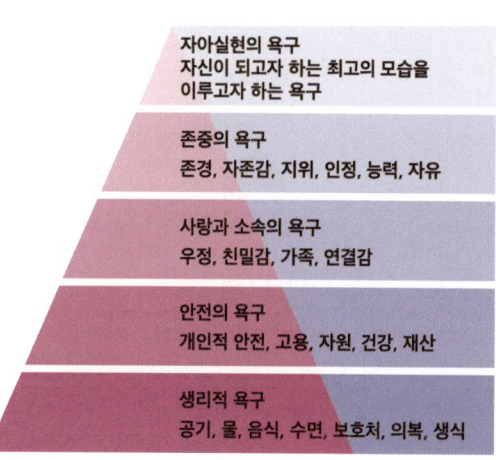

[그림] 매슬로의 욕구 5단계

반응(도전회피반응)이 극도로 예민해지고, 아이의 신체 기능은 생존에만 집중하게 된다. 아이가 성장하고 배워나가기 위해서는 안정적인 환경에서 충분한 사랑과 세심한 돌봄을 받는 것이 먼저 이루어져야 한다. 육체적인 욕구와 안전에 대한 욕구가 충족된 이후에야, 아이는 다음 단계인 정신적·인지적 성장을 향해 나아갈 수 있다.

정신적인 욕구에도 여러 가지 종류가 있다. 그 중에서도 핵심은 소속감과 애정이다. 이러한 애정과 소속감은 아이가 태어나고 나서 곧바로 시작되는 애착의 과정에서 비롯된다. 애착은 부모나 주 양육자와 감정적 유대를 형성하면서 만들어진다. 아이가 어떤 필요를 표현할 때, 엄마가 그 요구에 민감하게 반응해 주면, 아이는 엄마에게 애착을 느끼게 된다. 이러한 긍정적인 상호작용이 반복되면, 아이와 엄마 사이의 애착 관계는 점점 더 단단해진다.

[그림] 영아 애착 형성 주기

애착은 자녀의 발달에 직접적인 영향을 준다

자녀가 안정적으로 애착과 소속감을 쌓아가면 부모나 양육자가 아닌 다른 사람들과도 건강한 관계를 맺을 수 있게 된다. 관계 맺는 경험이 늘어나고 긍정적인 반응을 경험할수록, 아이는 자신이 인정받고 있다고 느끼고 점차 성취감을 가지게 된다. 이런 과정은 아이의 자존감을 높이는 데 큰 영향을 주며, 나아가 아이가 더 많은 것을 성취하고자 하는 내적 의욕을 키우는 데도 도움이 된다.

결국, 안전하고 사랑이 넘치는 가정에서 충분한 영양을 섭취하며 자란 아이는 배움을 포함한 다양한 활동에서 자신의 잠재력을 충분히 발휘할 수 있다.

하지만 장애가 있는 아이는 일반적인 발달과는 상황이 아주 다르다. 부모가 아무리 많은 애정을 쏟더라도, 아이의 장애특성 때문에 기본적인 욕구가 충분히 충족되지 못하는 경우가 많기 때문이다. 이런 상황은 아이의 학습 능력에도 직접적인 영향을 준다. 그렇다면 왜 장애아동은 기본적인 욕구를 충분히 채우기 어려운 것일까? 물론 유전적 또는 신경학적인 이유도 있다. 또 어떤 아이들은 심한 질병이나 장애 때문에 어린 시절부터 장기간 치료를 받거나 병원에 입원해야 하는 경우도 있다. 이런 상황은 안정적인 일상 환경을 무너뜨리고, 깊은 관계를 맺는 능력 또한 자연스럽게 늦어지게 된다. 결국 아이는 타인과의 상호작용, 즉 소통 자체에 어려움을 겪게 된다. 이러한 환경의 악순환은 아이가 거쳐야 할 중요한 발달 단계를 건너뛰게 만드는 원인이 되기도 한다.

장애아동이 학습에 어려움을 겪는 이유는 단순히 학습 능력이 뒤처져서가 아니다. 가장 큰 원인은 아이의 기본적인 생리적·정서적 욕구가 충분히 채워지지 않았기 때문일 수 있다. 육체적인 욕구가 채워지지 않으면 정서적인 욕구 역시 만족하기 어렵고, 그 결과로 인지발달에까지 여러 가지 문제가 생겨난다.

부모가 바쁜 일상에서 시간을 쪼개 아이가 치료를 받을 수 있도록 도와주는 것만으로도 얼마나 힘들고 지치는 일인지 잘 알고 있다. 하지만 병원이나 치료 시설에만 의존하는 것이 아니라, 부모가 직접 자녀와 함께 보내는 시간이야말로 아이의 회복에 꼭 필요한 요소다. 모든 자녀에게는 부모의 사랑과 관심이 필요하다. 특히 감각 정보가 불안정하고 세상에 대한 두려움을 느끼는 장애아동에게는 더 따뜻하고 세심한 사랑과 돌봄이 필요하다.

비장애아동이든 장애아동이든 부모와 자녀 간의 상호작용은 자녀의 인생에 있어 가장 중요한 요소라고 해도 지나친 말이 아니다. 부모가 할 수 있는 가장 본질적인 역할은 자녀가 안정적인 애착을 형성하도록 돕는 일이다. 아이는 태어나는 순간부터 엄마와의 관계를 통해 세상을 경험한다. 이 애착 관계는 단지 감정적인 부분에만 영향을 주는 것이 아니라, 아이의 호흡과 심장박동 같은 생리적 기능에도 깊은 영향을 미친다. 따뜻하게 보호받고 사랑을 경험한 아이는 건강하게 성장하지만, 무관심하거나 방임된 아이는 발달에 심각한 결함을 겪게 될 수 있다.

뇌교의 미발달은 애착 형성에 영향을 준다

아동의 신경계 발달은 양육 과정에서 경험하는 인간관계 전반의 영향을 크게 받는다. 부모의 중요한 역할 중 하나는 자녀가 건강한 감각 자극을 받을 수 있도록 다양한 경험을 제공하는 것이다. 부모의 표정, 몸짓, 목소리의 변화, 그리고 모방 행동을 함께 나누는 과정은 자녀가 다른 어떤 환경에서도 쉽게 얻을 수 없는 소중한 자극이다. 이러한 부모와 자녀 사이의 상호작용은 아동의 발달에 분명하고 직접적인 영향을 미친다.

아이가 양육자와 안정된 애착을 형성하지 못하면 애착장애가 생길 수 있다. 그런데 애착장애라고 하면 종종 "아이를 무조건 사랑해 주면 나아진다"라고 생각하는 사람들이 많다. 하지만 애착장애는 단순히 사랑만으로 해결되지 않는다.

아기와 양육자 사이의 애착은 대체로 생후 3개월경부터 시작된다. 이 시기 아기는 안기거나 젖을 먹을 때 엄마의 얼굴을 알아볼 수 있을 정도의 시력을 가지게 된다. 아기는 이미 태어날 때부터 익숙했던 엄마의 목소리를 얼굴과 연결하면서 애착이 형성되기 시작한다.

이 시기에는 동시에 뇌에서 수초가 발달하여 뇌교pons 부위를 덮기 시작한다. 뇌교는 애착 자체를 직접적으로 조절하는 부위는 아니지만, 아기가 엄마와의 애착을 형성하기 시작하는 시기와 맞물려 수초화가 진행된다. 또한 생후 약 3개월 무렵 아기는 배를 깔고 기어가기 시작하는데, 이 '배밀이'는 뇌교 발달과 애착 형성 모두와 중요한 관련이 있는 발달 이정표로 여겨진다.

애착장애가 있는 아동은 엄마와의 유대감이 약하게 형성되어 다른 사람과 감정을 나누는 데 어려움을 겪기도 한다. 또 어떤 아동은 다른 사람의 감정에 지나치게 예민하게 반응하거나, 반대로 고립된 듯 보이기도 한다. 어떤 경우에는 이 두 가지가 함께 나타나기도 한다.

만약 자녀가 다른 사람에게 과도하게 친밀하게 다가가며 거리감을 두지 못한다면, 아마도 모든 사람에게 잘 보이고 싶어 하기 때문일 수 있다. 이런 아동은 사회적 신호나 암시를 해석하는 능력이 부족한 경우가 많다. 그래서 부모나 가족과 타인을 구분하지 못하고 모든 사람을 비슷하게 대하려는 경향을 보인다. 사회적 기능이 부족하므로 관계에서 적절하지 않은 방식으로 반응하게 된다. 이런 모습을 본 주변 사람들은 때때로 "이 아이가 일부러 그러는 것 같다"라거나 "연기하는 것 같다"라고 오해할 수도 있다. 이처럼 사회적으로 잘 적응하지 못하면, 아동은 점점 주변 환경과 멀어지고 고립감을 느끼게 되며, 결국에는 더 깊은 외로움과 낙담에 빠져 스스로 포기하는 상황으로 이어질 수 있다.

애착장애, 회복될 수 있다

안타깝게도 애착장애는 뇌교기능이 회복되기 전까지는 계속 이어질 수 있다. 이 애착 문제가 해결되려면, 뇌교 부위의 신경기능이 제대로 작동해야 한다.

앞으로 자세히 설명하겠지만, 신경발달 접근법에서는 이러한 애착장애를 도와주는 방법의 하나로 '배를 바닥에 대고 기어가는 훈련'을 활용한다. 이 훈련을 통해 아이는 감정과 연결된 뇌교 영역을 직접 자극 받게 된다. 그 과정에서 아이는 억눌렸던 슬픔이나 분노 같은 감정을 느끼고 터뜨릴 수 있다. 하지만 이런 감정의 폭발은 자연스러운 반응이며, 회복이 시작되었다는 신호이기도 하다. 이때 부모가 해야 할 가장 중요한 역할은 아이의 감정을 있는 그대로 받아주는 것이다. 아이가 감정을 표현한다고 해서 부모에게 화난 것이 아니다. 아이는 단지 그동안 억눌려 있었던 감정을 밖으로 표현하고 있다. 부모가 아이의 감정을 따뜻하게 받아주면, 시간이 흐르면서 아이의 부정적인 감정은 점차 사라지고 마음의 안정이 찾아온다. 그리고 점차 주변 사람들과의 신뢰 관계를 쌓아가기 시작한다. 이 단계를 지나면, 아이의 다른 사람과 애정을 나누고, 사회적인 상황을 이해하는 능력도 함께 자라나게 된다.

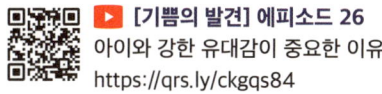
[기쁨의 발견] 에피소드 26
아이와 강한 유대감이 중요한 이유
https://qrs.ly/ckgqs84

2부

신경발달 접근법, 왜 중요한가?

1장

뇌는 연결될 때 기능이 살아난다

신경발달 훈련은 왜 꼭 필요할까?

〈신경발달 기능평가〉는 1930년대 초, 미국의 신경외과 의사 템플 페이Temple Fay에 의해 시작된 평가 방법이다. 그는 필라델피아 소재에 있는 「인류잠재력성취연구소Institutes for the Achievement of Human Potential」에서 간호사, 교육자, 치료사, 의사들과 함께 연구를 진행했다. 이 연구팀은 뇌 가소성에 주목해 새로운 치료 접근법을 개발했다. 여기서 말하는 뇌 가소성이란, 뇌가 자극을 받을 때 그 자극에 반응하고, 스스로 변화하고 성장할 수 있는 능력을 뜻한다.

그 이후 〈신경발달 접근법NDA〉은 신경학, 발달심리학 그리고 특수교육을 기초하여 발전해 왔다. 이 접근법은 단순히 치료만을 목적으로 하는 것이 아니라, 뇌 기능을 향상하고 아이의 학업 능력까지 높이는 데 도움을 주는 프로그램으로 자리 잡았다. 신경발달 접근법의 가장 큰 목표는 삶의 질을 높이는 것이다. 뇌를 훈련하는 기술을 통해 뇌가 더 자연스럽고 효율적으로 작동하도록 도와주면, 아이의 일상생활과 학습이 훨씬 수월해지고, 결국 삶의 질이 함께 좋아지게 된다.

신경발달 접근법은 자녀의 뇌와 신경 기능을 직접 향상할 수 있는 간단하고 쉬운 활동과 운동을 알려주는 방법이다. 이 활동들은 특별한 장비가 없어도 된다. 몇 분의 시간과 작은 바닥 공간, 그리고 집에 있는 몇 가지 물건만 있으면 충분하다. 무엇보다 좋은 점은, 집에서 안전하고 편안하게 아이와 함께 실천할 수 있다는 것이다. 복잡한 의학 지식이 꼭 필요한 것도 아니다. 필요한 건 올바른 도구와 정확한 방법이다. 그것만 잘 갖춰지면, 부모가 직접 자녀의 발달에 긍정적인 영향을 줄 수 있다. 왜냐하면 뇌는 적절한 자극을 받으면 스스로 손실된 기능을 회복하고, 계속 발달할 수 있도록 만들어져 있기 때문이다.

신경발달 접근법의 큰 장점은, 자녀의 발달을 뇌의 성장 단계와 주요 감각적인 필요에 따라 세분화해서 도와준다는 점이다. 이 방법을 통해 부모는 아이의 발달을 더 구체적으로 이해하고, 아이에게 꼭 필요한 감각 자극과 활동이 무엇인지 알 수 있게 된다. 이 방법을 활용하면, 자녀의 시각과 청각 처리 능력, 촉각 반응, 신체 인식, 언어 발달, 손 사용 능력, 협응력, 인지력, 그리고 사회적 기술까지 다양한 영역에서 발달을 돕는 방법을 배울 수 있다.

이 책을 읽다 보면 자녀에 대해 새롭게 배우는 점이 많아질 것이다. 그동안 잘 몰랐던 자녀 발달의 다양한 측면을 이해하게 되면서, 자연스럽게 더 나은 양육자가 되어갈 수 있다. 신경발달 접근법을 통해 아이의 긍정적인 변화를 직접 경험하게 되며 그 과정을 통해 아이 안에 숨겨진 가능성을 더욱 끌어올릴 수 있게 된다.

아이의 두뇌 발달을 잘 도와주면 아이는 자신의 잠재력을 더욱 발휘하면서 점점 성숙해지고 발달하는 방법을 자연스럽게 익히게 된다. 이 책에서 소개하는 훈련은 신경발달의 이정표에 맞춰 구성되어 있기 때문에, 아이의 뇌가 일정한 순서와 질서를 따라 유기적으로 작동하도록 도와준다.

사람이 새로운 기능을 완전히 익히려면, 네 가지 단계를 거쳐야 한다.

1단계 : 정보를 받아들이기 ⇨
2단계 : 정보를 처리하기 ⇨
3단계 : 정보를 저장하기 ⇨
4단계 : 저장한 정보를 활용하기

이 책의 주요 내용은 이 네 단계에 따라 구성되어 있다. 먼저, 감각 기능에 어려움이 있는 아이는 첫 번째 단계인 '정보 수신'에서부터 막히는 경우가 많다. 그래서 이 책은 아이가 감각 정보를 잘 받아들일 수 있도록 도와주는 다양한 활동과 연습을 안내한다. 또 어떤 아이는 정보를 받아들이는 건 가능하지만, 두 번째 단계인 '정보 처리'에서 어려움을 겪기도 한다. 그래서 이 책에서는 청각과 시각 정보를 뇌가 더 잘 처리할 수 있도록 돕는 방법들도 함께 다루고 있다. 마지막으로, 세 번째와 네 번째 단계인 '정보 저장'과 '정보 활용'을 어떻게 도와줄 수 있는지도 이 책 후반부에 자세히 설명되어 있다. 이 네 가지 단계를 이해하고 따라가다 보면, 아이의 학습 능력과 전반적인 발달에 큰 도움이 될 것이다.

신경발달 접근법을 통해 우리는 아이에게도 새로운 기술을 배우고 익힐 수 있는 잠재력이 충분히 있다는 사실을 알게 된다. 이 책에서 배운 내용을 일관되게 실천해 나간다면, 아이는 자신 안에 있는 가능성을 점점 더 잘 발휘하게 될 것이다. 그리고 그 과정을 통해 아이는 스스로 성장하는 방법을 자연스럽게 익히게 된다.

전문 치료와 일상 훈련은 함께 가야 한다

신경발달 접근법은 전문 치료사들이 활용할 만큼 검증 받은 훈련법이다. 아이를 효과적으로 도우려면 가장 중요한 것은 훈련 방법을 정확히 이해하는 것이다. 이 접근법은 장애 아동이 자신의 잠재력을 최대한 발휘할 수 있도록 돕는 두 가지 핵심 요소를 제시한다. 첫째, 부모가 자녀의 두뇌 발달을 촉진할 수 있는 구체적인 방법을 배우게 된다. 둘째, 부모가 매일 자녀와 함께 훈련하며, 아이의 뇌 발달 단계가 실제로 진전될 수 있도록 돕는다.

아이들은 어떤 자극을 받는가에 따라 발달 속도와 변화의 폭이 크게 달라진다. 전문적으로 검증된 치료를 받는 것은 매우 중요하다. 하지만 그보다 더 중요한 것은 '얼마나 자주' 자극을 받느냐다. 전문 치료는 보통 일주일에 몇 시간밖에 받을 수 없다. 반면, 부모가 매일 일정 수준의 훈련을 함께 해준다면 지연된 신경발달을 효과적으로 보완할 수 있다.

단, 오해해서는 안 된다. 이것이 전문 치료가 필요 없다는 뜻은 아니다. 전문 치료사는 아이를 깊이 관찰하고, 발달을 촉진하기 위한 전략과 적용법에 대한 전문성을 갖고 있기 때문이다. 결국 가장 효과적인 방법은 전문가의 치료와 부모의 신경발달 접근법이 함께 이루어지는 것이다. 이 두 가지가 병행될 때, 치료 효과는 더욱 커진다.

전문 치료를 받는 아이들은 언어치료, 작업치료, 물리치료, 미술치료, 음악치료, 감각치료 등 다양한 치료를 받느라 많은 시간을 보낸다. 이런 치료들은 아이들에게 꼭 필요한 훌륭한 방법들이다. 하지만 아쉬운 점은, 한 번의 치료를 위해 너무 많은 시간과 에너지를 소모된다는 것이다. 치료를 받기 위해서는 먼저 치료사와 일정을 조율해야 하고, 이동 시간, 대기 시간, 치료 시간까지 모두 포함하면 하루의 상당 부분이 소비된다. 게다가 그 시간 동안 보채는 아이를 달래다 보면, 정작 치료 효과는 반감되고 부모 역시 지치고 속상해진다. 아이에게 진짜로 필요한 것은 치료를 받기 위해 시간을 보내는 것이 아니라, 자녀의 뇌세포를 효과적으로 자극할 수 있는 '양질의 감각 자극'을 꾸준히 제공받는 것이다.

신경발달 접근법은 집에서 부모가 아이와 함께 훈련함으로써 꾸준한 회복을 끌어낼 방법이다. 아이에게 가장 필요한 훈련을 선별해, 가정에서도 집중적으로 실천할 수 있다. 이 접근법은 자녀의 신경학적 기능을 직접적으로 향상하는 간단하고 쉬운 훈련을 통해, 뇌 발달에 필요한 신경자극을 제공한다. 또 하나의 큰 장점은, 발달을 단순히 뇌의 발달 단계로만 보지 않고, 주요 감각을 세분화하여 아이에게 필요한 감각 자극을 구체적으로 제공한다는 점이다. 신경발달 접근법을 통해 부모는 자녀의 시각처리, 청각처리, 촉각 수용, 신체 인식, 말하기, 손 기능, 자기 조정, 인지 및 사회적 기술까지 폭넓게 돕는 방법을 배울 수 있다.

르고 효율적으로 전달될 수 있도록 절연체 역할을 하게 된다. 세포체가 신경 자극을 받아들이고 처리하면, 수상돌기가 세포체에서 뻗어 나와 다른 세포들을 향해 연결을 만들어낸다. 실제로 뇌세포 간 대부분의 연결은 수상돌기를 통해 이루어진다.

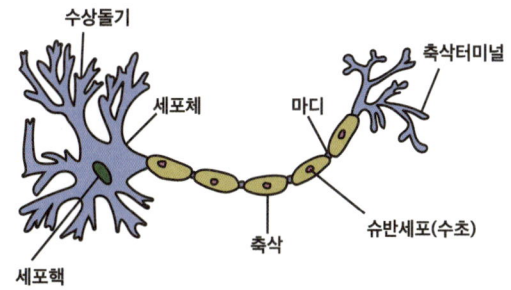

[그림] 뇌세포 (뉴런)

뇌세포의 잠재력을 어떻게 깨울 수 있을까?

뇌세포는 서로 연결되지 않으면 결국 소멸하게 된다. 뇌 전체에서 세포체는 단 3%에 불과하고, 나머지 97%는 서로 연결된 뇌신경 조직으로 이루어져 있다. 뇌세포 사이에 촘촘한 연결망을 구축하는 뇌의 놀라운 능력이 바로 뇌의 성장을 끌어낸다. 이 연결 상태에 따라 뇌 기능의 차이가 생긴다.

뇌세포, 즉 뉴런은 세포체, 축삭돌기, 수상돌기라는 세 가지 주요 구성요소로 이루어져 있다. 신경자극은 축삭돌기 말단(터미널)에서 전달된다. 이 축삭돌기는 슈반세포로 덮여 있으며, 이 슈반세포가 바로 미엘린초(수초)를 형성한다. 수초가 완성되면, 신경 자극이 세포체로 빠

신경발달 접근 훈련은 바로 이 수상돌기를 집중적으로 자극하는 훈련이다. 수상돌기와 수초의 발달을 촉진함으로써 뇌 내부의 신경 연결을 강화하고, 그 결과로 운동 기능이 생성되거나 회복되는 것이다.

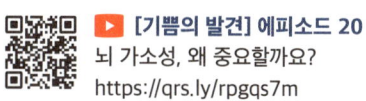

[기쁨의 발견] 에피소드 20
뇌 가소성, 왜 중요할까요?
https://qrs.ly/rpgqs7m

2장

정상적인 발달과 신경발달 접근법

발달 속도의 차이와 발달의 틈

나는 아이들이 어렸을 때, 아이의 성장을 진득하게 기다려주지 못했다. 아이들이 한 단계씩 자라날 때마다, 조금이라도 더 빨리 성장하길 간절히 바랐다. 아이들이 배밀이를 하다가 앉고, 기다가 걷기까지는 보통 1년 정도의 시간이 걸린다. 그 1년 동안, 나는 설렘과 기대 속에서 아이의 성장을 기다렸다. 그리고 내가 할 수 있는 모든 방법을 동원해 아이들이 더 빨리 성장하도록 도우려 했다. 아이가 앉으려 할 때는 베개를 받쳐주었고, 낮은 테이블을 잡고 간신히 일어서려 할 때는 손을 잡아 일어설 수 있도록 도와주었다. 아이가 스스로 해내기를 기다리기보다, 하루라도 빨리 다음 성장 단계로 넘어가길 바랐다. 그때 나는 이런 마음이 옳다고 믿었다. 아이를 돕는 일이라고 생각했으니까. 그땐 정말 그렇게 믿었다.

하지만 서두르는 것이 아이들에게 꼭 좋은 일만은 아니었다. 첫째는 9개월 만에 걸었고, 둘째는 11개월, 셋째는 10개월 만에 걸음마를 시작했다. 세 아이 중에 둘째가 가장 늦게 걷기 시작했지만, 지금은 오히려 둘째가 학습 문제가 가장 적다. 이것은 무엇을 의미할까? 내가 그 의미를 온전히 이해하기까지 수많은 시행착오와 시간이 필요했다.

아이들의 학습능력은 유전적인 요인의 영향을 받지만, 환경적인 요인 역시 큰 영향을 미친다. 나는 교육치료사로 일하면서, 아이들의 발달 속도를 서두르는 것이 오히려 뇌 발달에 부정적인 영향을 줄 수 있다는 사실을 알게 되었다. 그 사실을 깨닫고 난 이후, 내 마음속에는 이런 생각이 계속 맴돌았다. '만약 내가 아이들을 조금 더 기다려주었더라면, 지금 아이들이 겪고

있는 학습의 어려움이 줄어들지 않았을까?'

아이의 뇌와 신경계를 건강하게 발달시키기 위해서는, 바닥에서 자유롭게 탐색하는 시간이 충분히 확보되어야 한다. 하지만 요즘 부모들은 아기를 바닥에 두지 않는다. 흔들의자, 그네, 보행기 등 다양한 보조기구들이 아이들의 움직임을 오히려 제한하고 있다. 물론 카시트처럼 안전을 위해 반드시 사용해야 하는 보조기구들도 있다. 하지만 대부분의 경우, 부모가 육아를 좀 더 편하게 하기 위해 사용하는 경우가 많다.

부모의 선택은 아이에게 큰 영향을 미친다. 아이는 온몸을 움직이며 바닥을 기어 다니는 과정에서 다양한 감각을 탐색하게 된다. 그런데 이렇게 중력에 저항하며 움직이는 능력을 제한하면, 뇌 발달에 오히려 방해가 된다. 뇌는 감각 자극을 통해 발달한다. 우리가 자녀에게 어떤 감각 자극을 주느냐에 따라, 자녀의 행동 반응도 달라진다. 다시 말해, 자녀가 바닥에서 더 많이 구르고 기어다닐수록, 주변 세상을 더 많이 만지고 느끼고 탐색할수록, 자녀의 뇌는 더 건강하게 발달한다는 뜻이다.

그렇다면 부모는 어떻게 자녀가 뇌의 정상적인 발달에서 벗어났다는 것을 알아챌 수 있을까? 이런 상태를 빠르게 파악하려면, 먼저 아이의 정상적인 뇌 발달 과정을 제대로 이해하는 것이 중요하다. 만약 아이가 정상 범주 안에서 발달하지 못하고, 그 과정에 틈이 생겼다면 부

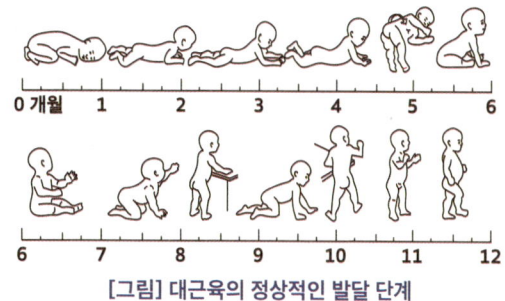

[그림] 대근육의 정상적인 발달 단계

모의 개입이 반드시 필요하다. 그리고 그 개입이 빠를수록, 자녀의 뇌 기능이 온전히 회복되는 데 더 큰 도움이 된다.

바닥이 가장 좋은 놀이터

정상적인 발달 속도의 아기는 보통 4개월 무렵에 머리를 들고 바닥을 기어다니기 시작한다. 5개월쯤 되면 뒤집기를 할 수 있고, 7개월에는 손과 무릎을 이용해 기어다닌다. 8개월이 되면 앉을 수 있으며, 10개월쯤에는 대부분 가구를 붙잡고 몸을 일으키는 단계에 도달한다. 그리고 생후 1년이 되면 대부분의 아기는 걷기 시작한다.

우리 아들은 두 딸에 비해 늦게 걸었다. 그런데도 아들은 훨씬 활동적이어서 카시트 벨트를 뚫고 기어 나올 정도였다. 그만큼 아들의 활동을 억제하기가 쉽지 않았다. 그런데 나중에 보니, 두 딸은 읽기, 수학, 암기 같은 학습에서 어려움을 겪었지만, 아들은 오히려 학습 능력이

가장 뛰어났다.

왜 그럴까? 아기가 감각 자극을 차분하게 많이 받을수록 뇌 발달이 더 활발해지기 때문이다. 하지만 뇌 기능의 발달이 단순히 감각 자극만으로 이루어지는 것은 아니다. 신경발달 접근법의 관점에서 보면, 영아의 신경계는 뚜렷하게 구분되는 '운동 발달의 4단계'를 충분히 거쳐야 성숙해진다. 그 4단계는 다음과 같다.

1단계 : 무작위 운동
2단계 : 배로 기기
3단계 : 손과 무릎으로 기어가기
4단계 : 걷기와 뛰기

이 각각의 단계를 충분히 거치지 못하고 서두르게 되면, 아이의 중추신경계는 제대로 발달하지 못한다. 발달 단계를 억지로 앞당기면, 아이의 성장 과정에 '틈'이 생기게 된다.

아기의 몸이 자라면서 뇌와 신경계도 함께 발달한다. 그런데 어떤 아이들은 옷을 입을 때 불편해하거나, 목욕물 온도에도 지나치게 예민하게 반응하는 경우가 있다. 이런 반응이 나타나는 이유 중 하나는, 아이가 어릴 때 바닥에서 배로 기는 활동을 충분히 하지 못했기 때문이다. 이 과정이 부족하면 뇌 안의 뇌교라는 부분이 잘 발달하지 않아 감각에 더 민감해질 수 있다. 또 어떤 아이들은 감정을 조절하지 못하고 쉽게 흥분하거나 충동적으로 행동하기도 한다. 이런 경우는 뇌의 중뇌라는 부분이 아직 충분히 발달하지 않아서 생기는 문제일 수 있다. 중뇌는 아이가 손과 무릎으로 기어다니는 활동을 통해 발달한다. 그래서 아이가 기는 시기를 충분히 거치는 것이 매우 중요하다.

나는 한참 뒤에야 깨달았다. 내가 자녀들의 발달을 앞당기려고 서둘렀던 조바심이, 사실은 자녀에게 꼭 좋은 것만은 아니었다는 것을. 아이에게 가장 좋은 건, 스스로 충분히 탐색할 수 있도록 기다려주는 것이었다. 그게 진짜 최선이었다. 아기들이 바닥에서 마음껏 놀 수 있도록 그냥 놔두라. 자녀가 자기 속도에 맞춰 걷고 움직일 수 있도록 부모는 기다려야 한다. 조금이라도 빨리 발달 단계에 도달하게 하려고 서두를 필요는 없다. 보행기나 흔들의자보다는, 바닥이 아이에게 더 좋은 놀이터다.

 ▶ [기쁨의 발견] 에피소드 2
우리 아이 두뇌 발달 감각 자극이 좌우합니다
https://qrs.ly/5vgqsaw

희소식, 뇌신경은 다시 만들어진다

자녀가 이미 어느 정도 성장한 상태라면, 부모는 이렇게 생각할 수도 있다. '이런! 내가 아이를 잘못 키운 건 아닐까?' 하지만 걱정하지 않아도 된다. 아직 늦지 않았다. 뇌는 이미 지나간 것들도 다시 배우고, 뇌신경을 새롭게 연결해 나갈 수 있는 놀라운 기관이기 때문이다. 그렇다면 어떻게 해야 할까? 아주 간단한 방법이 있다. 아이가 영아기에 경험하지 못했던 '배로 밀기'나 '무릎으로 기어다니기' 같은 움직임을 다시 연습시키는 것이다. 이렇게 하면 그동안 놓쳤던 발달의 틈을 다시 연결해줄 수 있다.

신경발달 접근법은 아이의 뇌가 발달 단계에서 받아야 했던 감각 자극을 다시 제공해 주는 훈련이다. 이런 움직임을 반복하면서 필요한 감각 발달을 자극해 주면, 아이의 뇌 기능이 실제로 향상될 수 있다. 적절한 자극이 들어가면 뇌의 신경회로가 다시 연결되고, 뇌 안의 기능도 더 정돈되고 조직화한다. 결국 중요한 것은 어떤 자극이 필요한지 알고, 그 자극을 주기 위한 훈련 동작을 정확히 실천하는 것이다.

이런 자극은 아무렇게나 많이 준다고 효과가 생기는 것이 아니다. 자극은 '빈도', '강도', 그리고 '훈련 시간'에 맞춰 적절하게 주어져야 한다. '빈도'는 자극을 얼마나 자주 반복해 주느냐를 의미한다. 자극이 충분히 자주 반복되지 않으면, 기대하는 효과를 얻기 어렵다. '강도'는 자극의 세기를 뜻한다. 아이의 뇌가 자극을 잘 인지하고 반응하려면, 적절한 수준의 강도가 필요하다. 너무 약해도 변화가 없고, 너무 강하면 아이가 부담을 느낄 수 있다. '훈련 시간'은 자극을 주는 데 걸리는 시간이다. 단순히 오래 한다고 해서 효과가 좋아지는 것은 아니다. 뇌는 자극의 '길이'보다, 자극이 얼마나 '선명하고 분명하게 전달되었는가?'를 더 중요하게 여긴다. 오히려 자극을 너무 많이 주면 뇌가 지쳐버릴 수 있다. 뇌가 피로하면 발달도 더디게 된다. 그래서 자극은 많이가 아니라 잘 주는 것이 중요하다.

이 책에서 소개하는 신경발달 접근법이 효과를 발휘하려면, 무엇보다도 꾸준함이 중요하다. 몇 번 훈련했다고 바로 극적인 변화가 나타나지 않을 수도 있다. 왜냐하면 뇌가 변화하고, 신경 세포들이 서로 연결되기까지는 시간이 필요하기 때문이다. 하지만 포기하지 않고 계속하라. 자녀에게 맞는 빈도와 강도, 그리고 적절한 기간 동안 자극을 꾸준히 주면, 반드시 자녀의 기능은 좋아진다. 눈에 띄는 변화는 조금 늦게 찾아올 수 있지만, 아이의 뇌는 분명히 변화하고 있다는 걸 믿어도 된다.

신경발달 접근법은 자녀를 '발달 과정의 눈'으로 바라보는 방법이다. 즉, 지금 아이가 어떤 단계에 있는지, 발달 과정에서 놓친 부분이나 결핍은 없는지 세심하게 관찰하는 것이다. 이 방법을 익힌 부모님들은 먼저 자녀의 '감각 자극이 제대로 들어오는지' 그리고 그에 대한 '행동 반응이 어떤지'를 관찰하게 된다. 행동 반응은 주로 아이의 대근육 활동, 손의 세밀한 움직임, 그리고 언어 표현을 통해 알 수 있다. 아이의 발달을 돕기 위해서는 적절한 수준의 감각 자극이 꼭 필요하다.

이제 다음의 그림과 표를 함께 보면서, 신경발달 접근법이 어떤 뇌 영역을 목표로 하는지 알아보겠다. 실제로 배밀이, 네발, 보행과 같은 운동 발달 이정표는 신경계의 여러 부위가 서로 협응하여 이루어지는 결과다. 그러나 본 장에서는 독자들의 이해를 돕기 위해 복잡한 과정을 단순화하여 설명하고자 한다.

 [기쁨의 발견] 에피소드 4
우리 아이 두뇌 발달에 도움이 되는
교차 패턴 운동법
https://qrs.ly/nugr72l

뇌의 발달과 그 발달을 돕는 방법

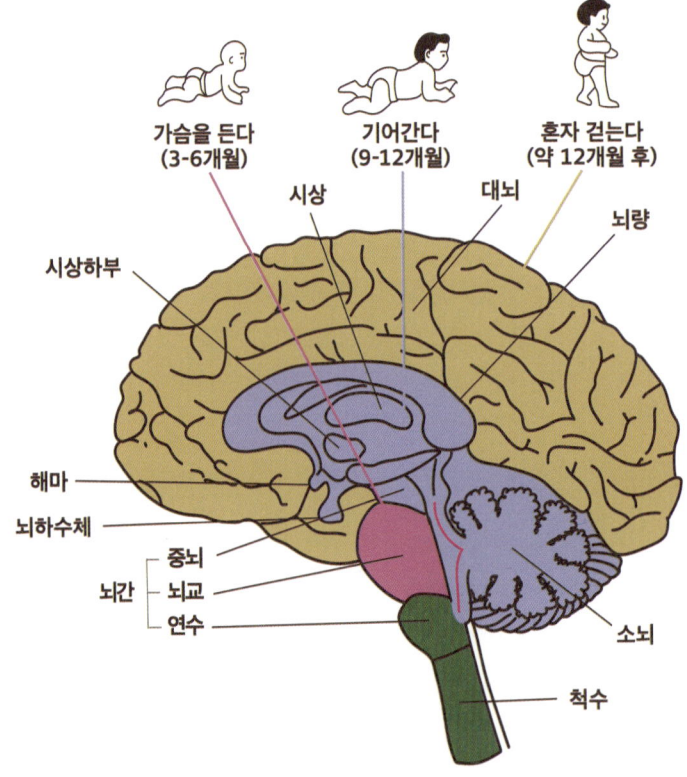

[그림] 신경발달 접근법이 목표로 하는 뇌의 발달 영역

발달 연령	움직임	뇌 영역
0-3개월	무작위 움직임	뇌간(연수)
3-6개월	배를 바닥에 대고 기어다니기	뇌교
7-12개월	손과 무릎으로 기어다니기	중뇌, 시상하부, 시상, 소뇌
1년~6년	걷기, 행진하기, 뛰기	대뇌피질

[표] 신경발달과 뇌

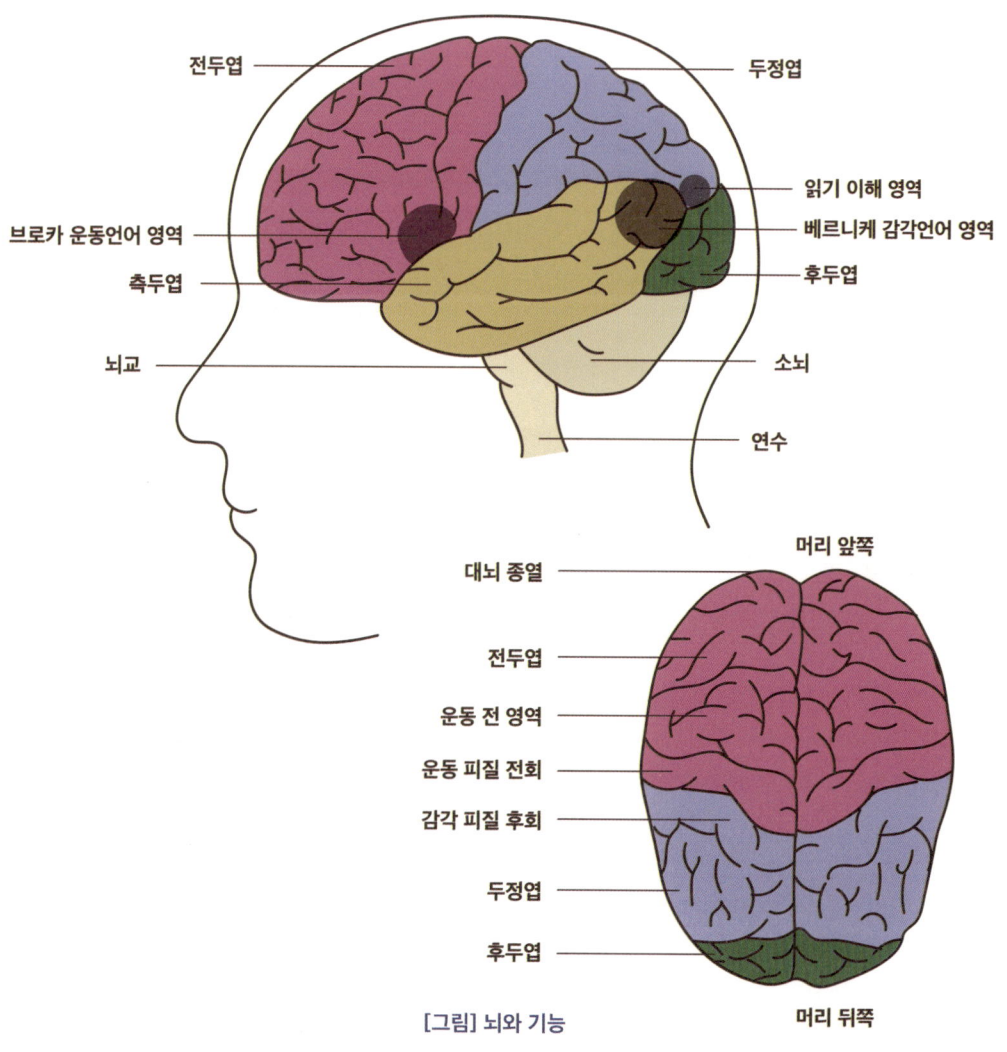

[그림] 뇌와 기능

발단 단계	뇌 영역	움직임
1단계	연수, 뇌간	무작위 움직임
2단계	뇌교	배를 바닥에 대고 기어다니기
3단계	중뇌, 시상하부, 시상, 소뇌	두 손 두 발로 기어다니기
4단계	대뇌피질	기초 걷기
5단계	대뇌피질	구조적 걷기
6단계	대뇌피질	교차패턴으로 손가락 가리키며 걷기
7단계	대뇌피질	조절능력
8단계	대뇌피질	내구성, 견디는 능력
9단계	대뇌피질	움직임 완성

[표] 발달 단계와 뇌

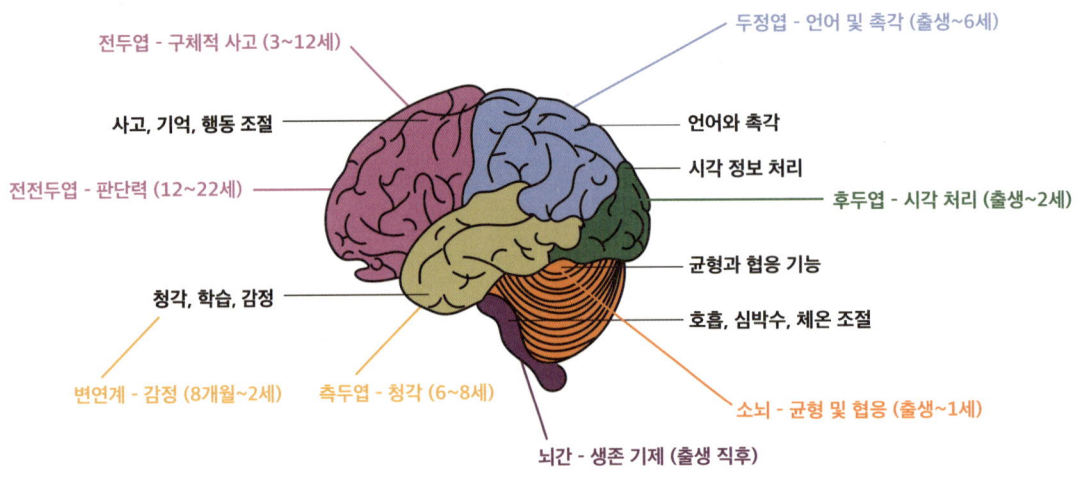

[그림] 뇌의 발달

뇌의 발달을 돕는 방법

전두엽 - 구체적 사고 (3~12세)
- 자녀에게 분류와 정리하는 활동을 시켜보기
- 문제 해결 능력을 격려하기 자녀가 실수하더라도 스스로 알아가는 과정임을 이해
- 자녀가 일상에서 반복되는 패턴을 인식하도록 도와주기(예: '네가 이렇게 하면 항상 이런 일이 생기지.')
- 초등학교 시기의 자녀에게 읽기와 작문을 가르치기(너무 일찍 시작할 필요는 없다)

전전두엽 - 판단력 (12~22세)
- 자녀가 차분할 때 선택권을 주기(감정이 격해진 상태에서는 선택하지 못한다)
- 자녀와 함께 계획을 이야기하고, 스스로 결정하게 해주기
- 큰 과제를 작게 나누어 해결할 수 있도록 도와주기
- 실수를 통해 배울 수 있도록 자율성을 주기

변연계 - 감정 (8개월~2세)
- 무조건적인 사랑을 보여주기
- 자녀와 함께 기쁨을 경험하기
- 일관된 방식으로 반응하기
- 감정 어휘를 사용하여 자녀가 감정을 이해하도록 도와주기

측두엽 - 청각 (6세까지)
- 다양한 소리 환경에 자녀를 노출하기
- 음악을 듣고 노래하거나 악기를 경험하게 해주기
- 리듬 있는 노래와 말놀이로 귀를 자극하기

두정엽 - 언어와 촉각 (6세까지)
- 말을 많이 걸어주고 책을 읽어주기
- 노래나 짧은 문장을 반복적으로 들려주기
- 아이의 주의가 향하는 방향에 관심을 가지고 이야기해 주기
- 아기를 안아주고 마사지해 주기
- 다양한 감촉을 경험하게 해주기. (부드러운 천, 딱딱한 장난감 등)

후두엽 - 시각 (출생~2세)
- 시각적으로 흥미로운 자극을 제공하기
- 공을 굴리거나 찾기 놀이를 하기
- 멀리 있는 사물을 보며 거리감을 익히도록 하기

소뇌 - 균형과 협응 (출생~1세)
- 아기를 안고 다양한 움직임을 경험하게 하기
- 함께 춤추고 팔다리를 움직이게 하기
- 기어다니기, 걷기, 뛰기 등을 많이 시도하게 하기

뇌간 - 생존기능 (출생 시부터)
- 임신 중 스트레스를 줄이고, 영양을 충분히 섭취하기
- 출산 후 자녀가 정서적, 신체적으로 안전하다고 느끼게 해 주기
- 아기의 기본 욕구(수면, 영양 등)가 충족되면 뇌는 성장한다

유의 사항: 위 명시된 연령대는 해당 뇌 영역이 가장 활발하게 발달하는 시기를 의미할 뿐, 그 시기에만 뇌가 자라는 것은 아니다. 인간의 뇌는 전 생애에 걸쳐 계속 성장하고 변화한다. 다시 말해, 어떤 나이든지 그 영역에 자극을 주면 뇌는 계속 발달할 수 있다. 중요한 것은 적절한 자극과 활동을 통해 해당 뇌 기능을 계속 성장시킬 수 있다는 점이다. 이 점을 꼭 기억하는 것이 필요하다.

이제부터는 신경발달 접근법의 훈련과 감각 자극이 자녀의 발달을 어떻게 도와주는지 구체적으로 알아보겠다. 이 훈련은 뇌신경이 더 잘 연결되고, 특히 뇌 수초가 잘 자라도록 도와준다. 이렇게 자극을 통해 뇌가 성장하면, 아이가 발달 과정에서 놓쳤던 부분들도 다시 채워질 수 있다.

감각 자극	뇌 영역	발달 단계
전정 자극	연수, 시상, 소뇌, 해마, 두정엽, 전두엽	뇌간 ~ 대뇌피질(발달의 전 단계)
촉각	두정엽, 시상	중뇌 ~ 대뇌피질(3-9개월)
청각	측두엽, 측두회, 두정엽, 시상	
시각	후두엽, 시상, 두정엽	
후각	측두엽, 변연계(시상), 두정엽	

[표] 감각자극과 뇌

1장

움직임이 뇌를 조직한다

아이의 뇌신경 발달을 돕는 운동 발달 4단계

아기의 움직임이 발달할수록 아기의 뇌도 함께 발달한다. 신경발달 접근법에서는 자녀의 뇌 발달을 돕는 움직임을 크게 네 단계로 구분한다.

1단계 버둥대기 - 뇌의 조직화와 원시반사의 소멸

갓 태어난 아기는 움직임이 거의 없다. 먹고 자고 우는 것이 전부다. 그러나 아이가 몸을 조금씩 움직이기 시작하면 주변 환경에 반응하기 시작한다. 아이의 처음 움직임은 미숙하지만, 그 움직임을 통해 아이는 점차 세상과 접촉하며 감각을 배우기 시작한다. 보는 것, 듣는 것, 냄새 맡는 것, 만지는 것 등 다양한 감각이 뇌로 전달되면서 감각학습이 시작된다.

놀라운 사실은 아이의 신체 움직임이 뇌를 조직화한다는 것이다. 생후 초기, 아기에게 가장 중요한 환경은 배를 바닥에 붙이고 지내는 환경이다. 이 시기에는 대부분의 시간을 바닥에서 보내야 한다. 바닥에서의 활동은 단순히 뇌를 자극하는 것을 넘어, 아기가 타고난 원시반사를 통합하는 데도 중요한 역할을 한다. 원시반사는 아이가 출산 과정을 무사히 거치도록 돕는 자동적인 반응이다. 그러나 태어난 이후에는 이 반사가 자연스럽게 사라진다. 원시반사가 사라지지 않으면 이후의 발달 단계를 방해하거나 지연시키기 때문이다.

신경발달은 일정한 순서를 따라 진행된다. 아기의 뇌가 중추신경계를 조직화하기 시작하면 아이는 뒤로 움직인다. 그다음에는 몸을 회전시키고, 다시 앞으로 나아가는 움직임이 나타난다. 이 시기에 아이의 움직임은 점차 몸의 왼쪽과 오른쪽을 번갈아 사용하는 교차 움직임으로 전환된다.

2단계 배를 대고 기어다니기 - 뇌교의 발달

생후 2~4개월 무렵이 되면 아기의 신경섬유는 수초라는 내벽의 피막으로 덮이기 시작한다. 수초는 일종의 절연체 역할을 하며, 신경계의 반응 속도를 높인다. 몸이 받은 감각 신호가 뇌에 더 빠르고 정확하게 전달되도록 돕는다. 이 시기에 아기는 배를 대고 기어다니는 움직임을 통해 따뜻함, 차가움, 아픔, 배고픔 같은 강한 감각에 반응하는 방법을 배운다.

아기는 엄마와 유대감을 형성하기 시작한다.

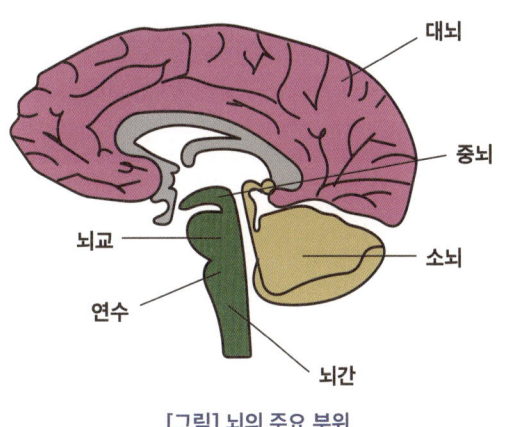

[그림] 뇌의 주요 부위

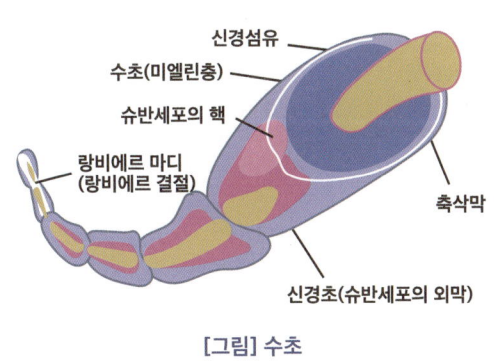

[그림] 수초

이때 뇌에서는 수초가 점점 발달하며 뇌교 부위를 덮기 시작한다. 뇌교는 아픔, 따뜻함, 차가움, 배고픔과 같은 생존 감각을 기능을 담당 하는 영역이다. 그리고 뇌교가 발달하는 동시에

흥미로운 점은, 내가 교육치료사로 만났던 많은 아이가 이 뇌교 발달 단계를 제대로 거치지 못했다는 점이다. 이 아이들 대부분은 배를 바닥에 대고 기는 방법을 몰랐다. 열 살, 열한 살, 심지어 열네 살이 되어서도 바닥에 엎드렸을 때 어떤 방식으로 움직여야 할지 감각적으로 이해하지 못했다. 이들은 유아기에 '배로 기는' 단계를 생략한 채 자라난 경우가 많았다. 이 아이들 대부분이 촉각이나 기타 감각 자극에 지나치게 민감한 반응을 보였다.

자녀가 발달 연령에 맞춰 어떻게 성장하고 있는지를 부모가 이해하는 일은 매우 중요하다. 각 발달 단계의 핵심 지표를 익혀두면, 보호자나 부모는 자녀를 돌보는 과정에서 발달의 지연을 조기에 인지하고 개입할 수 있다.

발달연령	사회성	자조능력	대근육	소근육	언어
0-6개월	• 엄마를 다른 사람과 구분한다 • 사교적인 미소를 짓는다	• 엄지손가락이나 공갈 젖꼭지로 자기 위안을 한다 • 젖병이나 젖 주는 시간에 맞춰 반응한다	• 배에서 등으로 뒤집는다 • 배를 땅에 대고 머리와 가슴을 들어 올린다	• 한 손으로 장난감을 집는다 • 장난감을 보고 다가간다	• 즉흥적인 소리를 낸다 • 음성에 반응한다 • 옹알이한다
6-9개월	• 낯익은 사람에게 다가간다 • 원치 않는 물건을 밀어낸다	• 스스로 과자를 먹는다	• 도움 없이 혼자 앉는다 • 등에서 배로 뒤집는다	• 엄지와 손가락으로 물건을 집는다 • 장난감을 손에서 손으로 옮긴다	• 다양한 소리를 낸다 • 이름을 부르면 반응한다
9-12개월	• 손 놀이를 한다 • 사회적 놀이(술래잡기)를 한다	• 손으로 숟가락 손잡이를 잡는다	• 가구를 잡고 걷는다 • 손과 무릎을 짚고 긴다	• 작은 물건을 엄지와 손가락으로 집는다	• "안돼" "그만" 등의 말을 이해한다 • "엄마" "아빠"를 말한다
12-18개월	• "안녕"하고 인사한다 • 포옹과 키스를 한다 • 침대에 인형을 두기를 원한다	• 스스로 숟가락으로 먹는다 • 컵을 입으로 가져가서 마신다	• 도움 없이 선다 • 도움 없이 걷고 뛴다	• 크레용으로 낙서한다 • 작은 장난감 두 개를 집는다 • 블록을 두 개 이상 쌓는다	• 말로 음식이나 음료를 요구한다 • 한 단어로 된 말을 한다 • 간단한 지시를 따른다
18개월-2년	• 행동수정과 제재에 반응한다 • 타인에게 동정심을 느낀다 • 일을 돕는다	• 개방형 코트를 도움 없이 벗는다 • 숟가락과 포크로 먹는다	• 계단을 혼자 오르내린다 • 잘 달린다 • 공을 찬다	• 책장을 넘긴다 • 4개 이상의 블록으로 탑을 쌓는다	• 두 문단으로 이루어진 지시를 따른다 • 10개 이상의 단어를 말한다
2-3년	• 가장하는 놀이를 한다 • 다른 친구들과 논다 • 일을 돕는다	• 도움을 받아서 옷을 입는다 • 손을 씻고 말린다 • 문을 연다	• 계단을 한 계단씩 밟는다 • 도움 없이 한 발로 선다 • 기어 올라간다	• 가위질한다 • 수직선을 긋는다 • 원의 형태로 낙서한다	• 위치를 표현하는 말을 이해한다 • 분명하게 말한다 • 2-3 단어로 된 문장으로 말한다
3-4년	• 더 어린아이들을 보호한다 • 협력하며 놀 수 있다 • 다른 친구들에게 지시한다	• 도움 없이 옷을 입고 벗는다 • 세수한다 • 화장실 훈련을 한다	• 한 발로 깡충 뛴다 • 세발자전거를 탄다	• 가위로 종이를 가로질러 자른다 • 완전한 원을 그린다	• 크기, 숫자, 모양을 이해한다 • 1부터 5까지 센다 • 4가지 색깔을 안다 • 문장을 조합한다
4-5년	• 아이들 사이에 리더십이 드러난다 • 단순한 게임 규칙을 따른다	• 도움 없이 화장실을 간다 • 길을 건너기 전에 양쪽을 살펴본다 • 단추를 하나 이상 잠근다	• 혼자 그네를 탄다 • 건너뛰기를 한다 • 혼자 한 발로 깡충 뛴다	• 이름을 쓴다 • 인체를 세 부분 이상으로 그린다 • 형체를 알아볼 수 있는 그림을 그린다	• 익숙한 단어의 의미를 이야기한다 • 몇 개의 글씨를 읽는다 • 3단계의 지시를 따른다

[표] 5세까지의 영역별 발달단계 (* 이 표는 일반적인 지침이며 아이들은 각자 다르게 발달한다)

3단계 두 손과 무릎으로 기어다니기 - 중뇌의 발달

아기가 성장하면서 주변 환경을 통해 얻게 되는 다양한 정보들은 뇌 발달에 꾸준한 영향을 준다. 아기에게 전달되는 정보가 많아질수록, 아기의 뇌는 더 활발히 발달한다. 생후 7개월이 되면 아기는 손과 무릎을 짚고 기어다니기 시작하는데, 이 시기에 수초의 발달은 중뇌에 이르게 된다. 중뇌는 체내 화학반응 조절, 내분비 체계, 면역 체계, 알레르기 반응, 분노 조절, 숙면과 기상 리듬, 동기 부여 같은 신체의 중요한 기능들과 관련이 있다. 또한 충동 조절, 학습에 필요한 기억력, 감정 반응, 눈과 손의 협응을 포함한 운동 기능에도 깊이 관여한다.

4단계 걷기 - 대뇌의 발달

아기가 만 1세가 되면, 수초가 대뇌를 덮기 시작한다. 이 시기에 아기는 생애 처음으로 걷기 시작하며, 대뇌의 기능이 본격적으로 활성화된다. 뇌량 상부가 조직화하면서 걷기, 달리기, 행진하기, 건너뛰기 같은 교차 패턴의 움직임이 가능해진다.

대뇌는 합리적인 사고, 말하기 전에 생각하기, 계획 실행, 새로운 상황에 유연하고 이성적으로 대응하기 같은 인간 고유의 고차원적 기능을 담당한다. 대뇌의 발달은 보통 여자아이가 남자아이보다 더 빠르며, 보통 6세에서 8세 사이에 완전히 성숙한다.

이 시기의 뇌 발달은 수초의 성장에 달려 있다. 수초가 뇌 전체를 충분히 덮기 전에는 아이는 발달의 최고점에 도달할 수 없다. 수초가 충분히 형성되었다고 하더라도, 발달 단계 하나하나를 실제로 경험하고 습득하지 않았다면, 그 과정에 틈이 생긴다. 그리고 이 틈은 자칫 학습 장애로 이어질 수 있다.

발달의 모든 단계가 빈틈없이 채워져야 아이는 온전하게 성장하고 성숙해진다. 아이가 특정한 발달 행동을 할 때, 그 행동은 뇌의 새로운 기능을 자극하고 작동시킨다. 바로 이런 과정을 통해 뇌 기능은 더욱 견고하게 자리 잡는다.

아이 발달의 틈, 지금부터 메우면 된다

신경발달 접근법에서는 자녀에게 발달 지연 또는 장애가 나타났다면 그것은 발달 과정에서 '틈'이 생긴 결과라고 본다. 그 틈은 다양한 원인으로 생길 수 있다. 다운증후군처럼 유전적인 원인이 있기도 하고, 뇌성마비처럼 뇌의 구조적인 손상에서 비롯되기도 한다. 자폐성 장애처럼 아직 정확한 원인이 밝혀지지 않은 경우도 있다.

하지만 무엇보다 중요한 사실은 발달 과정에 생긴 그 '틈'이 결국 발달 지연이나 장애로 이어진다는 점이다. 예를 들어, 대근육 발달이 지연되면 중추신경계의 발달도 함께 늦춰진다. 이 틈을 메우는 가장 효과적인 방법은 아이가 놓친 발달 단계를 '다시 경험하도록' 돕는 것이다. 즉, 배를 밀며 엎드려 움직이는 동작이나, 손과 무릎을 짚고 기어가는 행동을 다시 훈련하는 것이다. 아이의 실제 나이와 관계없이, 발달 단계에 맞는 움직임을 반복해서 훈련하면, 그에 해당하는 뇌 영역이 자극을 받아 다시 조직화한다. 놓쳐버린 발달 단계를 반복하면, 손상된 수초도 점차 회복된다. 일반적으로 뇌의 신경회로가 다시 연결되어 측정할 수 있는 변화를 보이기까지는 약 3~4개월이 걸린다.

교차 패턴, 왜 중요한가?

자녀가 처음 어떻게 움직이기 시작했는지 떠올려보자. 아기는 태내에서도 발로 차며 움직이고, 생후에도 팔과 다리를 제멋대로 흔드는 움직임으로 시작한다. 그러다 어느 순간 팔과 다리를 동시에 움직이기 시작한다. 처음에는 같은 쪽의 팔과 다리, 즉 오른팔과 오른 다리, 왼팔과 왼쪽 다리를 함께 움직이며 몸을 뒤집는 방법을 익힌다. 이후 아기는 좀 더 정교한 움직임으로 발전하게 되는데, 그때 나타나는 것이 바로 '교차패턴 운동'이다. 오른팔과 왼쪽 다리, 왼팔과 오른 다리를 동시에 사용하는 이 움직임은 뇌 발달에서 매우 중요한 단계다.

실제로 치료 현장에서 보면, 팔다리를 교차하여 움직이지 못하는 아이들이 많다. 이는 뇌의 좌반구와 우반구 사이 연결이 원활하지 않다는 신호다. 이런 경우 아이는 움직임을 조율하기 어려워하고, 뇌가 받은 정보를 처리하는 속도도 느려진다. 그러나 교차패턴 운동을 꾸준히 훈련하면 양쪽 뇌를 연결해 주는 뇌량이 자극되면서 점차 뇌 기능이 조직화하고 회복되는 것을 볼 수 있다.

태어난 후 1년 동안 아이가 자연스럽게 밟아가는 발달 단계를 그대로 훈련하는 것은 뇌 기능을 회복하는 데 효과적이다. 이 중에서도 교차패턴 운동은 뇌 기능 회복을 위한 핵심 동작이다. 교차패턴 훈련이란, 엎드려 배를 바닥에 대고 기어가는 움직임, 손과 무릎으로 기어가기, 그리고 양팔과 다리를 번갈아 움직이는 행진 동작을 정확히 다시 배우는 것이다.

아기가 기어가려면 오른팔과 왼쪽 다리, 왼팔과 오른 다리를 동시에 움직여야 한다. 손과 무릎이 바닥에 닿은 채로 움직여야 하며, 배를 바닥에 대고 기어갈 때는 엄지발가락으로 바닥을 밀어야 앞으로 나아갈 수 있다. 그런데 아이가 바닥에서 발을 떼거나, 손을 꼭 쥔 상태에서 기어가려 한다면 감각 통합에 문제가 있을 수 있다. 이는 해당 발달 단계가 충분히 이루어지지 않았다는 신호다.

자녀가 바닥에서 배를 대고 기거나, 손과 무릎으로 바닥을 짚고 기어다니기를 익히게 되면, 특별한 노력이나 생각 없이도 자연스럽게 전진하고 후진할 수 있다. 이때 중요한 점은, 자녀가 스스로 이 움직임을 터득할 때까지 부모가 아이의 팔과 다리를 잡고 대신 움직여주는 등 도와줘야 한다는 것이다.

어떤 아이는 기어가는 데는 능숙하지만, 두 발을 번갈아 뛰거나 달리는 동작은 잘하지 못하기도 한다. 이런 경우라면 '행진하기' 훈련이 필요하다. 행진은 반대편 팔과 다리를 동시에 힘차게 흔드는 동작이다. 팔을 흔드는 것은 단순한 움직임 같지만, 실제로는 몸의 균형을 잡아주고, 좌뇌와 우뇌를 연결하는 데 큰 역할을 한다.

뇌신경 발달을 돕는 효과적인 훈련법

다음 훈련들은 뇌 발달 단계의 움직임을 기초로 하여, 해당 뇌 영역에 필요한 자극을 전달한다. 이 과정을 통해 대뇌 발달 과정에서 생긴 틈을 메우는 데 도움을 준다.

자녀의 장애 정도에 따라서 훈련의 횟수, 시간, 강도는 달라져야 한다. 여러 가지 장애가 함께 있는 경우에는 가장 아래의 발달 단계부터 시작해야 한다.

- 가벼운 장애가 있는 아동: 하루 2회, 한 번에 2분
- 중간 정도의 장애가 있는 아동: 하루 3~4회
- 심한 장애가 있는 아동: 하루 5~8회

자녀가 어릴수록 더 적은 훈련만으로도 개선될 수 있다. 뇌세포가 연결되고 기능을 익히는 데에는 약 3~4개월이 걸린다. 부모가 훈련을 꾸준히 지도하면 약 3개월 뒤에 자녀의 신경 발달 과정에 생겼던 틈이 메워지는 것을 확인할 수 있다. 단, 훈련을 불규칙하게 해서는 안 된다. 적어도 주 5회 이상, 꾸준히 반복해야 효과를 기대할 수 있다.

뇌교 훈련 1　　　　　　　　## 도마뱀　　　　　　　　**뇌교 훈련**

#감각통합 #감정조절 #사회성 #애착발달

뇌교 부위의 감각 통합, 감정 조절, 사회성, 애착 발달에 관여하는 뇌 기능을 자극하고 좌우뇌의 연결을 강화하는 기초 교차패턴 운동. 원시반사의 통합과 수초 형성 촉진을 도와 뇌 조직화를 유도한다.

⏰ 하루 2회, 한 번에 약 2분씩
- 꼭 21일 동안 중간에 쉬는 날 없이 꾸준히 하기
- 21일 이후에는 빈도를 조금 낮춰 일주일에 5일로 조정 가능

😊 준비
- 바닥에 배를 대고 엎드린다
- 왼팔은 굽혀 손이 눈 옆에 오게 하고, 왼쪽 다리는 굽혀 엉덩이 옆에 위치시킨다.
- 얼굴은 왼손을 향하게 한다.
- 오른팔은 몸 옆으로 내려 손등이 바닥에 닿게 하고, 오른 다리는 쭉 뻗어 바닥에 둔다.

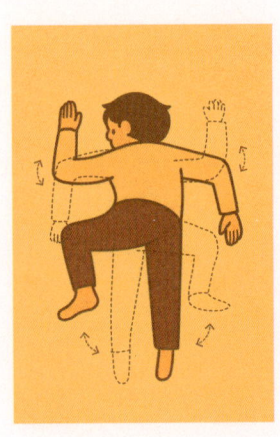

1. 왼팔과 왼쪽 다리를 굽힌 자세에서 시작한다.
2. 팔과 다리의 위치를 동시에 바꾼다.
   - 왼팔은 몸 옆으로 내리며 손바닥이 바닥에 완전히 닿도록 한다.
   - 오른팔은 얼굴 옆으로 올려 손등이 바닥에 닿도록 한다.
   - 왼쪽 다리는 쭉 펴고, 오른 다리는 굽혀 엉덩이 옆에 둔다.
   - 머리는 오른손을 바라보게 돌린다.
3. 위 동작을 좌우 교대로 반복하며, 마치 진흙 위를 기어가는 도마뱀처럼 몸을 끌고 이동한다.

✅ 바른 자세 확인 포인트

- 팔다리는 명확하게 교차해 움직여야 한다.
- 팔은 팔꿈치를 중심으로 90도 각도를 유지해야 한다.
- 손바닥과 손등은 각각 바닥에 닿아야 한다.
- 머리는 항상 위로 든 손 방향을 바라본다.
- 움직임은 좌우 대칭적으로 매끄럽게 이어져야 한다.

⚠️ 유의

- 손, 팔, 다리의 움직임이 정확하고 교차패턴이 유지되도록 반복을 점검
- 자녀가 스스로 하기 어려운 경우, 보호자가 양쪽에서 팔과 다리를 도와준다.
- 훈련은 반드시 맨바닥이나 얇은 매트 위에서 맨발로 시행한다.

🔄 처음부터 다시

- 팔과 다리를 같은 방향으로 움직이거나 비대칭 움직임을 보이는 경우
- 손이나 발을 바닥에 붙이지 않고 들거나 쥐는 경우
- 머리를 손 쪽으로 돌리지 못하거나 눈이 항상 정면을 보는 경우
- 바닥과의 마찰을 피하려는 듯 몸을 위로 들거나 움직임을 거부하는 경우

▶ [기쁨의 발견] 에피소드 21
도마뱀 훈련
https://qrs.ly/ncgr76u

뇌교 훈련 2

시소 Seesaw

뇌교 훈련

#감각통합 #전정감각 #자세조절 #신체인식

뇌교 부위의 감각통합을 촉진하고, 전정감각 및 자세 조절 능력을 향상하는 교차패턴 운동이다. 신체 협응력과 균형감각을 발달시키며, 뇌 양반구의 연결을 강화한다.

⏰ 하루 2회, 한 번에 약 2분씩
- 일주일 동안 꾸준히 진행한 후, 움직임을 반대로 하는 '역시소' 훈련을 시도해 본다.

😊 준비
- 자녀를 바닥에 등을 대고 눕힌다.
- 두 팔은 머리 위로 쭉 뻗는다.
- 양 무릎은 구부려서 발이 엉덩이 아래에 위치하도록 한다.
- 훈련은 반드시 맨발로 진행하며, 얇은 매트나 딱딱한 바닥 위에서 실시한다.

1. 두 팔을 머리 위에서 몸 옆으로 내리며 바닥을 '쾅'하고 친다.
2. 동시에 양발은 바닥을 문지르듯 쭉 펴고, 무릎을 완전히 펴준다.
3. 다시 두 팔을 머리 위로 올리며 시작 자세로 돌아온다.
4. 양 무릎을 다시 구부려 발이 엉덩이 아래에 오게 한다.
5. 위 동작을 천천히 반복하여 수행한다.
6. '역시소' 훈련은 양 무릎을 완전히 펴서 준비한 후 양 무릎을 구부렸다가 다시 펴는 동작으로 상체는 동일하게 진행한다.

✅ 바른 자세 확인 3포인트

- 팔과 다리는 동시에 움직인다.
- 팔은 곧게 뻗은 자세를 유지해야 한다.
- 팔을 내릴 때 손바닥이 바닥에 닿는다.
- 무릎을 펴는 동작에서 발바닥이 바닥을 긁듯 움직인다.
- 동작은 일정한 리듬과 패턴으로 반복한다.

⚠️ 유의

- 이 운동은 도움을 받아야 수행할 수 있으며 혼자서는 할 수 없다. 아이가 팔을 움직이는 동안 보호자는 발을 움직여 주어야 한다.
- 손이나 다리가 한쪽으로만 움직이지 않도록 주의 깊게 관찰하며 진행한다.

🔄 처음부터 다시

- 팔과 다리를 동시에 움직이지 못하거나 한쪽 움직임만 반복하는 경우
- 손이나 발이 바닥에 닿지 않고 들리는 경우
- 움직임이 비대칭이거나 리듬 없이 딱딱하게 이어질 경우
- 반복적으로 한쪽으로만 몸이 틀어지는 경우

❓ 자주 묻는 질문

Q. 시소 훈련을 할 때 아이가 팔을 반만 올리고, 내릴 때도 팔을 끝까지 뻗지 못합니다. 이럴 때 심압자극을 다시 해준 다음 시소를 해야 할까요?

A. 네, 시소 훈련 전에는 팔과 손에 강한 압력을 가해주는 심압자극을 먼저 시행하는 것이 좋습니다. 이는 근육 긴장을 안정시켜주고, 아이가 팔을 보다 부드럽고 정확하게 움직일 수 있도록 도와줍니다.

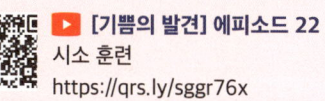

[기쁨의 발견] 에피소드 22
시소 훈련
https://qrs.ly/sggr76x

뇌교 훈련 3

자전거: 누워서 패턴 만들기

뇌교 훈련

#감각통합 #좌우뇌연결 #시선조절 #주의력강화

> 뇌교 부위를 자극하고 좌우뇌 연결을 증진하는 교차패턴 운동. 감각 통합 및 시선 조절, 주의 집중을 향상하며, 학습 준비 상태를 돕는다. 원시반사의 통합과 수초 형성을 촉진한다.

⏰ 하루 2회, 한 번에 약 2분씩

- 시작은 5세트로 하고 점차 30세트까지 늘려간다.
- 혼자 능숙히 30세트까지 정확히 수행할 때 무게감을 더해 강도를 높이자. (팔목 400~700g, 발목 900g~1kg)

😊 준비

- 딱딱한 바닥이나 침대 위에 등을 대고 눕는다.
- 신발과 양말은 벗고 맨발 상태로 실시한다.
- 다리는 쭉 뻗고 몸은 옆에 둔다.

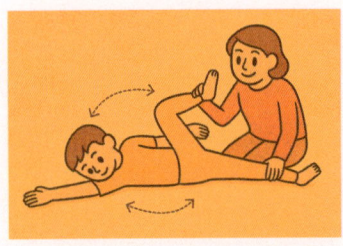

1. 오른팔을 머리 위로 들어 올려 바닥에 닿게 하고, 오른 다리를 곧게 뻗는다.
2. 왼쪽 다리는 무릎을 구부려 허벅지가 바닥과 수직이 되게 하고, 종아리는 바닥과 평행하게 한다.
3. 왼팔은 몸 옆 엉덩이 옆에 위치한다.
4. 위 동작을 좌우 교대로 반복하며, 마치 자전거 페달을 구르듯 부드럽게 움직인다.
5. 머리를 움직여 항상 머리 위로 올라간 손을 바라보게 한다.
6. 보호자는 아동의 발목부위를 잡고 다리 움직임을 조금 도와준다.

✅ 바른 자세 확인 포인트

- 팔다리는 명확한 교차패턴으로 동시에 움직여야 한다.
- 팔은 곧게 뻗은 자세를 유지해야 한다.
- 머리는 항상 머리 위 손을 향해 돌려 시선을 고정해야 한다.
- 손과 발은 바닥에 닿으며 움직임은 부드럽고 일정한 리듬을 가지고 진행되어야 한다.

⚠️ 유의

- 이 운동은 도움을 받아야 수행할 수 있다. 아이가 팔을 움직이는 동안 보호자가 발을 움직여 주어야 한다.
- 무리하지 않고 자녀의 집중력과 피로도를 고려해 반복 횟수를 조절한다.

🔄 처음부터 다시

- 팔과 다리가 같은 방향으로 움직이거나 동시에 올라오는 경우
- 손, 발이 바닥에 닿지 않고 들려 있는 경우
- 머리를 돌리지 않거나 시선이 정면을 향하는 경우
- 움직임이 좌우로 엇갈리고 흐트러지는 경우

❓ 자주 묻는 질문

Q. 자전거 훈련을 하다 보니 오른쪽 고관절이 틀어져 있는 것 같습니다. 오른쪽 다리를 직각으로 올릴 때, 다리가 옆으로 일단 한번 틀어졌다가 다시 제자리로 가는데, 이런 때도 훈련을 계속해야 할까요?

A. 고관절이 직각으로 바로 올라가지 않는 데에는 다양한 원인이 있을 수 있습니다. 고관절 주변 근육의 긴장이나 수축, 해부학적인 구조상의 변형, 혹은 통증 등이 원인이 되어 움직임에 제한이 생길 수 있습니다. 원인과 정도가 사례마다 다르므로 전문가의 진단을 받길 추천합니다.

▶ [기쁨의 발견] 에피소드 21
자전거 훈련
https://www.youtube.com/watch?v=K_vFAzG4iGI

뇌교 훈련 4

배로 기어가기

뇌교 훈련

#감각통합 #교차패턴 #촉각통합 #중추신경자극 #애착 #안정감 #감정조절

> 배를 바닥에 대고 기어가는 고전적인 교차패턴 훈련으로, 뇌교 부위를 자극하고 감각 통합, 좌우 뇌 연결, 중추신경 조직화, 원시반사 통합에 효과적이다.
> 특히 촉각 예민성과 감각 회피가 있는 아동에게 기초 재조정 단계로 필요하다.

⏰ **하루 2회, 한 번에 약 2분씩**

- 처음 3주 동안은 주 5회 이상을 목표로, 규칙적으로 시행
- 필요에 따라 도마뱀 → 자전거 타기 → 배로 기어가기의 순서로 점진적 연결 훈련 진행

😊 **준비**

- 바닥에 배를 대고 엎드린다.
- 두 팔과 두 다리는 바닥에 평평하게 붙이고, 손과 발의 끝은 펴서 바닥과 밀착되게 한다.
- 머리와 가슴은 약간 들고, 시선은 진행 방향을 향하게 한다.

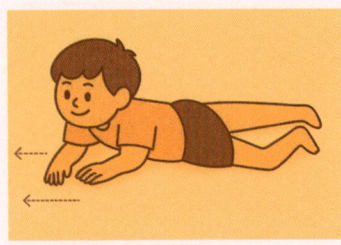

1. 반대쪽 팔과 다리를 동시에 움직이며 천천히 기어간다.
2. 엄지발가락으로 바닥을 밀며 몸을 앞으로 이동시킨다.
3. 손가락과 발바닥이 바닥에 밀착된 상태를 유지한 채 진행한다.
4. 팔과 다리를 번갈아 교차시키며 일정한 리듬으로 반복한다.
5. 엉덩이와 허리를 바닥 가까이 낮게 유지한다.

✅ 바른 자세 확인 포인트

- 팔과 다리가 정확한 좌우 교차로 움직이고 있는지 확인한다.
- 손바닥과 발, 다리 전체가 바닥에 붙어있고 엉덩이가 들리지 않고 몸이 바닥에 밀착되도록 한다.
- 엄지발가락으로 바닥을 밀어 몸이 앞으로 나아가고 있는지, 머리와 가슴은 들고, 시선은 정면을 보고 있는지 확인한다.

⚠️ 유의

- 훈련 도중 아이가 배를 들거나 팔/다리를 바닥에서 떼려는 경우, 감각 과민일 수 있다. 이 경우 도마뱀, 자전거 등 더 기초적인 훈련을 선행하고 다시 배로 기기 훈련을 진행하도록 한다.
- 기어갈 때 허리를 뒤틀거나, 손가락/발끝에 긴장이 들어간다면 반복을 줄이고 동작을 다시 조정한다.
- 촉각 과민이 심한 경우 얇은 매트보다는 맨바닥을 더 느낄 수 있는 환경에서 진행한다.

🔄 처음부터 다시

- 양팔 또는 양다리가 동시에 움직이는 경우 (교차 패턴이 아님)
- 손이나 발이 바닥에 닿지 않거나, 들리는 경우
- 머리가 들리지 않거나, 시선이 바닥 또는 다른 방향을 향하는 경우
- 움직임이 좌우로 치우치거나 끊기는 경우
- 엉덩이를 지나치게 들어 올리거나 기는 동작을 거부하는 경우

❓ 자주 묻는 질문

Q. '배로 기어가기'를 하려다 아이가 심하게 떼를 써서 중단했습니다. 이럴 때는 진정된 후 다시 시도하는 것이 맞을까요?

A. 훈련 초기에 가장 어려운 점은 아이가 이 활동을 자연스럽게 일과로 받아들이게 하는 것입니다. 거부감이 크다면 아주 간단하고 짧은 동작부터 시작해 보세요. 훈련 강도나 시간을 천천히 늘려가는 방식이 좋습니다. 처음부터 너무 많은 훈련을 시도하지 않는 것이 중요합니다. 아이가 거부하는 훈련보다는 조금이라도 흥미를 보이는 다른 동작부터 시작해도 괜찮습니다.

Q. 정자세는 가능한데, 엄지발가락이 아프다고 훈련을 회피합니다. 어떻게 도와줄 수 있을까요?

A. '배로 기어가기'를 시작하기 전에 손과 발에 '심압 자극'을 먼저 주세요. 특히 발가락에는 부드러운 촉각 자극(예: 때수건, 가벼운 마사지)도 함께 시도해 볼 수 있습니다. 감각 민감성은 해결에 시간이 필요한 문제이므로, 포기하지 말고, 자주 반복해 주는 것이 중요합니다. 민감도는 점차 줄어들 수 있습니다.

Q. 엄지발가락으로 밀고 나가는 발은 괜찮은데, 반대쪽 다리는 자꾸 공중에 뜹니다. 어떻게 해야 하나요?

A. '배로 기어가기'를 시작하기 전 다리와 발에 심압 자극이나 촉각 자극을 먼저 제공하는 것이 효과적입니다. 이후 실제 기어갈 때 다리가 자연스럽게 움직일 수 있도록 부드럽게 유도해 주세요. 보호자가 손바닥이나 바닥을 밀도록 도와주되, 강제하지 않고 편안하게 지도하는 것이 중요합니다.

Q. '배로 기어가기' 좌우 합쳐 20번을 1회로 생각해도 될까요? 아이가 자라면서 복도를 오가는 횟수가 줄어든 것 같아요. 요즘에는 왕복 40번 정도 하고 있습니다.

A. 반복 횟수보다 더 중요한 것은 '운동 시간'입니다. 한 번 훈련할 때 최대 2분 이상 지속하는 것은 좋지 않습니다. 왕복 횟수는 아이의 속도와 보폭에 따라 다를 수 있으니, 시간 기준으로 진행하며 몸의 움직임이 일정하고 안정적으로 유지되는지 점검해 주세요.

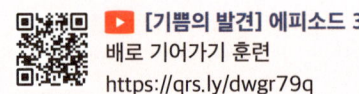

[기쁨의 발견] 에피소드 3
배로 기어가기 훈련
https://qrs.ly/dwgr79q

❓ 뇌교 훈련법 자주 묻는 질문

Q. 자세를 잡아주려 하면 아이가 짜증을 내고 훈련이 어렵습니다. 어떻게 해야 할까요?

A. 이럴 경우, 한 단계 더 기초적인 훈련부터 다시 시작하는 것이 좋습니다. '시소', '자전거', '도마뱀'과 같은 훈련은 '배로 기어가기' 준비 과정에 해당하며, 아이가 부담 없이 접근할 수 있습니다. 이 세 가지 훈련을 무리 없이 수행할 수 있게 되면 다시 '배로 기어가기'를 시도해도 늦지 않습니다.

Q. '배로 기어가기'라는 말만 해도 아이가 도망갑니다. '도마뱀', '시소', '자전거' 중 하나에 집중한다면 어떤 걸 먼저 해야 할까요?

A. 신경발달 순서상 '도마뱀'이나 '시소'가 먼저입니다. 특히 '시소'는 뇌를 깨우고 집중력을 돕는 데 유익하며, '도마뱀'은 동일 방향 움직임(같은 쪽 손과 발)과 촉각 감각 처리에 도움이 됩니다. 아이가 촉각에 민감하다면 '도마뱀'을 먼저, 주의 집중이 어렵다면 '시소'를 먼저 권장합니다. 동일 방향 움직임이 충분히 익혀지면 '자전거'를 통해 교차패턴 훈련으로 연결하는 것이 좋습니다.

Q. 현재 '배로 기어가기'는 잘하고 있습니다. 그런데 '시소'나 '자전거' 같은 기초 훈련도 계속해야 할까요?

A. 아이가 '배로 기기'를 안정적으로 수행하고 있다면, 손과 무릎으로 기어가는 다음 단계 훈련을 시작할 수 있는 적기일 수 있습니다. '시소'와 '자전거'는 기본적인 준비 운동으로, 이미 잘 수행하고 있다면 생략해도 됩니다. 단, 손과 무릎으로 기어갈 때는 발이 바닥에서 뜨지 않도록 하고, 바닥을 편안하게 끌며 움직여야 하며, 머리는 들고 정면을 바라보아야 합니다. 이때 교차 패턴으로 움직이는 것이 중요하며, 익숙해지면 앞으로 뿐 아니라 뒤로도 연습하는 것이 좋습니다. 해당 단계의 보완 훈련으로는 '무릎을 짚고 앞뒤로 흔들기', '무릎 꿇고 걷기' 등이 있습니다.

Q. 아이가 '시소'나 '자전거 훈련'을 거부할 때 억지로 시켜도 될까요? 예를 들어, 두 팔과 두 다리를 여러 명이 붙잡고 억지로 시키는 경우도 봤습니다.

A. '시소'와 '자전거 훈련'은 기본적으로 두 명 이상의 보호자가 도와주는 것을 전제로 설계된 훈련입니다. 한 명은 다리, 다른 한 명은 팔을 담당하며 움직임을 유도해야 합니다. 아이의 체격이 크거나 한 사람씩 맡기 어렵다면, 네 명이 리듬을 유지하면서 함께 돕는 것도 가능합니다. 중요한 것은 억지로 강제하기보다 교차 패턴과 리듬을 유지하면서 아이가 편안하게 훈련에 적응하도록 돕는 것입니다.

중뇌 훈련 1

손과 무릎을 짚고 앞뒤로 흔들기

중뇌 훈련

#협응력 #중뇌자극 #운동기능향상 #균형감각 #기초훈련

> 중뇌 발달을 자극하여 자세 안정성, 신체 균형, 감정적 안정감, 집중력 형성에 도움을 주는 기초 움직임 훈련이다. 특히 이후 기어가기, 행진 등 교차 패턴 동작으로 나아가기 위한 전 단계 훈련으로 필수적이다.

⏰ 하루 약 2분씩

- 아침 또는 저녁 루틴에 포함해 습관화
- 나이, 체력, 집중 시간에 따라 적절히 조절
- 훈련 전후 충분한 휴식 확보

😊 준비

- 자녀를 무릎과 손을 짚은 네발 자세로 만든다.
- 팔은 어깨 아래, 무릎은 엉덩이 아래 위치하도록 한다.
- 발등과 정강이가 바닥과 평행하게 붙어 있도록 유도한다.

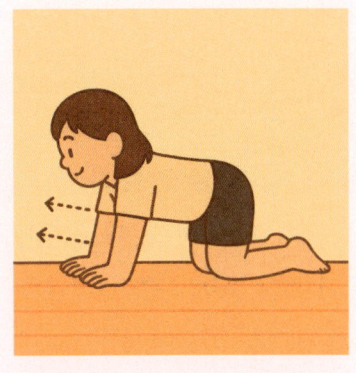

1. 무릎은 고정한 상태에서 엉덩이를 발꿈치 쪽으로 천천히 이동시킨다.
2. 다시 엉덩이를 앞쪽으로 이동시키며 무게중심을 손 쪽으로 옮긴다.
3. 이 동작을 앞뒤로 반복한다.
4. 아이가 편안해지면 리듬을 타며 부드럽게 움직이도록 지도한다.

숫자카드 <청각 처리 평가>와 <시각 처리 평가>에 활용합니다. 점선을 따라 잘라 사용할 수 있습니다.

7 1 4 9	2 5 8 3
9 2 6 0	6 0 3 8

숫자카드 1-1	숫자카드 1-2
숫자카드 1-3	숫자카드 1-4

숫자카드 <청각 처리 평가>와 <시각 처리 평가>에 활용합니다. 점선을 따라 잘라 사용할 수 있습니다.

2 8 5 0 6	4 7 1 9 3
5 1 8 2 6	9 3 7 0 4

숫자카드 2-1	숫자카드 2-2
숫자카드 2-3	숫자카드 2-4

숫자카드 <청각 처리 평가>와 <시각 처리 평가>에 활용합니다. 점선을 따라 잘라 사용할 수 있습니다.

3 8 1 6 9 2	7 2 9 4 0 5
6 9 2 5 1 7	4 0 7 3 8 5

숫자카드 3-1	숫자카드 3-2
숫자카드 3-3	숫자카드 3-4

숫자카드 <청각 처리 평가>와 <시각 처리 평가>에 활용합니다. 점선을 따라 잘라 사용할 수 있습니다.

7 1 4 0 8 5 2	8 2 5 9 3 6 0
5 2 8 6 9 3 7	9 3 7 1 6 0 4

숫자카드 4-1	숫자카드 4-2
숫자카드 4-3	숫자카드 4-4

숫자카드 <청각 처리 평가>와 <시각 처리 평가>에 활용합니다. 점선을 따라 잘라 사용할 수 있습니다.

6 1 9 4 0 7 2 5	2 9 5 8 3 7 0 4
4 0 8 5 1 9 3 6	8 3 6 1 9 5 2 7

숫자카드 5-1	숫자카드 5-2
숫자카드 5-3	숫자카드 5-4

사물 카드 <청각 처리 단어 훈련>에 활용합니다. 점선을 따라 잘라 사용할 수 있습니다.

동물

소	개
양	말
닭	곰

사물 카드 <청각 처리 단어 훈련>에 활용합니다. 점선을 따라 잘라 사용할 수 있습니다.

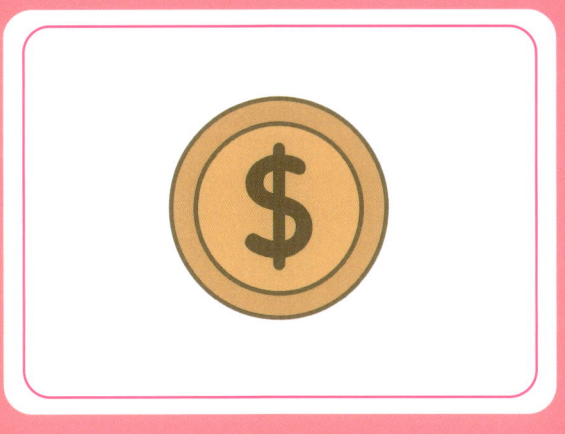

사물

집	돈
물	옷
책	컵

사물 카드 <청각 처리 단어 훈련>에 활용합니다. 점선을 따라 잘라 사용할 수 있습니다.

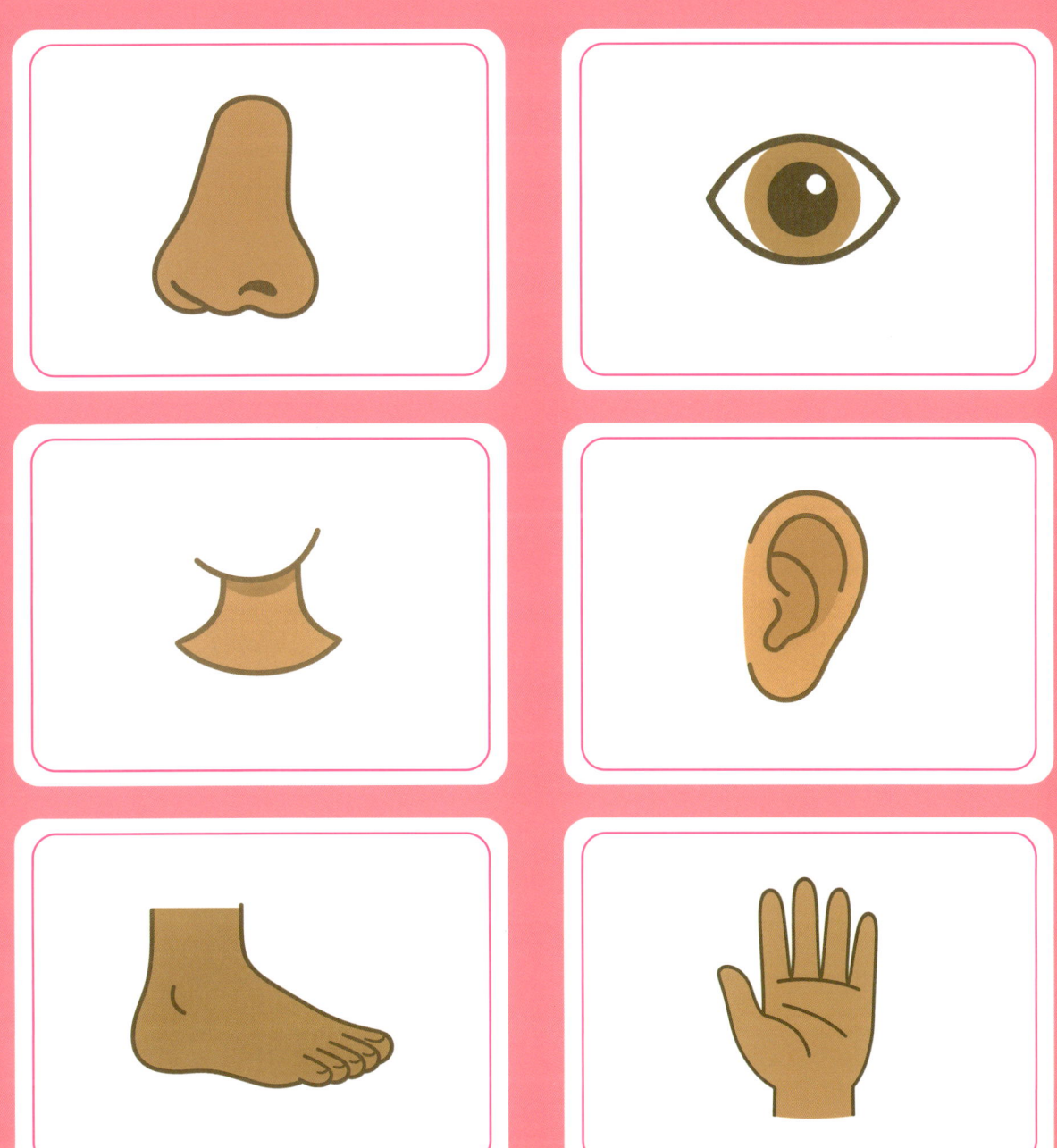

신체

눈	코
귀	목
손	발

✅ 바른 자세 확인 포인트

- 허리가 구부정하지 않고 안정적으로 유지되는가
- 손바닥과 무릎이 바닥에 완전히 밀착되어 있는가
- 움직일 때 좌우 흔들림이 크지 않도록 중심이 잘 잡혀 있는가
- 머리는 바닥과 수평을 유지하면서 시선은 전방

⚠️ 유의

- 움직임이 불균형하거나 허리가 꺾이거나 과하게 구부러질 경우 즉시 멈춘다.
- 무릎 아래에 얇은 매트나 쿠션을 깔아 통증을 예방한다.
- 아이가 싫어하거나 지속적으로 불편해할 경우 중단 후 다음 날 다시 시도
- 지속적인 촉진보다는 리듬감을 익히는 데 중점을 둔다.

🔄 처음부터 다시

- 손이나 무릎을 떼거나 들고 움직이는 경우
- 한쪽으로만 흔들리거나 중심을 못 잡는 경우
- 훈련 중 자세가 무너지거나 균형이 흐트러지는 경우

▶ [기쁨의 발견] 에피소드 23
손과 무릎 짚고 앞뒤로 흔들기 훈련
https://qrs.ly/k2gr79y

중뇌 훈련 2 **손과 무릎으로 기어가기** 중뇌 훈련

#중뇌자극 #교차패턴 #협응력 #운동계통강화 #균형감각 #애착 #안정감 #감정조절

> 중뇌 기능을 자극하여 협응력과 조절능력을 키우고,
> 뇌 양반구 간 연결을 활성화하는 기초 교차패턴 운동이다. 정확한 손-무릎 교차패턴을 통해
> 감각통합, 집중력, 실행 기능, 충동조절력 향상에 기초가 된다.

⏰ 하루 약 2분씩
- 자녀의 컨디션과 집중 시간에 따라 탄력적으로 조정
- 운동 전후 충분한 수분 섭취와 정리운동 권장
- 매일 반복 훈련 시 신경연결 효과가 뚜렷해짐

😊 준비
- 자녀는 손과 무릎을 바닥에 댄 네발 자세로 준비
- 팔은 어깨 아래, 무릎은 엉덩이 아래에 정확히 위치시킴
- 발등과 손바닥은 모두 바닥에 평평하게 붙도록 유도
- 시선은 전방, 머리는 고정되어 있어야 함

1. 왼손과 오른무릎, 오른손과 왼무릎이 서로 교차하며 동시에 움직이도록 한다.
2. 앞으로 나가며 손과 무릎을 바닥에 번갈아 짚고 교차 이동한다.
3. 정확한 리듬과 중심 이동이 되도록 돕는다.
4. 익숙해지면 자녀가 스스로 앞뒤로 자유롭게 기어가는 훈련까지 연결해서 한다.

✅ 바른 자세 확인 포인트

- 손바닥과 무릎이 항상 바닥에 완전히 밀착되어 있는가?
- 반대쪽 손과 무릎이 동시에 정확하게 교차해 움직이는가?
- 머리는 들고 전방을 바라보며, 고개를 숙이지 않는가?
- 엉덩이가 지나치게 들리거나 처지지 않도록 몸의 중심이 안정적으로 유지되는가?

⚠️ 유의

- 발을 들거나 바닥을 밀며 이동하지 않도록 주의
- 손이 주먹을 쥐거나 손가락을 말고 있으면 훈련을 중단하고 자세 수정
- 자녀가 싫어하거나 기어가기를 회피할 경우 이전 단계인 배로 기기부터 반복
- 넘어지거나 머리를 숙이는 경우, 벽 방향 또는 미끄럼 방지 매트 활용

🔄 처음부터 다시

- 양쪽 팔과 다리를 동시에 움직이거나 교차패턴이 불명확한 경우
- 기어가는 도중 한쪽 팔, 다리만 사용해 이동하는 경우
- 시선이 흐트러지고 앞을 바라보지 않거나 몸통이 비틀어질 경우
- 손바닥이나 무릎이 바닥에서 자주 떨어질 경우

❓ 자주 묻는 질문

Q. 아이가 평소 안짱걸음으로 걷는데, '손과 무릎으로 기어가기' 훈련할 때도 허벅지를 붙이고 발끝이 안쪽으로 향합니다. 이런 자세로 훈련해도 괜찮을까요?

A. 아이가 걷는 자세에 이미 비정상적인 패턴이 있다면, 이는 더 이른 발달 단계에서 신체 정렬이나 협응에 틈이 있었음을 나타낼 수 있습니다. 이런 경우에는 바른 걷기 자세를 만들기 위해서라도, '배로 기어가기'나 '손과 무릎으로 기어가기'를 정확한 자세로 반복 훈련하는 것이 중요합니다. 올바른 기기 자세는 신경계 정렬과 협응을 회복시키는 데 도움이 되며, 이후의 보행 발달에도 긍정적인 영향을 줄 수 있습니다.

▶ [기쁨의 발견] 에피소드 4
손과 무릎으로 기어가기 훈련
https://qrs.ly/x4gr7a2

중뇌 훈련 3

무릎으로 걷기

중뇌 훈련

#중뇌자극 #감각통합 #몸뇌협응 #균형감각

> 중뇌 기능 향상과 감각통합을 돕는 교차패턴 협응 운동이다.
> 손과 무릎을 짚고 기어가는 단계 이후, 정강이와 발을 바닥에 대며 진행하는 훈련으로
> 균형감각, 체간 안정성, 좌우뇌 연결, 운동 계획 능력을 향상한다.

⏰ 하루 2회, 한 번에 약 1~2분씩

- 활동을 시작한 첫 주에는 짧은 거리(3~5m)를 반복하며 연습한다.
- 익숙해질수록 이동 거리와 반복 횟수를 조금씩 늘려간다.

😊 준비

- 바닥에 무릎을 꿇고 정강이와 발등이 바닥에 평평하게 닿도록 한다.
- 상체를 곧게 세우고, 양팔은 몸 옆으로 자연스럽게 위치시킨다.
- 보호자가 필요시 뒤에서 지지하며 시작을 돕는다.

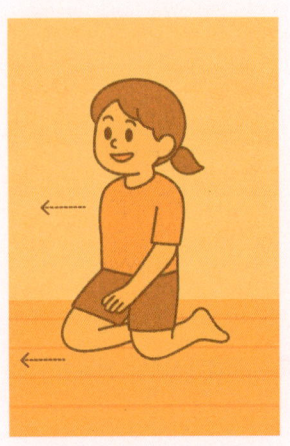

1. 양 무릎과 정강이를 바닥에 대고 직선 방향으로 걷는다.
2. 걷는 동안 정강이와 발등을 바닥에 붙이고 움직이도록 한다.
3. 양팔은 가볍게 흔들되, 양옆에서 자연스럽게 움직이도록 한다.
4. 앞으로 이동할 때, 손과 무릎이 서로 교차하며 움직인다.
5. 이동 거리와 반복 횟수는 아이의 체력과 집중력을 고려해 조절한다.

✅ 바른 자세 확인 포인트

- 정강이와 발등이 바닥에 계속 닿아 있어야 한다.
- 서로 반대쪽인 팔과 다리가 동시에 움직여야 합니다.
- 팔은 움직이되, 몸을 과하게 흔들지 않는다.
- 상체가 좌우로 기울지 않고 중심이 유지된다.
- 얼굴은 정면을 향하고 시선은 전방을 본다.

⚠️ 유의

- 아이가 고개를 과도하게 숙이거나 치켜들지 않도록 지도한다.
- 같은 쪽 팔과 다리가 함께 움직이지 않고 반대쪽이 교차로 움직이도록 지도한다.
- 정강이나 발등을 들어 걷는 경우 다시 이전 단계(손과 무릎 기기)로 돌아간다.
- 훈련은 맨발로 진행하고, 미끄럽지 않은 바닥에서 안전하게 실시한다.
- 무리하지 않도록 아이의 집중도와 피로도를 수시로 점검한다.

🔄 처음부터 다시

- 정강이나 발등이 바닥에서 떨어지는 경우
- 양쪽 무릎이 동시에 움직이며 교차패턴이 지켜지지 않는 경우
- 상체가 중심을 잃고 좌우로 흔들리는 경우
- 움직임을 거부하거나 과도한 긴장 반응을 보이는 경우

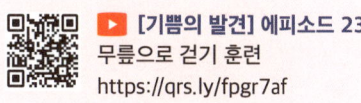

▶ [기쁨의 발견] 에피소드 23
무릎으로 걷기 훈련
https://qrs.ly/fpgr7af

대뇌 훈련 1 — 손가락으로 가리키면서 걷기

대뇌 훈련

#교차패턴 #집중력향상 #좌우뇌연결 #운동계획력

> 전정감각과 대뇌 피질을 자극하여 집중력과 공간 인식력을 키우는 훈련이다.
> 걷는 동작과 함께 교차하는 팔의 움직임을 통해 좌우뇌의 연결과 운동 계획 능력을 강화하고,
> 전두엽 기능 활성화를 돕는다.

⏰ **하루 2회, 약 10~20보**

- 공간이 좁다면 제자리걸음으로 대체할 수 있음
- 처음에는 5~10보 정도로 시작해 점차 늘려간다

😊 **준비**

- 자녀는 양팔을 자연스럽게 옆에 두고 똑바로 선다.
- 공간에 바닥 선이나 끈을 직선으로 표시하여 시각적 안내선을 활용한다.
- 집게손가락을 앞으로 내밀 준비를 한다.

1. 오른발을 내딛는 동시에 왼팔을 앞으로 뻗어 왼손 집게손가락이 오른발 앞을 가리키도록 한다.
2. 다음 걸음에서는 왼발을 내딛고 오른손 집게손가락이 왼발을 가리키게 한다.
3. 걷는 동안 고래를 돌려 손끝이 가리키는 발을 바라본다.
4. 팔은 어깨높이까지 뻗고, 집게손가락만 편 상태를 유지한다.
5. 양팔과 양다리가 서로 반대 방향으로 움직이며 교차패턴을 만들어야 한다.

✅ 바른 자세 확인 포인트

- 집게손가락이 정확히 반대쪽 발을 향해 가리켜야 한다.
- 손가락을 보는 동작이 매 걸음마다 자연스럽게 반복되어야 한다.
- 상체가 흔들리지 않고 중심이 잡혀 있어야 한다.
- 동작이 리듬감 있게, 좌우 대칭으로 이어져야 한다.

⚠️ 유의

- 자녀가 혼동할 경우 제자리에서 천천히 교차 동작 연습부터 시작한다.
- 시선이 손가락 끝을 따라가지 못하는 경우 시각 주의가 분산된 상태이므로 반복 연습이 필요함
- 동작이 정확성이 떨어질 경우, 보호자가 시범을 보이거나 손을 잡아 인도해 줄 수 있다.
- 신체가 과도하게 뒤틀리거나 팔이 바닥이나 머리 방향을 가리키면 바르게 교정해야 한다.

🔄 처음부터 다시

- 손과 발이 같은 쪽으로 나가며 교차패턴이 깨지는 경우
- 팔이 앞이 아닌 옆이나 위를 가리키는 경우
- 손가락을 펴지 않고 주먹을 쥐거나 손을 늘어뜨리는 경우
- 시선이 손가락을 보지 않고 정면만 응시할 때

대뇌 훈련 2 | 대뇌 훈련

제자리에서 교차행진하기

#교차패턴 #집중력강화 #전두엽자극 #좌우뇌연결

제자리에서 반대편 손과 무릎을 교차로 맞대며 걷는 동작을 통해 전두엽 자극과 좌우뇌 연결을 활성화하는 훈련이다. 신체 조절력, 리듬감, 주의 집중력, 운동 협응력 향상에 효과적이다.

⏰ 하루 2회, 30회 반복
- 처음엔 10~20회 정도로 시작해 점차 반복 횟수를 늘려간다.
- 리듬을 맞춰 천천히 시작하고 익숙해지면 속도를 조금 높인다.

😊 준비
- 자녀는 바르게 서서 두 발을 어깨너비로 벌리고 선다.
- 양손은 자연스럽게 내리고 준비 자세를 유지한다.

1. 제자리에서 오른무릎을 들어 올리며 왼손으로 오른무릎을 터치한다.
2. 다음에는 왼무릎을 들어 올리며 오른손으로 왼무릎을 터치한다.
3. 이 동작을 리듬감 있게 교차로 반복하며 제자리에서 행진한다.
4. 말로 숫자를 세거나 노래를 맞춰서 하면 집중과 리듬감을 높일 수 있다.
5. 숙련되면 팔을 더 크게 흔들고 무릎을 더 높게 들어 올리는 등 동작을 확장할 수 있다.

✅ 바른 자세 확인 포인트

- 반대쪽 팔과 다리가 정확하게 교차해야 한다.
- 손이 무릎 중심을 향해 닿아야 하며 터치가 빠지지 않아야 한다.
- 허리가 구부정하거나 몸이 한쪽으로 기울어지지 않아야 한다.
- 시선은 정면을 유지하면서 리듬이 자연스럽게 이어져야 한다.

⚠️ 유의

- 움직임이 너무 빠르거나 리듬이 깨질 경우, 속도를 늦추고 정확도에 집중한다.
- 중심을 잃거나 한쪽으로 치우칠 경우, 양손 터치 대신 교차 팔흔들기로 훈련을 시작할 수 있다.
- 부모가 손뼉을 치거나 숫자를 세어주며 리듬을 도와주는 것도 효과적이다.

🔄 처음부터 다시

- 양손과 양 무릎이 동시에 나오거나 같은 쪽 팔다리가 함께 나올 때
- 손이 무릎까지 닿지 않고 대충 스치듯 넘어가는 경우
- 몸통이 과도하게 틀어지거나 리듬 없이 걷는 경우
- 팔을 전혀 사용하지 않거나 손이 정면이 아닌 옆을 터치하는 경우

? 뇌 훈련, 자주 묻는 질문

Q. 아이의 야뇨증이 조금씩 나아지긴 했지만, 깊은 잠에 빠지면 여전히 실수가 있습니다. 약물치료가 도움이 될까요?

A. 야뇨증은 감각 통합 및 신체 통제력과 관련이 깊습니다. 이럴 때는 약물치료도 중요하지만 아이의 신경발달을 돕는 훈련이 큰 도움이 됩니다. 배로 기어가기, 손과 무릎으로 기어가기 같은 움직임은 감각 정보를 신체에 통합하고, 자기 몸을 조절하는 더 높은 수준의 신경 기능을 발달시키는 데 효과적입니다. 훈련을 통해 야간 중에도 신체 신호를 인지하고 반응하는 능력이 향상될 수 있습니다.

Q. 트라우마로 인한 분노 반응이나 감정의 기복, 퇴행 증상을 줄이는 방법이 있을까요?

A. 감정 조절과 신경 안정에 도움이 되는 운동으로는 '배로 기어가기'와 '손과 무릎으로 기어가기'를 추천합니다. 이 두 훈련은 뇌교와 중뇌를 자극해 애착, 안정감, 감정 조절 기능 발달을 돕는 데 효과적입니다. 특히 감정이 격해지려는 순간에는 전정 자극 입력을 통해 감정 전환을 유도하는 것이 도움이 됩니다.

또한 '무릎으로 걷기' 훈련도 감정 안정에 이바지할 수 있지만, 훈련 중 발등이 바닥에 닿는 것이 불편한 경우에는 먼저 촉각 자극을 통해 해당 부위의 감각 민감도를 낮춰주는 것이 좋습니다. 촉각 예민함이 완화된 후에는 무릎 걷기를 더욱 안정적으로 이어갈 수 있습니다.

Q. '배로 기어가기'를 꾸준히 해오다가 최근 아이의 충동성이 심해져 '무릎으로 걷기'를 임의로 추가해 보았습니다. 제가 시범을 보이면 아이가 웃으며 잘 따라 합니다. 이렇게 함께 진행해도 괜찮을까요?

A. 네, 아주 좋은 선택입니다. 훈련을 더 추가하는 것은 일반적으로 긍정적인 효과를 줍니다. 특히 충동성 조절과 관련해서는 중뇌가 주요하게 관여하기 때문에, '무릎으로 걷기'는 중뇌 자극에 효과적인 훈련입니다. 자녀가 즐겁게 훈련에 참여하고 있다면, '손과 무릎으로 기어가기', '손과 무릎으로 몸 흔들기' 등 중뇌 자극을 위한 다양한 운동을 함께 진행하는 것도 도움이 됩니다. 중요한 것은 억지로 훈련을 시키기보다는 즐겁게 반복하며 일상화하는 것입니다. 충동성 조절 역시 이런 꾸준한 감각과 운동 자극을 통해 점차 개선될 수 있습니다.

2장
감각 자극이 운동 기능을 결정한다

감각이 들어온 만큼, 아이는 움직인다

감각 자극에 대한 반응은 아이마다 다르다. 어떤 아이는 신체에 닿는 자극에 매우 민감하게 반응한다.

- 양말을 신거나 바지를 입을 때 불편해한다.
- 피부에 무언가 닿거나 부딪치면 과하게 반응한다.
- 목욕 시간이 가장 힘든 시간이라고 느낀다.
- 물이 조금만 뜨겁거나 차가워도 크게 불평한다.

반대로, 감각 자극에 거의 반응하지 않는 아이도 있다.

- 보는 것은 모두 만져야 직성이 풀리고, 손에 잡히는 물건은 부서질 때까지 쥐고 늘어진다.
- 소파나 가구 위를 끝없이 오르내린다.
- 같은 자리를 빙빙 돌기도 한다.
- 장난감 자동차를 세게 부딪치다 결국 망가뜨린다.

이러한 행동은 '감각통합 장애'로 인해 나타나는 특성이다. 감각통합이란, 다양한 감각 자극을 받아들인 후 뇌에서 이를 해석하고 조절하는 과정을 의미한다. 감각통합이 원활하지 않으면 아이는 감각 자극에 지나치게 예민하거나, 반대로 자극을 과도하게 추구하는 모습을 보이게 된다

감각통합 장애는 감각정보가 뇌에 입력되는 수준만큼만 운동 기능이 발달하기 때문에 발생한다. 우리가 보고, 듣고, 만지는 모든 감각은 뇌

에서 학습이 이루어지는 통로가 된다. 시각, 청각, 후각, 미각, 촉각 등 다양한 감각이 적절히 작동해야만 뇌는 자극을 정확히 받아들이고, 이를 기반으로 학습이 가능해진다. 특히 감각 자극의 '질'은 아이의 운동 기능 수준에 직접적인 영향을 미친다. 이를 좀 더 구체적으로 살펴보면 다음과 같다.

- 시각 자극의 질이 높을수록 아이의 이동 능력(대근육 운동)이 좋아진다
- 청각 자극의 질은 언어 발달, 즉 말하기 기능과 깊은 관련이 있다
- 촉각 자극의 질은 손을 사용하는 정교한 움직임, 즉 소근육 기능의 정밀함을 결정한다

이처럼 감각과 운동 기능은 서로 긴밀하게 연결되어 있으며, 한쪽의 부족은 다른 영역에도 영향을 줄 수 있다.

감각 입력	운동 기능
시각	이동성 (대근육)
청각	언어 (발화)
촉각	손 기능 (소근육)

[표] 감각 입력 수준에 따른 운동기능

감각 자극은 신경발달에 꼭 필요하다

아이의 운동 기능을 발전시키기 위해서는 단순히 반복 연습만으로는 충분하지 않다. 꾸준한 연습이 당연히 도움이 되기는 하지만, 그보다 더 중요한 것은 자극의 '정확성'이다. 자극이 정확하지 않으면, 아무리 많은 반복을 해도 아이의 뇌는 적절한 감각 정보를 받아들이지 못한다. 운동 기능을 눈에 띄게 향상하려면 단순히 같은 동작을 반복하는 것에서 그쳐서는 안 된다. 자녀가 학습하고 성장하기 위해 꼭 필요한 감각 자극을 정확히 전달받아야 한다. 다시 말해, 운동 기능을 위한 반복 훈련과 함께 감각의 '질'을 개선하려는 노력이 필요하다.

우리 아들은 말하는 것이 매우 느렸다. 단지 말을 못 하는 것뿐 아니라, 들은 말을 제대로 이해하지 못했다. 발음도 분명하지 않았고, 문법도 정확하지 않았다. 나는 아이의 말하기를 돕기 위해 플래시 카드를 사용하고, 책을 반복해서 읽어주었고, 문장 속 단어를 하나하나 손동작으로 표현하며 역할극까지 시도했다. 이런 노력이 전혀 도움이 되지 않았던 것은 아니지만, 아이의 말하기 능력을 뚜렷하게 향상하지는 못했다.

그러던 중 '청각 정보처리 훈련'이라는 것을 알게 되었고, 매일 간단한 청각 처리 훈련을 시작했다. 놀랍게도 그때부터 아들의 말하기 능력

은 눈에 띄게 향상되기 시작했다. 하루가 다르게 말이 늘었고, 문장을 완성하는 속도가 빨라졌으며, 표현력도 풍부해졌다. 말이 너무 많아져서 멈추게 해야 할 정도로, 변화는 극적이었다.

딸아이의 경우에는 소근육 발달에 어려움이 있었다. 네 살이 되었을 때도 스스로 옷을 입거나 벗지 못했다. 손가락의 힘이 부족해서 단추를 풀거나 옷을 벗는 일이 불가능했다. 처음에는 손을 움직이는 훈련을 반복했지만, 효과는 크지 않았다. 그러다 손가락에 자극을 주는 훈련을 시작했다. 매일 촉각 자극을 해주었더니, 아이는 단 일주일 만에 혼자 옷을 벗을 수 있게 되었고, 시간이 지나며 혼자 옷을 입는 것도 가능해졌다.

이러한 사례들은 반복된 훈련 자체보다, 감각 자극의 질이 얼마나 중요한지를 잘 보여준다. 감각이 들어온 만큼, 아이는 반응하고 움직이며 성장한다. 뇌는 감각을 통해 정보를 받고, 자극을 통해 학습한다. 자녀의 발달을 돕기 위해서는 감각 자극을 '어떻게, 얼마나 정확히' 전달하느냐가 핵심이 된다.

감각 자극 훈련, 양보다 질이 더 중요하다

적절한 감각 자극은 아이에게 놀라운 변화를 만들어낸다. 양질의 감각 자극 없이 운동 기능은 제대로 발달할 수 없다. 우리 자녀에게 특정 동작을 반복시키는 훈련보다 더 중요한 것은, 꼭 필요한 감각 자극을 뇌에 정확히 입력해 주는 일이다. 사실상 거의 모든 학습은 감각을 통해 일어난다. 그중에서도 피부, 눈, 귀를 통한 감각 입력은 가장 핵심적인 통로다.

촉각 자극

촉각, 즉 신체 감각은 아기에게 있어 가장 첫 번째 학습 경로 중 하나다. 체성 감각 시스템은 심압 자극, 빛 감지, 온도 감지, 촉각 등 다양한 수용체들로 구성되어 있다. 아기들은 피부를 통해 세상과 처음으로 소통하며, 피부 접촉을 통해 더 안정되고 덜 울며, 잘 먹고 깊이 잠든다. 피부를 통한 감각 입력은 면역력을 높이고, 스트레스 호르몬인 코르티솔 수치를 낮추며, 신체의 호르몬 균형을 안정시킨다. 반대로, 피부 접촉이 완전히 차단되면 아기들은 성장조차 멈추게 된다.

피부 전반에 퍼진 수많은 촉각 수용체는 끊임없이 뇌로 정보를 전달한다. 그런데 이 신호가 왜곡되면, 아이는 지나치게 민감하거나 혹은 둔감한 반응을 보이게 된다. 저감증이 있는 경우,

압력이나 촉감에 대한 반응이 거의 없는 경우도 있다. 이러한 촉각 정보의 왜곡은 다양한 행동이나 정서적 문제로 이어질 수 있다.

감각을 정상화하기 위해서는, 민감도의 정도에 따라 훈련 강도를 조절해야 한다. 일반적으로는 다음과 같은 훈련 빈도를 권장한다.

- 가벼운 장애: 하루 2회 자극
- 중간 수준 장애: 하루 3회 자극
- 심한 장애: 하루 4~8회 자극

심압 자극

촉각 자극 중에서도 심압 자극은 매우 중요한 역할을 한다. 대표적인 예는 배변 훈련과 관련되어 있다. 수면 중 실수를 반복하는 아이들의 대부분은 심압 자극에 둔감한 상태일 수 있다. 이들은 배변 욕구를 느끼는 감각에 둔감하거나, 중추신경계가 아직 미성숙해 깊은 수면 중 신호를 인지하지 못한다. 이러면 반드시 심압 자극과 함께, 배로 기어가기와 손과 무릎으로 기어가기 훈련을 병행하는 것이 효과적이다. 위 훈련 동작은 뇌의 조직화를 돕고, 신경 연결을 촉진한다. 심압 자극은 화장실에 가고 싶은 욕구, 즉 내부 감각을 회복시키는 데 핵심적인 자극이다.

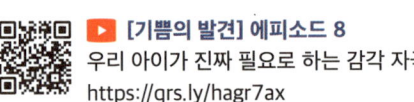

[기쁨의 발견] 에피소드 8
우리 아이가 진짜 필요로 하는 감각 자극은?
https://qrs.ly/hagr7ax

3장

아이의 발달은 순서가 있다

아이는 어떤 순서로 발달할까? (신경발달 접근법 감각 발달 단계)

신경발달 접근법에서는 아이의 발달 정도를 판단할 때 나이를 기준으로 삼지 않는다. 중요한 것은 나이가 아니라 발달의 수준이다. 발달은 본래 차례대로 이루어진다. 모든 인간은 정상적인 발달 단계를 하나하나 밟으며 성장한다. 일반적으로 인간은 만 7~8세쯤에 이르면, 7단계 수준 이상의 발달에 도달해야 한다.

갓 태어난 아기는 의식 수준으로 보면, 혼수상태보다 약간 더 높은 단계에 머물러 있다. 아기들은 이 시기에 세상을 제대로 보거나 듣지 못하고, 감각 또한 충분히 성장하지 않은 상태다. 그러므로 신경 연결을 자극하기 위해서는 좀 더 강력한 자극이 필요하다. 아기들이 아주 큰 소리, 매우 밝은 빛, 강한 접촉 같은 자극에 더 잘 반응하는 이유가 여기에 있다.

아기가 감각 자극을 수용하기 시작하면, 뇌는 가장 하위 부분부터 서서히 발달하기 시작한다. 이때 적절한 감각 자극이 주어지면 중추신경계는 본격적으로 조직화하기 시작한다. 발달은 마치 계단을 오르듯 한 단계씩 차례대로 진행된다. 어느 한 단계라도 건너뛰거나 제대로 밟지 않으면 이후 발달에 문제가 생긴다. 만약 자녀의 발달 과정에 틈이 생겼다면, 그보다 더 낮은 단계로 돌아가 해당 수준의 동작과 감각 입력을 반복 훈련함으로써, 발달 과정에 생긴 틈을 메워야 한다.

린다 케인의 신경발달 접근법에 따르면, 발달에는 모두 아홉 단계가 있다. 눈, 귀, 피부 같은 감각 채널을 통해 뇌가 정보를 받아들일 때, 비로소 행동 반응이 나타난다. 발달 수준에 따라 감각 입력과 행동 반응은 다음과 같이 구분된다.

단계	감각 입력			행동반응		
	시각	청각	촉각	운동성	언어	손기능
1	빛 반사	깜짝 놀람 반사	바빈스키 반사	무작위 움직임	첫 울음	움켜잡기 반사
2	윤곽선	위협 감지	통증 반응	배로 기기	위협 반응	손가락 펴기
3	상세 시각	소리 의미 지각	촉지각 발달	손과 무릎으로 기기	소리로 의사 표현	물건 잡기
4	입체 시각	단어 인식	3차원 감지	초보 걸음	단어 사용	피질 발달
5	그림 인식	구 인식	삼차 신경 자극	구조적 걸음	구 사용	양피질 연결
6	기호 인식	문장 이해	후각, 미각 통합	교차패턴 행진	문장 구사	양손 협응
7	시각 우세성	청각 우세성	입체 감각 1	조정능력 향상	대화	우세 손 발달
8	시각 향상	청각 향상	입체 감각 2	지구력 발달	2개국어 구사	손 기능 향상
9	시각 완성	청각 완성	고유수용감각 완성	운동성 완성	언어 완성	손 기능 완성

[표] 발달정도의 9단계

아이의 발달은 감각 입력과 행동 반응을 기반으로 구체적으로 구분할 수 있다. 감각 입력은 주로 시각, 청각, 촉각을 통해 이루어지고, 이 감각들을 통해 나타나는 행동 반응에는 운동성, 언어, 손 기능이 포함된다.

위 표는 린다 케인의 신경발달 접근법에 따른 9단계 발달 수준을 정리한 것이다. 각 단계에서는 감각 입력의 수준이 높아질수록, 그에 따라 행동 반응 역시 정교해지고 완성도가 높아진다.

이 표를 통해 알 수 있듯이, 아이의 발달은 무작위적이거나 우연한 것이 아니다. 감각 입력이 선행되고, 그 결과로 특정한 운동 반응, 언어 반응, 손 기능이 발달한다. 만약 특정 단계에서 감각 입력이 부족하거나 왜곡되었다면, 그 단계에 해당하는 운동성과 언어, 손 기능 발달도 지연되거나 왜곡될 수 있다. 아이의 현재 발달 수준을 올바르게 파악하려면, 나이나 외형적인 모습이 아니라 이런 감각-운동 발달의 연결고리를 자세히 살펴야 한다.

촉각 발달은 어떻게 이루어질까?

아이의 촉각 발달은 생애 초기부터 점진적으로 이루어지며, 각 단계는 고유한 감각 특성과 운동 반응을 수반한다. 아래는 9단계로 구성된 촉각 발달의 흐름이다.

1단계 바빈스키 반사

이 반사는 아기의 발바닥을 자극했을 때 엄지발가락이 위로 향하고 나머지 발가락이 부채꼴로 벌어지는 반응이다. 선천적으로 나타나며 보통 생후 24개월까지 유지된다. 그 이후에는 발바닥을 자극했을 때 발가락이 아래로 향해야 정상이다. 이 반사가 여전히 남아 있다면, 아직 촉각 자극에 대한 통합이 이루어지지 않았다는 의미다.

2단계 통증에 대한 반응

이 단계에는 강한 촉각 자극이나 통증에 대한 인지가 발달한다. 만약 아이가 통증을 거의 느끼지 못하거나, 사소한 자극에도 과도하게 반응한다면 이 단계의 발달이 미완성 상태일 수 있다. 예를 들어 귀에 염증이 있어도 표현하지 않거나, 누군가를 세게 껴안고 본인은 불편함을 느끼지 못하는 행동이 이에 해당한다.

3단계 촉각(기초 접촉 감각)

이 단계는 피부 표면을 통해 다양한 촉각 자극을 받아들이는 능력을 의미한다. 아이에 따라 감각에 둔감하거나 과민할 수 있다. 과민감성은 사소한 자극에도 불편함을 느끼는 것이고, 저감증은 반대로 거의 감각을 인지하지 못하는 상태를 말한다.

4단계 삼차원적 촉각

이 단계에서는 손과 손가락의 분화가 일어나, 만지는 것만으로 사물의 형태를 인지할 수 있다. 촉각을 통해 물건을 구분하거나, 손가락으로 책장을 한 장씩 넘길 수 있는 능력이 생긴다.

5단계 삼차 신경과 온도 반응

삼차 신경은 얼굴, 머리, 입 주변 등의 감각을 뇌로 전달하는 중요한 경로다. 이 단계에서는 머리카락을 감거나 자르는 것, 음식을 씹는 것 등에서 감각에 민감하거나 둔감한 반응이 나타날 수 있다. 더불어 물, 음식, 기온 등 외부 온도 자극에 대한 민감성도 이 시기에 함께 발달한다.

6단계 미각과 후각

미각은 음식의 맛뿐 아니라 질감에도 반응한다. 편식이 심하거나 음식의 온도, 질감, 냄새에 민감한 경우 이 감각의 발달에 지연이 있을 수 있다. 미각과 후각은 서로 영향을 주며, 둘 중 하나의 과민이나 둔감은 식습관에 큰 영향을 준다.

7단계 입체감각 1단계

입체감각은 물체의 형태와 구조를, 손을 통해 파악하는 능력이다. 1단계에서는 중간 크기 이상의 물건을 조작할 수 있는 능력이 발달한다. 예를 들어, 나무 블록을 쌓거나 바지를 올려 입는 행동이 가능해진다.

8단계 입체감각 2단계

이 시기에는 작은 물체를 세밀하게 다룰 수 있는 능력이 형성된다. 이는 소근육의 정교한 조절을 기반으로 하며, 글씨 쓰기, 타자 치기, 신발 끈 묶기와 같은 활동이 대표적이다.

9단계 고유수용감각

자기의 몸이 공간 속에서 어디에 있는지를 인지하고, 균형을 유지하며, 사지의 위치를 정확히 파악하는 능력이다. 자주 물건에 부딪히거나, 몸의 움직임이 엉성한 아이들은 이 감각이 충분히 발달하지 않았을 가능성이 높다.

청각 발달은 어떤 순서로 이루어질까?

청각 발달 역시 뇌의 성장에 따라 점진적으로 완성된다. 특히 소리를 단순히 듣는 것을 넘어, 의미를 파악하고 반응하며, 언어적 개념으로 연결되는 고차원적인 과정을 포함한다. 아이의 청각 발달이 제대로 이루어졌는지를 확인하려면 아래와 같은 단계별 특징을 참고하면 된다.

1단계 놀람 반사

처음 들리는 소리에 놀라고, 같은 소리가 반복되면 반응이 약해지는 것이 정상적인 놀람 반사다. 만약 아이가 같은 소리에 계속 놀라거나, 전혀 놀라지 않는다면 이 반사에 이상이 있다는 신호다. 뇌가 청각 자극에 적절히 적응하지 못하고 있다는 뜻이다.

2단계 위협에 대한 반응

이 단계에서 아이는 낯선 소리, 위협적인 소리에 적절하게 반응한다. 예를 들어 진공청소기 소리에 울음을 터뜨리는 것이 대표적인 반응이다. 다만 시간이 지남에 따라 이러한 공포 반응은 점차 줄어들어야 정상적인 발달로 본다.

3단계 소리의 의미 지각

단순히 소리를 듣는 것이 아니라 그 의미에 따라 정서적 반응을 보이기 시작한다. 기분 좋은 음악에 미소 짓고, 화난 말투에 울음을 터뜨리는 식이다. 그러나 이 단계에서 청각 과민성이 나타날 수 있다. 특정 주파수에 대한 감지력 부족은 타인의 말을 제대로 이해하지 못하게 만들기도 한다.

4단계 단어 인식

자신의 이름이나 익숙한 단어 하나를 인식하고 반응하는 수준이다. 누군가 이름을 부르면 고개를 돌리는 등의 반응을 보일 수 있다.

5단계 어구 인식

"이리 와", "이것 좀 줘"와 같은 단순한 지시에

반응할 수 있게 된다. 이 단계는 사회적 상호작용과 의사소통이 시작되는 기초가 된다.

6단계 문장 이해
복잡한 문장을 듣고 이해하는 능력이 생긴다. 예를 들어 대화 중인 어른들의 말을 엿듣고 이해할 수 있다. 이 단계에서는 아이의 청각처리 능력을 객관적으로 평가하기 좋다.

7단계 청각 우세성 발달
사람은 보통 한쪽 귀를 더 주로 사용하는데, 이를 청각 우세성이라 한다. 이 단계에서 아이는 언어를 들을 때 자신에게 더 유리한 방향의 귀를 선호하고 사용하는 경향을 보인다.

8단계 청각 향상
청각뿐 아니라 시각적 개념화 능력까지 함께 향상되는 시기다. 즉, 들은 내용을 더 높은 수준으로 해석하고 이해하는 능력이 커진다.

9단계 청각 완성
이 단계에서는 청각 정보의 수용과 처리, 개념화, 언어 이해 능력까지 통합적으로 완성된다. 아이는 복잡한 대화나 설명도 자연스럽게 이해하고 반응할 수 있다.

시각 발달도 순서가 있다

시각은 감각 중에서도 매우 중요한 역할을 한다. 보는 능력은 단순히 눈에 들어오는 빛을 감지하는 것을 넘어, 뇌가 시각 정보를 해석하고 연결하는 고차원적인 기능까지 포함된다. 시각 발달 역시 차례대로 이루어지며, 각 단계가 적절하게 발달해야 상위 기능이 가능해진다.

1단계 빛 반사
가장 초기 단계로, 동공이 빛에 반응하여 수축하고 확장하는지를 평가한다. 이를 '동공 반응'이라 하며, 뇌간의 기능이 정상적으로 작동하는지 확인할 수 있는 기초적인 지표다.

2단계 윤곽선 인식
수평선을 따라 눈을 움직일 수 있는 능력과 흐릿한 시각 자극을 인식하는 기능이 발달한다. 물체의 외곽을 따라 시선을 움직이며 환경을 파악하는 기초 능력이다.

3단계 상세 시각
수직선을 따라 시선을 움직이는 기능이 더해지고, 중심 세부 시야의 세부 정보를 인식하는 능력이 발달한다. 이 단계에서는 눈 맞춤의 질과 시선의 초점 유지가 중요하다. 눈이 쉽게 산만해지거나 주변만 자주 볼 경우, 이 단계 발달이

미비한 신호일 수 있다.

4단계 입체 시각

양쪽 눈이 협응하여 하나의 입체적인 이미지를 형성하는 능력이다. 사시나 약시는 이 단계에서 문제를 드러낸다. 아이가 사물을 평면적으로만 인식하는 경향이 있다면 이 기능을 점검해 볼 필요가 있다.

5단계 그림 인식

이제 아이는 그림이나 사진 속 사물과 배경을 구분하고 인식하기 시작한다. 이 단계는 시각과 개념이 처음으로 연결되는 중요한 시기다.

6단계 기호 인식

숫자, 글자, 간단한 기호를 식별할 수 있다. 길거리 표지판, 책 속 글자, 숫자 등을 눈으로 인식하고 구분하기 시작한다.

7단계 읽기와 시각 우세성

한쪽 눈이 주도적으로 정보를 받아들이는 '시각 우세성'이 정착되기 시작한다. 동시에 글자를 읽고 줄을 따라가는 등 시각 정보 처리와 주의 집중 능력이 향상된다.

8단계 시각 향상

읽기 능력이 확장되고 시각화 및 시각 처리 속도, 집중력 등 시각 인지 능력이 전반적으로 향상된다. 도형 구성, 퍼즐 맞추기 등의 활동을 통해 발달 여부를 확인할 수 있다.

9단계 시각 완성

시각 정보 처리 능력이 정점에 도달하며, 고차원적인 해석과 응용이 가능해진다. 학습에서 시각 중심의 정보 수용과 이해, 기억 능력이 두드러지게 나타나는 시기다.

언어 감각은 이렇게 발달한다

언어는 단순히 단어를 말하는 것을 넘어서, 생각을 표현하고 사회적 상호작용을 가능하게 하는 핵심 기능이다. 언어 발달 역시 감각과 운동 발달의 흐름을 따라 차례대로 이루어지며, 각 단계의 완성이 다음 단계로의 자연스러운 진입을 가능하게 한다.

1단계 첫울음

아기가 태어나면서 내는 울음소리는 생존을 위한 첫 번째 의사 표현이다. 신체가 제대로 작동하고 있다는 신호이기도 하며, 뇌의 가장 기초적인 언어 반응이 시작되는 단계다.

2단계 위협 반응

울음을 통해 외부의 위협적이거나 불편한 자극에 반응한다. 아이는 낯선 소리, 불쾌한 느낌 등에 자신의 울음소리로 감정을 드러낸다.

3단계 소리로 의사 표현하기

이제 아이는 다양한 감정이나 욕구를 소리로 구분해서 표현한다. 배고픔, 불편함, 기쁨 등의 감정을 각각 다른 울음이나 소리로 나타내며, 단순한 반사를 넘어선 목적 있는 표현이 나타난다.

4단계 단어 말하기

처음으로 의미 있는 단어를 사용하기 시작한다. "엄마", "물", "줘" 등 단순한 낱말을 말하면서 본격적인 언어 사용이 시작된다.

5단계 어구 사용

2~4개의 단어를 연결하여 단순한 어구를 말한다. "엄마 이거 줘", "아빠 나가자" 같은 표현을 통해 사고와 의도의 폭이 넓어진다.

6단계 문장 말하기

5~8단어 이상의 문장을 사용하기 시작하면서 문법적 구조가 생겨난다. 이 시기에는 조음(발음) 능력, 문장 구성, 말더듬증 여부 등 언어 기능의 정교함을 평가할 수 있다.

7단계 대화하기

문장 구조가 안정되고, 적절한 어휘 선택을 통해 상호 대화를 이어 나갈 수 있다. 상대의 말을 듣고 반응하며, 순서를 주고받는 말하기가 가능해진다.

8단계 두 언어 구사

이중언어 또는 다언어 환경에서 자란 아이의 경우, 두 개 이상의 언어를 자유롭게 구사할 수 있게 된다. 언어 간 전환 능력도 함께 발달한다.

9단계 언어 완성

이 단계에 도달하면 발표, 토론, 연극, 논리적 주장 등 고차원적인 언어 표현이 가능하다. 사고를 언어로 조직화하는 능력까지 완성된다.

손의 기능, 소근육 운동 발달 단계

소근육 기능은 물건을 잡고, 글을 쓰고, 그림을 그리고, 악기를 연주하는 등 섬세한 손의 움직임과 관련된 모든 기능을 포함한다. 이 능력은 뇌 발달의 정교함을 반영하는 지표이기도 하며, 감각 자극과의 상호작용 속에서 단계적으로 발달한다.

1단계 파악반사

갓난아기는 손에 닿는 물체를 자동으로 움켜쥔다. 이는 대뇌피질이 아닌 뇌간 수준에서 일어나는 원시반사로, 발달 초기에 나타나는 자연스러운 반응이다.

2단계 손가락 펴기

이 시기에는 손에 쥔 물건을 스스로 놓을 수 있게 된다. 의도적인 손가락의 이완이 시작되며, 손의 독립적 움직임으로 이어지는 기초가 마련된다.

3단계 물건 잡기

아이들은 자발적으로 손을 뻗어 물건을 잡기 시작한다. 이때는 손 전체를 이용해 물건을 감싸쥐는 방식이 주를 이룬다.

4단계 피질 운동

이제 아이는 엄지와 검지를 독립적으로 사용하여 물건을 집을 수 있다. 이러한 집게손가락 사용은 대뇌피질의 높은 수준의 조직화를 보여주는 대표적인 징표다.

5단계 양측 피질 운동

한 손은 잡고 다른 손은 조작하는 식의 독립적 손 사용이 가능해진다. 오른손과 왼손의 역할이 분리되어 협력하게 되는 시기다.

6단계 양손 활용

양손을 동시에 사용하며, 필요에 따라 서로 반대 방향으로 움직일 수 있다. 예를 들어, 한 손으로 종이를 잡고 다른 손으로 자르는 활동이 가능하다.

7단계 우세 손 결정

이 단계에서 아이는 어떤 손을 주로 사용하는지 결정하게 된다. 만 7~8세쯤에는 글쓰기와 같은 정교한 작업을 위한 손의 우세성이 확립되어야 한다.

8단계 손 기능 향상

글씨 쓰기, 정교한 그림 그리기 등의 활동이 가능해진다. 손가락의 조율력과 미세 조정 능력이 발달한다.

9단계 손 기능 완성

뜨개질, 악기 연주, 정밀한 공예 작업 등 고차원적이고 복합적인 손기술이 가능한 단계다. 감각 입력과 운동 제어가 정교하게 통합되어야 가능한 수준이다.

몸 전체 움직임, 대근육 운동 발달 단계

대근육 운동은 몸 전체를 움직이는 능력과 관련되며, 방향성, 조절력, 지구력, 협응력의 성숙 정도를 통해 발달 단계를 확인할 수 있다. 이는 걷기, 기기, 뛰기 같은 움직임뿐 아니라 자세 조절과 균형 유지와도 깊이 연결된다.

1단계 무작위 움직임

출생 직후 아기들은 의도나 방향성 없이 팔과 다리를 임의로 움직인다. 이 시기의 움직임은 뇌간의 반사 수준에서 시작되는 비조직화된 움직임이다.

2단계 배를 바닥에 대고 기어다니기

아기가 바닥에 배를 대고 엎드릴 수 있게 되면 방향성이 생기기 시작한다. 처음에는 뒤로 밀리거나 한쪽으로 회전하다가 점차 교차패턴으로 앞으로 기어간다.

3단계 손과 무릎으로 기어다니기

이 시기에는 손과 무릎을 짚고 기어다니며 더 정교한 교차패턴이 형성된다. 대근육의 협응력과 균형감각이 함께 발달하는 시기다.

4단계 균형을 유지하며 걷기

이 단계에서 아이는 걷기를 시작하지만 균형을 잡기 위해 두 팔을 들어 올린다. 몸 전체의 안정성과 중심 유지가 중요하게 작용한다.

5단계 구조적 걷기

이제 손을 내린 채로 걷기 시작한다. 걸음걸이의 균형, 근력, 엉덩이-무릎-발목의 정렬 상태를 통해 걷기의 질을 확인할 수 있다.

6단계 교차패턴으로 걷기

양팔과 다리가 교차패턴으로 움직이기 시작하며, 걷기와 행진, 점프, 달리기 같은 보다 복합적인 움직임이 가능해진다. 이 단계는 대뇌피질 기능이 더 조직화했음을 나타낸다.

7단계 조절력과 우세성

신체 움직임에 조절력이 생기고, 한쪽의 움직임이나 우세성이 확립된다. 예컨대, 어느 발을 주로 사용하는지가 분명해진다.

8단계 지구력

신체활동의 지속시간이 늘어난다. 걷기, 달리기 같은 활동을 비교적 오랜 시간 동안 지속할 수 있는 체력 기반이 형성된다. 일반적으로 5km 이상 걷기, 1.6km 이상 뛰기가 가능해진다.

9단계 운동성 완성

특정 스포츠나 활동에서 뛰어난 운동 능력과 기술을 보일 수 있다. 움직임의 효율성과 속도, 정교함이 최고 수준에 이르는 시점이다.

4부

감각 처리는 어떻게 자녀의 정보처리를 돕는가?

1장

감각 기능의 어려움

내 아이의 감각컵은 어떤 상태일까?

- 옷이 피부에 닿는 것을 불편해한다.
- 머리를 감거나 자를 때 과잉 반응을 보인다.
- 불평이 거의 없다.
- 보이는 모든 물건을 만지려 하고, 결국 망가뜨린다.
- 소파 위에 끊임없이 뛰어오르고, 가구에 오르며, 빙글빙글 돈다.
- 자동차 장난감을 계속 세게 부딪쳐 결국 망가뜨린다.

이런 행동을 보이는 아이 중에는 감각이 결핍된 경우가 많다. 감각 결핍은 때때로 도전적인 행동으로 나타난다. 집중의 어려움, 물건에 대한 집착, 활동 수준의 조절 부족, 주의력 유지의 어려움, 감정 조절의 어려움, 자기 정돈의 미숙함, 움직임이나 접촉에 대한 민감함 등이 여기에 포함된다. 이런 행동들은 감각통합장애에서 자주 관찰된다.

'감각통합'이란, 인간이 감각을 통해 정보를 습득하고 이를 뇌에서 처리하고 정리하는 과정을 뜻한다. 이 감각 통합 과정에 문제가 생기면 감각장애가 발생한다. 이는 아이가 특정 감각 입력을 회피하거나, 반대로 특정 감각을 과도하게 추구하는 양상으로 드러난다.

어떤 아이들은 복합적인 감각장애를 가지고 있다. 내 아들의 경우, 감각 과민반응과 감각 저하반응을 모두 보였다. 목욕물 온도에 매우 예민하고, 몸에 무언가 닿는 것에 강한 거부 반응을 보였다. 어떤 것이든 피부에 닿으면 간지럽다고 느꼈고, 동시에 손가락을 통한 감각에는 감각에 대한 결핍 상태를 보였다. 계속해서 물건이나 사람을 잡고 만지려 했고, 앉아 있을 때는 손을 엉덩이 아래에 깔고 앉아서 손에 지속적인 자극을 줘야 집중할 수 있었다. 그러나 적절한 양의 질 좋은 감각 입력이 지속적으로 제공되면서 이런 행동은 점차 개선되었다.

뇌의 일차적 학습 경로는 감각을 통해 이루어진다. 그러므로 아이는 본능적으로 감각을 경험하고 싶어 한다. 인간의 기본 감각으로는 청각, 시각, 촉각, 미각, 후각이 있으며, '전정감각'은 몸의 움직임과 균형감각, '고유수용감각'은 자기 몸의 위치를 인식하는 감각을 뜻한다. 이 외에도 다양한 감각 체계가 존재한다.

자녀가 보이는 과도한 민감한 행동은 이들 감각 중 하나 혹은 여러 감각에 대한 지나친 민감성으로 인해 발생할 수 있다. 또는 감각에 대한 결핍이 극단적으로 표출된 것일 수도 있다. 내 아들의 경우, 촉각에는 매우 예민했고, 고유수용감각은 저하된 상태였다. 이에 따라 손의 위치를 포함한 신체 감각을 정확히 인지하기 어려워했다.

감각 욕구는 컵에 담긴 물로 비유할 수 있다. 감각이라는 컵에 물이 적게 담긴 아이들은 그 부족함을 채우기 위해 더 강하고 자극적인 행동을 보이게 된다. 반대로 감각컵에 물이 이미 가득 차 있는 아이들은 작은 감각에도 쉽게 과민하게 반응한다. 이 두 극단 사이에서 부모가 해야 할 일은, 자녀에게 알맞은 양과 질의 감각 자극을 찾아주는 것이다. 자녀의 행동을 조절하려면 자녀의 감각적 필요에 맞는 감각컵을 적절하게 채워주는 것이 우선이다.

[그림] 감각 욕구

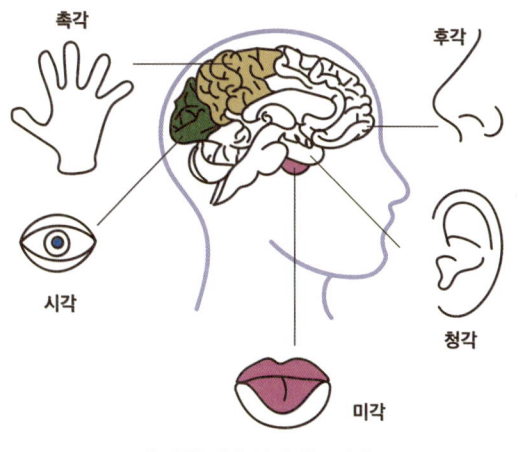

[그림] 뇌에 입력되는 감각

자녀의 감각 욕구 찾기

자녀에게 필요한 감각 정보를 파악하면, 감각으로 인한 문제를 하나씩 조절해 갈 수 있다. 간단한 훈련을 통해 감각 정보를 뇌에 효과적으로 통합하는 방법도 서서히 익힐 수 있다. 이때 가장 먼저 해야 할 일은 자녀의 감각 욕구를 정확하게 찾아내는 것이다.

- 아이가 자신의 몸에 물건이 닿거나 누가 손을 대는 것에 유난히 예민하게 반응한다. (촉각 과민)
- 온도에 대해 매우 민감하게 반응한다. (촉각 과민)
- 그네를 타거나 몸을 빙빙 돌리는 활동을 유독 좋아한다. (전정감각 자극 추구)
- 종종 벽을 따라 걸으며 손으로 벽이나 주변 물건을 문지른다. (촉각 및 신체감각 자극 추구)
- 장난감을 양손에 쥐고 반복적으로 부딪히는 행동을 한다. (신체감각 자극 추구)
- 진공청소기 같은 소음을 몹시 싫어한다. (청각 과민)

아이마다 감각에 반응하는 방식은 매우 다양하다. 그래서 부모는 자녀의 행동에 더욱 세심한 주의를 기울여야 한다. 부모가 자녀의 감각 욕구를 깊이 관찰할수록 그 욕구는 더 정확하게 파악되고, 구체적으로 다뤄질 수 있다.

[그림] 감각 입력의 종류

부모가 아이에 대한 파악을 마쳤다면, 이제 아이의 감각 처리 능력을 향상하기 위한 활동이나 학습을 시작할 차례이다. 하지만 활동에 들어가기 전, 반드시 거쳐야 하는 과정이 있다. 바로 아이의 정신과 감각을 깨우는 것이다. 감각이 둔감한 아이들은 정신을 깨울 적절한 감각 자극이 필요하다. 반대로 민감한 아이들은 과도하게 흥분하지 않도록 환경을 조정해 민감한 감각자극을 줄이는 것이 중요하다.

아래의 활동들은 아이가 어떤 감각 욕구가 있는지, 또 아이에게 적합한 감각통합 활동이 무엇인지 진단할 때 활용할 수 있는 방법들이다

감각 욕구 진단

아이가 특정 감각에 대해 민감하거나 결핍된 반응을 보일 때, 이를 파악하는 데 도움이 되는 활동들이 있다. 감각별 활동 목록을 통해 아이가 어떤 감각 욕구가 있는지 진단할 수 있다. 아래의 활동들을 통해 아이가 특정 감각에 대해 과

도하거나 부족한 반응을 보이는지 관찰한다.

근육/관절 활동

아이가 운동하거나 물체를 움직일 때 특히 즐거워하거나 싫어하는지를 관찰한다. 예를 들어, 음악에 맞춰 춤을 출 때 유난히 신나 하거나 반대로 싫어하는 반응이 있다면 고유수용감각에 대한 민감도 또는 결핍을 의심할 수 있다.

추천 활동

·· 음악에 맞춰 운동하거나 춤을 추기
·· 가구 이동을 돕기
·· 자전거 또는 세발자전거 타기
·· 축구와 같은 격렬한 스포츠 활동
·· 활동적인 심부름
·· 수영 또는 물놀이
·· 드럼 연주
·· 꽁꽁 싼 담요, 침낭 속에서 잠자기

고유수용감각 활동

무게나 압력에 대한 반응을 관찰한다. 벽에 몸을 붙이고 걸을 때 편안해하거나, 무거운 옷을 입을 때 안정을 느낀다면 고유수용감각 자극이 필요한 것이다.

추천 활동

·· 벽 옆에서 걷기, 부드럽게 벽을 만지기
·· 구석에 앉기
·· 무겁고 몸에 꼭 끼는 옷을 입기
·· 무게 조끼 입기
·· 중량감을 요구하는 활동

촉각 활동

촉감에 대한 반응을 관찰한다. 예를 들어, 손으로 반죽을 만지거나 찰흙을 굴릴 때 싫어하거나 지나치게 집중하는 경우, 촉각 자극에 민감하거나 결핍된 상태일 수 있다.

추천 활동

·· 손으로 반죽이나 찰흙 굴리기
·· 종이를 접거나 자르기
·· 핑거 페인팅
·· 손가락 게임 또는 손동작 놀이
·· 큰 공 던지기
·· 블록 쌓기
·· 물놀이
·· 인형 옷 입히기
·· 음악에 맞춰 손뼉 치기
·· 카드 게임하기
·· 구슬 꿰기
·· 모형 장난감 갖고 놀기
·· 퍼즐 맞추기
·· 단추 끼우기 연습

전정감각 활동

회전, 점프, 균형 잡기 등 움직임에 대한 반응을 살핀다. 트램펄린에서 점프할 때 지나치게 좋아하거나 두려워한다면 전정감각에 대한 반응으로 볼 수 있다.

추천 활동
·· 사다리 오르기와 미끄럼틀 내려오기
·· 트램펄린 위에서 점프하기
·· 빠르게 걷기
·· 스윙

청각 활동

소리에 대한 반응을 관찰한다. 특정 소리에 과도하게 반응하거나 전혀 반응하지 않는다면 청각 자극이 필요하거나 과도할 수 있다.

추천 활동
·· 다른 활동을 할 때 배경음악 틀어 두기
·· 자연 또는 동물의 소리 식별하기
·· 다른 음색으로 연주하기
·· 청소기, 전화벨, 벨 소리, 세탁기 등 다양한 소리 체험하기
·· 다양한 악기 소리를 듣고 식별하기

시각 활동

시각 자극에 대한 반응을 관찰한다. 물체를 따라 보는 능력이나 색상 구별이 원활하지 않다면 시각적 자극이 필요할 수 있다.

추천 활동
·· 움직이는 물체를 따라 보는 훈련
·· 어두움, 형광등, 밝기가 센 등불처럼 다양한 빛의 질감 인식하기
·· 다양한 색조와 색상으로 놀기
·· 다양한 재료와 질감으로 모양, 숫자, 글자 만들기
·· 점선 따라 그리기
·· 사진에서 숨은 물건 찾기
·· 정렬하기와 분류하기

• 어두운 방에서 손전등을 갖고 놀기

구강 활동

음식을 씹거나 삼키는 행동에서 민감도 또는 결핍이 나타날 수 있다. 단단한 음식을 먹기 싫어하거나 오히려 바삭바삭한 음식을 끊임없이 찾는 경우 구강 감각 자극이 필요한 것이다.

추천 활동
·· 생채소 씹기
·· 사과, 배처럼 단단한 과일 먹기
·· 건포도나 자두처럼 건조하거나 질긴 과일 간식 먹기

‥ 크래커나 시리얼처럼 바삭바삭한 핑거푸드 먹기

두뇌 발달과 감각 발달은 차례대로 이루어진다. 감각 발달은 아이가 세상과 소통하고 학습하는 첫 번째 과정이다. 이 과정에서 가장 먼저 발달하는 감각은 전정감각과 고유수용감각이다.

전정감각: 몸의 균형과 움직임을 감지하는 능력.
고유수용감각: 자기 신체가 공간에서 어디에 자리 잡고 있는지 인지하는 능력.

이 두 감각이 발달하면 아이는 신체의 움직임을 조절할 수 있게 되고, 이후에 촉각, 시각, 청각, 미각, 후각이 발달하게 된다.

감각 발달의 순서

[그림] 감각 발달 순서도

감각은 다음과 같은 순서로 더 복합적이고 고차원적인 단계로 발달한다.

육체의 기본적인 욕구 Survival
- 가장 기본적인 생리적 욕구를 충족하는 단계.
- 공기, 물, 음식, 온도와 같은 필수적 요소들이 포함된다.
- 이 단계가 안정적으로 충족되지 않으면 이후 단계로 넘어가는 것이 어렵다.

전정 자극 Vestibular System
- 균형과 움직임을 감지하고 조절하는 능력.
- 그네 타기, 회전의자 돌기, 점프하기 등의 활동을 통해 발달한다.

고유수용감각 Proprioceptive System
- 신체의 위치를 감지하고 조정하는 능력.
- 물건 밀기, 당기기, 무거운 물건 들기 등으로 자극할 수 있다.

촉각 자극 Somatosensory System
- 접촉과 압력을 통해 신체 감각을 인지하고 반응하는 단계.
- 반죽 놀이, 촉감 놀이, 모래놀이 등을 통해 발달할 수 있다.

청각과 시각적 지각 능력 *Visual Perceptual Skills*

- 시각적, 청각적 자극을 인지하고 구별하는 능력.
- 다양한 소리 듣기, 시각적 패턴 맞추기, 색상 구분 놀이 등을 통해 발달할 수 있다.
- 학습적 기술 (Cognitive/Academic Skills):
  ·· 문제 해결, 인지적 사고, 과제 수행 능력.
  ·· 퍼즐 맞추기, 글자 찾기, 숫자 세기와 같은 활동이 해당한다.

사회성 기술 *Social Skills*

- 타인과의 상호작용, 감정 조절 및 공감 능력 발달.
- 또래와 함께 놀이하기, 대화 나누기, 역할극 등이 포함된다.

이제, 이러한 감각 발달 단계를 통해 아이는 점차 더 복잡한 인지적, 사회적 기술을 습득하게 된다. 아래 표는 이러한 발달 과정을 7단계로 구분하여 각 단계에서 발달해야 하는 능력을 요약한 것이다.

감각 단계	발달
1 단계	정보를 받아들이는 능력, 정보를 분별하는 능력
2 단계	감각으로부터 받은 정보를 사용할 수 있는 능력
3 단계	정보를 조직하고 처리하는 능력
4 단계	고위 학습을 돕는 기술 습득
5 단계	사회적 기술들
6 단계	과제 수행을 위한 기술들
7 단계	복잡한 과제를 적절한 행동과 사회성을 가지고 완수

이러한 발달 단계는 감각 발달 순서도와도 일치한다. 청각과 시각은 촉각 발달 이후에야 발달하며, 고위 학습을 위한 기술과 사회성 기술은 기본적인 감각들이 충분히 발달한 후에 비로소 형성된다. 인지 발달이 이루어진 후에는 자기 인식과 사회성 발달이 가장 마지막에 발달하는 영역이 된다.

▶ [기쁨의 발견] 에피소드 7
우리 아이의 감각 컵을 확인하세요
https://qrs.ly/otgr7az

2장

감각 정보, 이렇게 받아들인다

뇌를 자극하면 새로운 신경망이 생긴다

뇌는 손상된 부분을 회복하는 놀라운 능력을 갖추고 있다. 이는 새로운 세포가 만들어져서가 아니라, 기존 세포 간의 연결이 강화되기 때문이다. 즉, 손상된 뇌세포의 기능을 대신할 수 있는 새로운 연결망이 형성되는 것이다. 이를 '뇌 가소성'이라고 한다.

뇌세포 간의 연결이 늘어나면서 수상돌기가 자라고, 그 과정에서 더 많은 연결이 형성된다. 이처럼 뇌를 지속적으로 자극하면 새로운 신경망이 발달하게 된다. 이러한 원리는 학습과 발달 과정에서도 동일하게 적용된다.

최근 교육계에서는 다중지능학습이 주목받고 있다. 이 학습 이론은 사람들이 학습할 때 선호하는 감각 유형이 각각 다르다는 점에 주목한다. 예를 들어, 어떤 사람은 시각적 자극을 통해 더 잘 배우고, 어떤 사람은 청각적 자극이 효과적이다. 또 어떤 사람은 활동적으로 움직이며 운동감각적 자극을 통해 학습을 더 잘한다.

결국, 뇌 가소성을 촉진하려면 학습자가 선호하는 감각 자극을 잘 파악하고, 이를 적극적으로 활용하는 것이 중요하다.

[그림] 다중 지능

모든 감각 고르게 발달시키기

신경발달 접근 훈련은 특정 감각이 과도하게 발달하거나 부족하게 발달하는 우세성을 신경적인 불균형의 결과로 본다. 이러한 우세성은 선천적이거나 자연스러운 현상이 아니라, 특정 감각 경로의 반복 사용으로 인해 형성된 것이다. 따라서 신경발달 접근 훈련은 아이가 다양한 학습 경로를 활용하여 학습하도록 유도함으로써 중추신경계를 균형 있게 조직화하는 데 초점을 둔다.

각각의 교육 과제에는 가장 효과적인 학습 방식이 존재한다. 예를 들어, 기본적인 수학적 개념은 청각 정보를 통해 학습하는 것이 효과적이다. 하지만 더 높은 수준의 수학 문제는 여러 단계를 거쳐야 하므로, 시각적 정보처리 능력이 필요하다. 반면, 과학 관련 학습은 구체적인 개념이 많아 신체 운동감각적 활동을 통해 더 잘 학습된다. 따라서 자녀가 각 과목에 맞는 학습 방식을 통해 정보를 습득하도록 돕는 것이 중요하다.

학습 과정은 크게 아래의 네 단계로 나뉜다:

1. 정보 수용
2. 정보 처리
3. 정보 저장
4. 정보 활용

이 네 단계는 단순히 교과 학습에만 적용되는 것이 아니다. 뇌 기능의 회복이나 뇌 손상의 복구 과정에서도 동일한 원리가 적용된다.

뇌는 먼저 정보를 받아들인 후 이를 처리하고, 저장된 정보를 다시 꺼내어 적용하는 순서로 학습이 이루어진다. 이 과정에서 학습의 토대가 되는 것은 뇌의 안정적인 기능이다. 뇌는 자동 기능 조절, 운동기능, 인지력, 감정조절, 감각통합 등을 통해 학습 환경을 조성한다. 이 중 어느 한 기능이 제대로 작동하지 않으면 다른 기능에도 영향을 미친다. 특히, 감각 정보를 처리하는 능력은 운동기능, 사회적 기술, 학업 성취를 위한 필수적인 기초 능력이다. 특정 감각이 제대로 발달하지 않으면, 학습에 필요한 에너지가 신경 발달 과정에서 새는 현상이 발생하게 된다.

정보 수용의 7단계

정보를 수용하는 과정은 감각을 통해 시작된다. 촉각, 미각, 후각, 온도, 시각, 청각 등 다양한 감각은 자녀의 학습에 중요한 역할을 한다. 하지만 중추신경계가 조직화하지 않은 상태에서는 이 감각 정보를 정확하게 받아들이기 어렵다. 특히 감각 정보가 혼란스럽게 전달될 경우, 이를 인지하는 과정도 어려워진다. 신경계가 아직 조직화되지 않은 아이들은 외부 자극에 더욱 예민하게 반응할 가능성이 크다. 이러한 아이들은 끊임없이 몸을 움직이며 스스로 감각 자극을 만들어내려고 한다. 겉보기에는 과잉행동처럼 보이지만, 이는 아이들이 학습에 필요한 자극을 스스로 생성하는 과정일 수 있다.

발달이 지연된 아이일수록 하나의 감각 경로에만 의존하기보다는 다양한 감각 정보를 제공하는 것이 효과적이다. 아이들에게 어떤 활동을 지시할 때는 시각, 청각, 신체 움직임 등을 동시에 활용하도록 돕는 것이 좋다. 예를 들어, 새로운 정보를 제시할 때는 말로만 설명하는 것이 아니라, 그림을 보여주고, 직접 만져보게 하고, 관련된 소리를 들려주면 아이의 정보 수용이 더욱 원활해진다. 특히 한 감각 경로가 충분히 발달하지 않았을 경우, 다른 감각 경로를 통해 부족한 부분을 보완할 수 있다. 이렇게 다양한 활동을 통해 감각 자극이 충분히 주어지면, 아이는 더 많은 정보를 더 잘 습득하게 된다.

감각기능에 장애가 있는 자녀는 다감각적인 방식으로 정보를 전달하더라도 여전히 정보를 받아들이는 데 어려움을 겪을 수 있다. 이러한 아이들은 감각 기능의 발달 수준에 맞춘 접근과 훈련이 필요하다. 모든 학습은 감각기관을 통해 이루어지기 때문에 감각 기능이 현저히 낮은 아이는 정보 자체를 인식하지 못할 수도 있다. 이런 경우, 정보의 강도를 높이고 양을 늘려서 아이가 감각 정보가 존재한다는 사실을 인지하도록 도와야 한다.

반대로, 아이가 감각 과잉 상태에 있으면, 너무 많은 정보가 동시에 입력되면 과자극 상태에 빠질 수 있다. 이때 아이는 오히려 외부 자극을 차단해 버리는 반응을 보일 수 있다. 이 경우에도 정보는 제대로 수용되지 않는다.

따라서 각 자녀가 감각이 결핍된 상태인지, 과잉 상태인지 파악하는 것이 중요하다. 너무 많은 정보나 너무 적은 정보 모두가 감각 수용을 방해할 수 있기 때문이다.

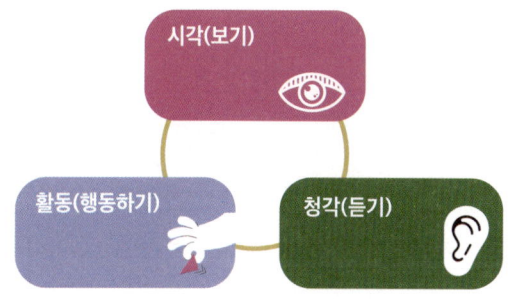

[그림] 다감각적 접근을 통한 정보 수용

3장

전정 자극이란 무엇인가?

"나는 균형을 잡고 싶어요"

전정기관은 내이 안쪽에 있는 달팽이관으로, 전정액으로 채워져 있으며 뇌신경과 연결되어 있다. 이 액체에는 유모포가 포함되어 있으며, 세 개의 관을 통해 압력과 중력의 변화를 감지한다. 이 유모포의 움직임은 제8내이신경(청신경)을 통해 뇌로 전달되며, 이는 몸의 위치와 평형 정보를 인식하는 데 중요한 역할을 한다. 이를 통해 뇌는 내가 서 있는지, 물구나무서기를 하고 있는지와 같은 정보를 인식하게 된다.

전정계의 주요 기능은 다음 세 가지다.

1. 움직임에 대한 주관적 인식
2. 몸의 올바른 위치와 평형 유지
3. 머리 움직임에 따른 눈의 안정화

아이들의 행동을 잘 관찰하면 전정 감각 자극을 추구하는 행동들을 발견할 수 있다. 예를 들어,

- 무엇인가에 올라타는 것을 좋아하거나
- 계속 주위를 맴돌거나 제자리에서 돌고
- 가구에 매달려 흔들기를 반복하거나
- 또래보다 높은 곳에 겁 없이 올라가거나
- 그네를 과도하게 흔들며 타는 경우 등이 있다.

이러한 행동들은 전정 감각을 추구하는 경향을 나타낸다. 이러한 아이들에게는 미리 전정 자극을 제공해 주는 것이 도움이 될 수 있다.

균형감각을 위해 오히려 흔들림이 필요하다

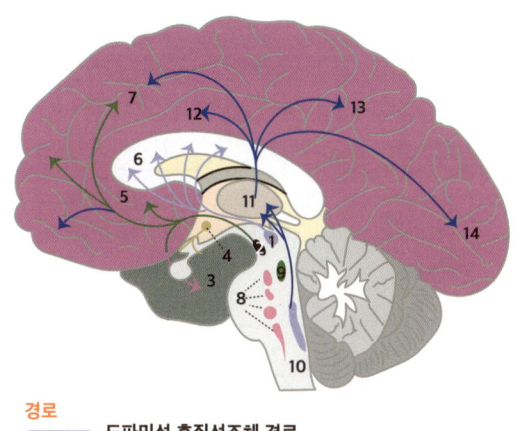

[그림] 전정 자극과 뇌의 연결망

전정기관은 아이가 몸의 균형을 느끼도록 돕는 역할을 한다. 만약 전정 자극이 충분하지 않으면 아이는 몸의 균형에 대한 자신감이나 안정감을 잘 느끼지 못할 수 있다. 전정기관은 신체의 다른 감각기관과 가장 많이 연결된 감각 기관이다. 전정 감각은 마치 뇌신경 교통 관제사와 같은 역할을 한다. 뇌에서 받은 모든 정보를 분류하고 필요한 뇌의 영역으로 전달하는 중추적인 기능을 담당하기 때문이다.

전정 감각이 잘 발달하면 아이는 신체 활동 학습을 원활하게 할 수 있게 된다. 또한, 전정 감각은 휴식이 필요할 때 몸이 편안하게 쉴 수 있도록 돕고, 읽기에 중요한 시각 추적 능력이나 손동작의 섬세한 발달에도 영향을 준다. 근육 긴장도를 조절하고 언어 발달을 촉진하며, 자기 관리와 독립성 형성에도 도움이 된다.

일반적으로 아기는 성장 과정에서 부모로부터 많은 전정 자극을 받는다. 아기가 울 때 부모는 아기를 안고 흔들어주는데, 이 과정에서 자연스럽게 전정 자극이 이루어진다. 그러나 모든 아이가 충분한 전정 자극을 받는 것은 아니다. 성장하면서 다른 아이들보다 전정 자극이 부족하게 느껴지거나 더 많은 자극을 해야 할 수도 있다.

아이에게 전정 감각을 자극하는 방법은 다양하다. 부모가 아이를 팔로 안아 앞뒤로 흔드는 방법이 있다. 이는 전정 감각을 자극하면서 아이와의 친밀감도 형성할 수 있는 활동이다. 신체 접촉과 눈 맞춤을 통해 아이는 더욱 안정감을 느낄 수 있다.

만약 아이가 너무 커서 안을 수 없는 경우에는 바닥에서 '통나무 굴리기'를 하거나 놀이터에서 '그네 타기'를 시도할 수 있다. 통나무 굴리기는 아이가 바닥에 누워 몸을 곧게 펴고 좌우로 굴리는 동작이다. 이 활동은 전정 감각을 자극하는 동시에 신체의 중심을 인지하게 하는 데 도움을 준다.

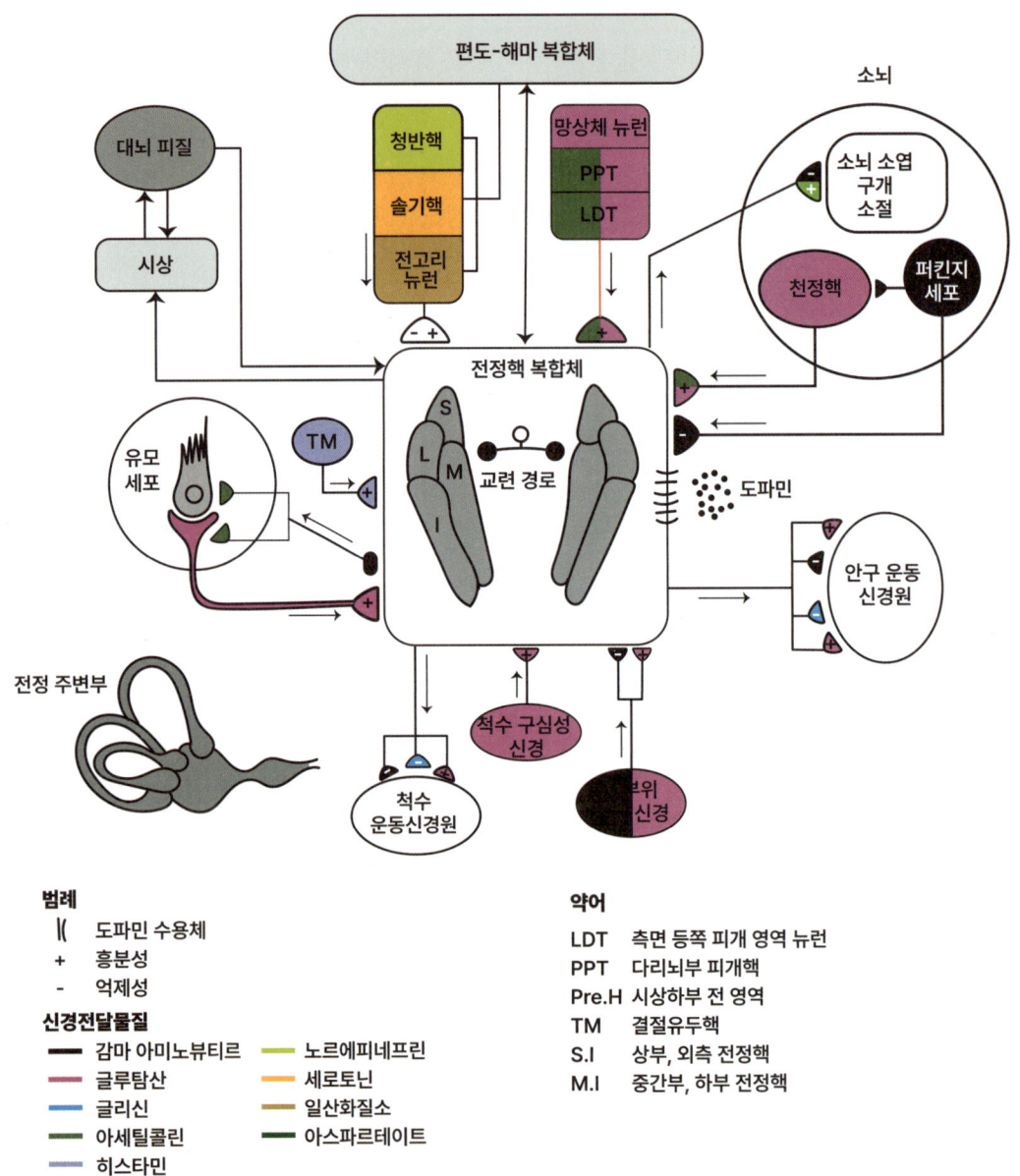

[그림] 전정계와 신경 경로의 상호작용

이 외에도 '빙빙 돌기', '다운도그Downward Dog' 같은 요가 자세는 전정 감각 발달에 유익한 활동이다. 이러한 활동을 통해 아이의 전정 감각 물컵이 적정하게 유지되면 과격하거나 산만한 행동이 안정되며, 아이의 신체 인지 능력과 균형감이 더욱 향상된다.

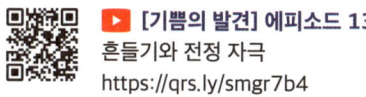

[기쁨의 발견] 에피소드 13
흔들기와 전정 자극
https://qrs.ly/smgr7b4

전정 자극 훈련 1 **앞뒤로 구르기** Rocking Back and Forth   전정 자극 훈련

> 전정 자극을 통해 아이의 균형 감각과
> 신체 인지 능력을 향상한다.

⏰ 하루 2회, 한 번에 약 2분씩

😊 **준비**
- 자녀가 아기일 경우: 부모가 아이를 팔로 안고 요람처럼 앞뒤로 천천히 흔든다.
- 자녀가 조금 더 성장한 경우: 바닥에 앉아서 자궁 내 태아의 자세를 취하게 한다.

1. 자녀의 머리 뒤와 목 뒤에 손을 얹고 천천히 뒤로 눕힌다.
2. 다시 앞으로 일으킨다.
3. 이 동작을 앞뒤로 반복하며 2분 동안 진행한다.
4. 속도는 자녀가 안정감을 느낄 수 있는 정도로 천천히 조절한다.

✅ 바른 자세 확인 포인트

- 자녀의 목과 머리가 충분히 지지가 되고 있는지 확인한다.
- 자녀의 몸이 너무 긴장되지 않도록 부드럽게 움직인다.
- 자녀의 눈이 앞을 바라볼 수 있도록 고개를 지나치게 뒤로 젖히지 않는다

⚠️ 유의

- 자녀가 어지러움을 호소할 경우 즉시 중단한다.
- 자녀가 고개를 가누기 어려운 경우 훈련을 보류하거나 더 작은 범위로 움직인다.
- 식사 직후에는 훈련을 피한다.

🔄 처음부터 다시

- 자녀가 훈련 중 지나치게 긴장하거나 어지러움을 호소할 경우
- 훈련 도중 자세가 흐트러지거나 자녀의 머리가 충분히 지지가 되지 않았을 경우
- 자녀가 훈련 도중 울음을 터뜨리거나 불편함을 표현할 경우

전정 자극 훈련 2 # 통나무 구르기 Log Rolling 전정 자극 훈련

> 전정 자극을 통해 신체 균형 감각과 몸의 공간 인지 능력을 발달시킨다.

🕐 하루 2회, 한 번에 약 2분씩

😊 준비
- 바닥에 매트를 깔고 자녀가 반듯하게 눕도록 한다.
- 양팔을 머리 위로 쭉 뻗게 한다.

1. 자녀의 몸이 일직선이 되도록 반듯하게 눕힌다.
2. 양팔을 머리 위로 쭉 편 상태를 유지한다.
3. 온몸에 힘을 주고 몸을 왼쪽에서 오른쪽으로 굴린다.
4. 반대로 오른쪽에서 왼쪽으로도 굴린다.
5. 통나무처럼 몸을 곧게 유지하며 양쪽으로 각각 1분씩 굴린다.

✅ 바른 자세 확인 포인트
- 몸이 일직선 상태를 유지하고 있는지 확인한다.
- 팔과 다리가 굽혀지지 않도록 한다.
- 굴릴 때 속도가 지나치게 빠르지 않도록 조절한다.

⚠️ 유의

- 자녀가 어지러움을 호소할 경우 즉시 멈춘다.
- 매트 또는 바닥이 미끄럽지 않은지 확인한다.
- 머리가 충격을 받지 않도록 보호한다.

🔄 처음부터 다시

- 자녀가 훈련 도중에 몸의 중심이 틀어지거나, 팔과 다리가 굽혀진 경우
- 자녀가 굴릴 때 통제하지 못하고 빠르게 굴러가거나 멈추지 못할 경우
- 자녀가 훈련 도중 두려워하거나 불편함을 호소할 경우

❓ 자주 묻는 질문

Q. '통나무 구르기'가 전혀 되지 않고 있는데 대체할 수 있는 다른 방법이 있을까요?

A. 자녀가 '통나무 구르기'를 거부하거나 어려워할 때도 전정 감각을 자극할 수 있는 다양한 방법이 있습니다. 첫째, 그네를 태우거나 트램펄린에서 점프하도록 유도하는 것이 효과적입니다. 둘째, 교재에 있는 '노 젓기' 운동과 같은 다른 전정 운동을 시도해 보시는 것도 좋습니다.

Q. 통나무 구르기 시 온몸을 쭉 펴고 구르는 것이 중요한가요?

A. 자녀가 팔과 다리를 쭉 뻗고 '통나무 굴리기'를 할 수 있다면 가장 이상적입니다. 하지만 처음부터 완벽하게 구르지 못하더라도 전정 감각은 충분히 자극됩니다. 통나무 구르기의 정확한 자세를 익히게 되면 전정 감각뿐만 아니라 고유 감각 정보도 더욱 많이 받아들일 수 있게 됩니다. 자녀가 할 수 있는 범위 내에서 꾸준히 반복하는 것이 중요합니다.

전정 자극 훈련 3 　　**호랑이 등**　　 전정 자극 훈련

> 전정 자극을 통해 신체의 균형 감각을 향상하고,
> 목과 머리의 근육을 활성화하며 시각과 전정계 간의 협응을 돕는다.

🕐 1회 2분, 하루 2~3회 진행

😊 **준비**
- 바닥에 매트를 깔고, 자녀가 손과 무릎을 바닥에 대고 엎드린 자세를 취하도록 한다.

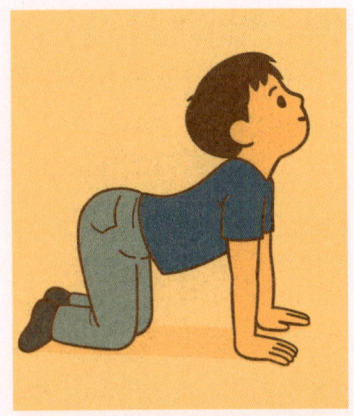

1. 자녀가 손과 무릎을 바닥에 대고 엎드린다.
2. 머리를 천천히 들어 올려 하늘로 5초 동안 바라본다.
3. 이때, 눈은 머리의 움직임을 따라간다.
4. 다시 머리를 천천히 내려서 바닥을 5초 동안 응시한다.
5. 위의 동작을 2분 동안 반복한다.

✅ 바른 자세 확인 포인트
- 머리를 들어 올릴 때 목이 과도하게 꺾이지 않도록 주의한다.
- 허리와 엉덩이는 고정하고, 머리와 목의 움직임에만 집중하도록 유도한다.

⚠️ 유의
- 자녀가 어지러움을 느끼지 않는지 관찰한다.
- 동작을 천천히 진행하여 아이가 각 감각 자극을 충분히 느낄 수 있도록 한다.
- 아이가 움직임을 따라가기 어려워할 경우, 부모가 시범을 보이거나 함께 따라 하도록 한다.

↺ 처음부터 다시
- 동작이 너무 빠르거나 목에 힘이 과도하게 들어간 경우
- 아이가 눈동자의 움직임을 따라가지 못하는 경우
- 아이가 어지럼증을 호소하거나 불편함을 느끼는 경우

전정 자극 훈련 4

노 젓기

전정 자극 훈련

> 전정 자극을 통해 균형 감각을 발달시키고, 신체 협응 능력을 향상하는 훈련이다. 자녀와 인도자 간의 신체적 접촉을 통해 감각 자극을 강화하는 목적도 있다.

⏰ **1회 3분, 하루 2회**

😊 **준비**
- 바닥에 매트를 깔고 인도자와 자녀가 마주 보고 앉는다.
- 두 사람 모두 무릎을 구부리고 발이 서로 맞닿도록 위치시킨다.

1. 자녀와 인도자가 서로 손을 잡고 준비 자세를 취한다.
2. 인도자가 자녀의 양 팔을 잡아당기면서 자녀가 앞으로 몸을 숙이게 한다.
3. 이어서 인도자는 자녀를 뒤로 밀면서 자녀가 몸을 뒤로 눕히게 한다.
4. 이러한 앞뒤 움직임을 반복하며, 그네 타듯이 리듬을 맞춘다.
5. 이 동작을 3분 동안 반복한다.

✅ 바른 자세 확인 포인트

- 자녀의 허리가 과도하게 구부러지지 않도록 유의한다.
- 인도자는 자녀의 팔을 당기고 밀 때 힘 조절을 하여 자녀가 편안하게 움직이도록 돕는다.
- 자녀가 눈을 뜨고 움직임을 따라가도록 유도한다.
- 안정성을 위해 보호자의 발은 아이의 발 바깥쪽에 위치해야 한다.

⚠️ 유의

- 자녀가 어지러움을 느끼지 않는지 주의 깊게 관찰한다.
- 움직임이 과도하게 빠르거나 강하지 않도록 주의한다.
- 자녀가 발을 바닥에 고정하지 못하고 미끄러질 경우, 발밑에 미끄럼 방지 매트를 깔아준다.

🔄 처음부터 다시

- 자녀가 팔을 당기거나 밀 때 반동이 너무 강할 경우
- 자녀가 어지럼증을 호소하거나 불편함을 느끼는 경우
- 자녀의 시선이 고정되지 않고, 주의가 산만해진 경우

전정 자극 훈련 5 **짝지어 돌기** 전정 자극 훈련

전정 자극을 통해 균형 감각을 발달시키고, 신체 협응력을 향상하는 훈련이다.
두 사람이 함께 회전함으로써 신체 인식과 전정 감각을 동시에 자극하는 것을 목표로 한다.

⏰ 1회 2분, 하루 2회

😊 준비
- 자녀와 파트너가 마주 보고 서서 손목을 잡는다.
- 팔을 교차하여 잡고 팔을 곧게 뻗는다.

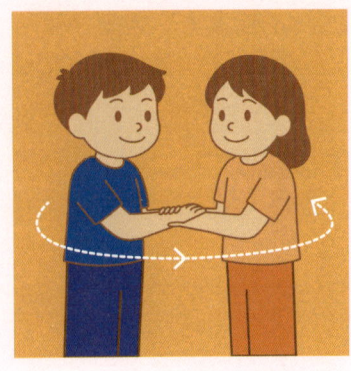

1. 자녀와 파트너가 손목을 맞잡고 팔을 쭉 뻗는다.
   (손을 맞잡으면 실수로 미끄러져 손을 놓칠 수 있다. 손목을 잡으면 아이가 손을 놓아도 파트너가 여전히 붙들고 있어 안정적으로 동작을 수행할 수 있다.)
2. 두 사람은 서로 맞선 상태에서 팔을 교차시킨다.
3. 파트너는 자녀의 중심이 흐트러지지 않도록 안정적인 자세를 유지한다.
4. 자녀는 팔을 곧게 뻗고, 몸을 약간 뒤로 기울인다.
5. 두 사람은 시계 방향 또는 반시계 방향으로 원을 그리며 회전한다.
6. 2분간 회전을 지속하며, 중간에 어지러움을 느낄 때 즉시 멈춘다.

✅ 바른 자세 확인 포인트

- 자녀의 팔이 지나치게 구부러지지 않도록 한다.
- 회전 속도는 자녀가 어지러움을 느끼지 않을 정도로 조절한다.
- 회전 시 자녀의 시선이 중심을 향하게 하여 중심이 흔들리지 않도록 한다.

⚠️ 유의

- 자녀가 어지러움을 느끼거나 중심을 잃을 때 즉시 훈련을 중단한다.
- 파트너는 자녀의 손을 너무 세게 잡지 않도록 주의한다.
- 회전이 과도하게 빠르지 않도록 속도를 조절한다.

🔄 처음부터 다시

- 자녀가 팔을 지나치게 구부리거나, 팔의 힘이 풀릴 경우
- 회전 도중 자녀가 중심을 잃고 휘청거릴 경우
- 자녀가 어지러움을 호소하거나 발이 엉키는 경우

❓ 전정 자극에 관해 자주 묻는 질문

Q. 아이가 물건을 돌리는 것에 집착합니다. 전정 기관과 관련이 있는지요? 만약 관련이 있다면 어떤 훈련을 통해 줄일 수 있을까요?

A. 네, 자녀가 전정 자극을 원할 때 더 많은 전정 감각을 제공하는 것이 필요합니다. 전정 자극 입력은 신경 발달의 모든 단계에서 필수적입니다. 전정 자극을 충분히 제공하면 과도한 회전 행동이 줄어들 수 있습니다. '통나무 구르기', '노 젓기', '짝지어 돌기'와 같은 전정 자극 훈련을 반복해 주시는 것이 효과적입니다.

Q. 높은 곳에 자주 올라가는데, 이런 놀이를 많이 하는 아이에게 적합한 발달 훈련이 있을까요?

A. 오르기를 좋아하는 아이일수록 전정 자극이 많이 요구되는 경우가 많습니다. 이러한 충동을 줄이기 위해서는 더 많은 전정 감각을 경험하도록 도와주시는 것이 좋습니다. 예를 들어, '통나무 구르기', '노 젓기', '짝지어 돌기'와 같은 전정 훈련이 도움이 될 수 있습니다. 이 외에도 트램펄린, 빠르게 걷기, 뛰기, 흔들기, 회전하기 등의 활동도 유익합니다.

Q. 여전히 높이 오르거나 회전하는 행동을 멈추지 않는데, 전정 자극 훈련 외에 다른 방법이 있을까요?

A. 대부분의 흔들리거나 회전하는 움직임은 전정 기관을 자극합니다. 빠르게 앞뒤로 걷기, 점프하기, 그네 타기, 운동 공 위에서 튕기기 등 다양한 활동이 전정 자극을 극대화할 방법입니다. 또한, 머리를 앞뒤로 움직이거나 좌우로 회전시키는 활동도 전정 자극에 매우 효과적입니다. 집에서 쉽게 할 수 있는 활동을 통해 전정 자극을 충분히 제공해 주시는 것이 중요합니다.

4장
촉각 자극과 심압 자극이 필요하다

손 기능이 떨어질 때는 어떻게 하나?

- 아이가 눈에 보이는 모든 것을 끊임없이 만지려고 한다.
- 갖고 놀던 종이를 찢거나 장난감을 망가뜨린다.
- 숟가락을 잘 잡지 못한다.
- 연필을 삐뚤게 잡는다.
- 글씨 크기가 엉망이거나, 크기와 모양이 일정하지 않다.

이러한 행동들은 아이의 소근육 기능이 충분히 발달하지 않았다는 신호일 수 있다. 아이의 소근육 운동 기능을 발달시키기 위해서는 적절한 감각 자극이 필요하다. 좋은 자극을 받을수록 아이의 소근육 기능도 더 잘 발달한다.

일부 부모는 글쓰기나 그림 그리기를 반복하면 소근육이 발달할 것으로 생각하지만, 문제의 핵심은 아이가 손가락을 통해 적절한 감각 자극을 받고 있는지다. 손 기능과 소근육 발달을 효과적으로 돕기 위해서는 아이가 손을 통해 느끼는 감각 자극의 질을 높이는 것이 중요하다.

내 몸의 위치를 아는 감각, 고유수용감각

- 아이가 움직일 때 몸의 각 부분을 원활하게 움직이지 못한다.
- 아이가 물건이나 벽에 자주 부딪힌다.
- 아이가 물건을 다루는 데 서투르고 장난감을 자주 떨어뜨린다.

이러한 행동들은 아이가 고유수용감각에 문제가 있을 가능성을 시사한다. 고유수용감각은 신체의 움직임과 균형, 공간에서 자기 몸의 위치를 인식하는 감각을 말한다. 이 감각은 보통 자연스럽게 형성되기 때문에 일반적이면 사람들은 내 몸의 신체 부위가 어디에 있는지, 또 어떻게 움직이고 있는지 잘 인식하지 않는다.

그러나 고유수용감각이 부족한 아이들은 신체 부위, 특히 손과 발처럼 신체 중심에서 떨어져 있는 부위의 위치, 움직임, 힘의 강약을 적절히 감지하지 못할 수 있다.

고유수용감각은 눈을 감고도 공간에서 자신의 신체 부위가 어디에 있는지 인식할 수 있게 해주는 중요한 감각이다. 예를 들어, 사람은 보지 않고도 손가락으로 코를 만질 수 있다. 또한, 신발을 신고도 발이 부드러운 잔디 위에 있는지 아니면 딱딱한 콘크리트 위에 있는지를 느낄 수 있다. 한쪽 다리로 몸의 균형을 잡을 수 있는 것도 고유수용감각 덕분이다.

이러한 감각 기능은 고유감수체가 담당하는데, 고유감수체는 주로 근육, 피부, 관절에 자리 잡고 있다. 이를 통해 신체의 위치, 움직임, 근육의 긴장도와 힘을 인지할 수 있게 된다.

꾸준히 눌러주기, 심압 자극

아이의 소근육 기능과 고유수용감각을 함께 발달시키는 방법은 심압 자극을 제공하는 것이다. 심압 자극은 신체 부위의 위치와 그 부위를 어떻게 적절하게 사용할 수 있는지를 통합적으로 인지하게 해준다. 손으로 관절과 근육을 깊이 눌러주는 것이 대표적인 방법이다. 더욱 간단한 방법으로는 아이에게 꽉 끼는 옷을 입히거나, 압박 조끼를 착용시키는 것도 있다. 이는 몸통에 압력이 가해져 몸을 인지하는 데 도움을 주고 안정감을 준다.

내 딸은 소근육 기능이 약해서 만 4살이 되어서도 옷을 스스로 입거나 벗지 못했다. 반면 아들은 고유수용감각에 문제가 있어서 자기 손이 어디에 있는지 잘 파악하지 못했다. 그래서 쉴 새 없이 사람들을 잡고 만지고 세게 당기기도 했다. 나는 두 아이에게 날마다 손을 사용하게 하고 여러 가지 연습을 시켰지만, 쉽게 나아지지 않았다. 그러던 중 손가락 관절과 근육을 자극하는 심압 자극 훈련을 시작했다. 일주일 정도 꾸준히 자극을 주자 딸은 혼자 옷을 벗을 수 있게 되었다. 혼자 옷을 입기까지는 더 오랜 시간이 걸렸지만, 매일 자극을 주니 마침내 혼자 옷을 입는 것도 성공했다. 또한 주변을 계속 움켜잡으려던 아들은 부산한 행동이 줄어들었다.

자녀가 소근육 기능이나 고유수용감각 발달에 어려움을 겪고 있다면 심압 자극 훈련을 시도해 보는 것이 좋다. 하루에 몇 분만 투자해 손가락 끝에서 팔다리까지 심압 자극을 꾸준히 제공하면, 아이의 신체 지각력에 큰 변화를 기대할 수 있다.

가벼운 촉각도 중요한 감각이다

촉각에 문제가 있는 아이들은 꽉 끼는 옷에 예민하게 반응하거나 양말을 신는 것을 싫어할 수 있다. 반대로 촉각 감각이 둔한 아이는 모기에게 물리거나 피부에 상처가 나도 잘 알아차리지 못할 수도 있다. 이러한 아이들은 피부에 가벼운 터치가 닿는 것만으로도 과민 반응을 보이거나, 반대로 아무런 자극도 느끼지 못할 수 있다. 이처럼 감각이 왜곡되면 아이는 과도한 반응이나 무반응으로 이를 표현하게 된다.

이럴 때 부모는 아이에게 적합한 촉각 자극을 주어 감각이 서서히 정상 범위로 돌아오도록 도와줄 수 있다. 예를 들어, 때밀이 장갑이나 목욕할 때 사용하는 때수건을 활용해 아이의 피부를 부드럽게 문질러주는 훈련이 효과적이다. 이런 방법을 통해 다양한 촉각 자극을 점차 받아들이는 능력을 키워줄 수 있다.

얼굴의 삼차 신경 자극

삼차 신경은 눈, 귀, 코, 입, 얼굴에서 받은 정보를 뇌로 전달하는 중요한 신경이다. 이 신경이 제대로 자극되지 않으면 언어 발달, 시각 인지, 청각 반응이 원활하지 않을 수 있다. 침을 자주 흘리거나 특정 음식을 극도로 가리는 편식 행동도 이와 관련이 있다.

이러면, 부모는 아이의 얼굴과 머리를 부드럽게 눌러주는 훈련을 통해 삼차 신경을 자극해 줄 수 있다. 이 과정에서 아이의 얼굴 근육과 피부를 자극하면 감각이 서서히 정상 범위로 회복되는 데 도움이 된다.

구강 자극

편식이 심한 아이들은 입안에서 느끼는 식감이나 맛을 제대로 인지하지 못할 수 있다. 입안의 감각이 예민하거나 둔할 때 음식을 거부하거나 특정 음식만 고집하는 행동이 나타나기 쉽다.

이럴 때는 칫솔이나 치아 뜨개(구강 스펀지)를 활용해 입안 전체를 자극해 주는 훈련이 효과적이다. 구강 스펀지는 면봉 끝에 작은 스펀지가 붙어 있어 입안 구석구석을 자극할 수 있다. 이를 통해 맛을 느끼는 감각인 맛봉오리가 활성화되면 다양한 음식의 식감과 맛을 더 잘 받아들이게 된다.

활동 유형	세부 활동	비고
미술 활동	색칠하기, 그리기, 자르기, 붙이기, 테이핑하기, 스텐실, 스티커, 소조하기(스파게티와 마시멜로 이용), 쌀·콩·옥수수·마카로니로 미술 활동	창의력과 손가락 근력 발달
부엌 활동	지퍼 비닐백 열기/닫기, 병뚜껑 열기/닫기, 컵꽂이에 물건 걸기(고무밴드, 우유 고리, 팔찌 등)	일상생활 속 소근육 활용
음식 활동	이쑤시개로 시리얼 꽂기, 바나나/오렌지/삶은 달걀 껍데기 벗기기, 밥 옮기기, 쿠키 만들기(반죽 굴리기, 자르기)	먹을거리 활용 감각 자극
문구류 활용	클립 체인 만들기, 고무줄총 만들기, 스테이플러 사용하기, 지우개로 지우기, 펀치로 구멍 뚫기, 뽁뽁이 터뜨리기	도구 활용 능력 강화
보석 활동	비즈 끼우기, 목걸이/팔찌 만들기	손끝 조작 능력 발달
조각 활동	나무, 비누, 땅콩, 단호박 등을 이용한 조각	손 조작과 창의력 발달
장난감 쌓기	Erector set, Lincoln logs, Tinker toys, 레고, Mr. Potato Head	구조적 사고와 손 근육 발달
몸 단장하기	머리 빗기, 손발톱 자르기, 이 닦기, 면도하기	일상 활동을 통한 운동
연장 사용	가죽 작업, 드라이버와 나사 돌리기, 망치질	도구 사용 능력 강화
창의 활동	종이접기, 찰흙 놀이, 클레이 작업, 기하판 활용	창의적 표현과 조작 능력
바느질 활동	단추 달기, 바늘 사용, 코 바느질, 뜨개질, 직조, 레이스 만들기	정교한 손 조작 능력
분류 활동	구슬, 콩, 마카로니 등을 색깔별로 분류하기	구체적 사고와 소근육 발달
기타 활동	실매듭 묶기, 종이 인형 만들기, 퍼즐 맞추기, 스트레스 볼 쥐기	다양한 소근육 자극

[표] 소근육 기르기 활동

후각 자극

후각 자극이 부족한 아이에게는 강한 향이 나는 물질을 활용해 훈련할 수 있다. 식초, 계피, 생강, 커피 등 강한 냄새가 나는 향신료나 음식을 2분 간격으로 맡게 하여 후각을 자극하는 것이다.

이 훈련은 후각이 저하된 아이뿐만 아니라 특정 냄새에 과민한 아이에게도 도움이 된다. 후각 자극이 꾸준히 이루어지면 냄새에 대한 감각 반응이 서서히 정상 범위로 돌아오게 된다.

감각 자극 훈련은 어떻게 하나요?

소근육 운동을 기르기 위한 활동

소근육 운동을 기르기 위해 다양한 활동이 필요하다. 이 활동 중 일부는 나이에 따라 적합하지 않을 수 있으며, 어른의 도움이 필요한 경우도 있다. 모든 활동이 모든 연령대에 적합한 것은 아니므로, 부모님의 신중한 판단이 필요하다.

  위 활동은 아이의 발달 수준에 맞춰 진행해야 하며 안전에 유의해 어른이 함께할 수 있는 활동부터 시작한다. 아이가 거부감을 보이거나 부담스러워할 경우, 쉬운 활동부터 천천히 시작하도록 한다. 이런 다양한 활동을 통해 자녀의 소근육 운동 능력을 자연스럽게 키워줄 수 있다. 다양한 감각 자극을 통해 발달을 돕고, 즐거운 경험으로 이어질 수 있도록 환경을 마련해주는 것이 중요하다.

▶ [기쁨의 발견] 에피소드 17
감각 통합을 돕는 손가락 훈련
https://qrs.ly/jegr7br

심압 자극 훈련 1   **심압 자극 훈련**

손으로 관절과 근육 깊이 누르기

> 손가락부터 발끝까지의 관절과 근육을 자극하여 감각 인식을 높이고 신체 인지 능력을 향상한다.

⏰ 하루 2~3회, 각 부위당 3초씩 심압을 준다.

😊 **준비**
- 아이를 편안한 자세로 앉히거나 눕힌다.
- 인도자는 아이의 손을 가볍게 잡고 시작한다.

1. **손가락 자극하기:**
① 손가락 끝부터 시작하여 하나씩 손가락 관절을 3초 동안 눌러준다.
② 엄지손가락부터 새끼손가락까지 순서대로 진행한다.

2. **팔과 어깨 자극하기:**
① 팔목, 팔꿈치, 어깨 관절을 차례로 3초씩 깊이 눌러준다.
② 한 부위를 누를 때마다 '천천히 누르고 천천히 놓기'의 리듬을 반복한다.

3. **다리와 발 자극하기:**
① 발가락부터 시작하여 발목, 무릎, 엉덩이까지 순서대로 3초씩 눌러준다.
② 발가락부터 엉덩이까지 진행하거나 엉덩이에서 발가락 방향으

로 진행해도 무방하다.

4. 전신 자극하기:

① 마지막으로 아이의 등을 쓸어주며 전신의 감각을 정리해 준다.

② 천천히 어깨에서 허리까지 쓸어내려 주는 방식으로 진행한다.

✅ 바른 자세 확인 포인트

- 아이가 긴장하지 않고 편안하게 눕거나 앉아 있는지 확인한다.
- 심압을 줄 때, 아이가 아파하거나 불편해하지 않는지 체크한다.

⚠️ 유의

- 아이가 긴장하거나 불편함을 호소하면 즉시 중단한다.
- 숫자 3까지 셀 수 있을 정도로 느린 속도를 유지하며 누른다.
- 심압을 줄 때, 일정한 압력을 유지한다.
- 아이의 피부가 붉어지거나 자극에 과민 반응을 보일 경우, 심압 강도를 줄인다.

🔄 처음부터 다시

- 아이가 집중하지 못하거나 훈련 중간에 주의가 산만해졌을 때
- 손가락부터 발끝까지의 순서가 잘못되었을 경우

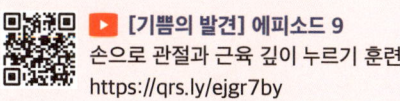

[기쁨의 발견] 에피소드 9
손으로 관절과 근육 깊이 누르기 훈련
https://qrs.ly/ejgr7by

심압 자극 훈련 2　　　　**꽉 끼는 옷 입기**　　　　심압 자극 훈련

> 신체에 일정한 압력을 가해 감각 인식을 높이고,
> 신체 경계를 인지하도록 돕는다.

⏰ 하루 2회, 10분 동안 실시한다.

😊 **준비**
- 아이를 편안하게 앉히거나 서 있는 자세에서 시작한다.
- 압박조끼나 꽉 끼는 옷을 준비한다.

1. 꽉 끼는 옷 입기:

   아이에게 꽉 끼는 셔츠나 바지, 양말을 입힌다.

   옷이 아이의 신체를 감싸며 일정한 압력을 주도록 한다.

   아이가 움직이면서 압력을 충분히 느낄 수 있도록 한다.

2. 압박조끼(무게조끼) 입기:

   아이의 크기에 맞는 압박조끼(무게조끼)를 착용시킨다.

   조끼의 착용 시간이 10분을 초과하지 않도록 한다.

   압박조끼를 입은 상태에서 간단한 활동(걷기, 손 흔들기)을 유도한다.

✅ 바른 자세 확인 포인트

- 아이가 옷을 입고 불편함을 느끼지 않는지 확인한다.
- 압박조끼의 착용 시간과 강도를 지속적으로 관찰한다.

⚠️ 유의

- 아이가 옷을 입고 과도한 불편함을 호소하면 즉시 벗긴다.
- 압박조끼의 경우, 착용 시간이 15분에서 30분을 넘지 않아야 한다. 그리고 한 시간 정도 조끼를 벗었다가 다시 15분에서 30분 정도 입히도록 한다.
- 아이의 피부가 붉어지거나 아이가 답답함을 호소할 때 즉시 중단한다.

🔄 처음부터 다시

- 아이가 옷을 입기 거부하거나, 착용 과정에서 저항이 심할 경우
- 압박조끼의 크기가 맞지 않아 아이가 불편해할 경우

심압 자극 훈련 3 **벽과 접촉하기** 심압 자극 훈련

> 벽과의 접촉을 통해 신체 감각을 인지하고,
> 신체 경계 인식을 높인다.

⏰ 하루 2회, 10분 동안 실시한다.

😊 **준비**
- 아이를 벽이 양쪽으로 있는 모퉁이에 앉힌다.
- 벽에 등을 대고 편안히 기대도록 한다.

1. **양쪽 벽 모퉁이에 앉기:**
   - 아이를 벽 모퉁이에 앉히고, 양쪽 어깨와 등을 벽에 밀착시킨다.
   - 아이의 팔과 다리도 벽에 닿을 수 있도록 한다.
   - 5분간 벽과의 접촉을 유지하게 한다.

2. **벽을 따라 걷기:**
   - 아이가 벽 가까이에서 걷도록 유도한다.
   - 팔뚝, 손, 어깨 등이 벽에 닿도록 하여 전신 감각을 자극한다.
   - 이 활동은 2분 정도 진행한다.

✅ 바른 자세 확인 포인트

- 아이가 벽에 기댔을 때 몸의 각 부분이 충분히 벽과 접촉하고 있는지 확인한다.
- 벽에 닿는 감각을 인지하도록 아이에게 물어본다.

⚠️ 유의

- 아이가 벽에 너무 세게 밀착하지 않도록 주의한다.
- 벽이 너무 차갑거나 거친 경우, 아이가 불편해할 수 있으므로 점검한다.
- 아이가 벽에서 떨어지거나 자세를 유지하지 못할 경우, 다시 시작한다.

🔄 처음부터 다시

- 아이가 벽에 닿는 것을 거부하거나 지나치게 불편해할 경우
- 아이가 벽과의 접촉을 유지하지 못하고 자꾸 몸을 떼는 경우

가벼운 접촉 자극 훈련법

감각 자극 훈련

> 가벼운 접촉 자극 훈련법은 아이의 촉각 수용 능력을 향상하고, 감각 자극에 대한 반응을 점진적으로 조절할 수 있도록 돕는다. 특히, 촉각에 예민하거나 반대로 둔감한 아이들에게 유용하다.

🕐 **하루 2-3분씩 진행**

😊 **준비**
- 아이가 편안하게 앉을 수 있는 공간을 마련한다.
- 마른 목욕용 때밀이 장갑 두 짝을 준비한다.
- 아이가 긴장을 풀고 이완할 수 있도록 부드러운 말투로 훈련을 시작한다.

1. 자녀의 팔, 다리, 어깨, 목을 마른 때밀이 장갑으로 가볍게 문질러준다.
2. 어린 자녀의 경우 2분 동안, 좀 더 큰 자녀는 3분 동안 문지른다.
3. 자극이 너무 강하거나 불편하지 않도록 아이의 반응을 주의 깊게 살핀다.
4. 문지르는 강도는 아이가 편안하게 느낄 정도로 조절한다.
5. 훈련 후 아이의 촉각 반응을 관찰하며, 민감도가 낮아졌는지 또는 반응이 개선되었는지 점검한다.

✅ 바른 자세 확인 포인트

- 아이가 몸을 뻣뻣하게 굳히지 않고, 편안하게 앉아 있는지 확인한다.
- 때밀이 장갑을 문지를 때, 일정한 강도로 부드럽게 움직인다.
- 아이가 불편해하거나 거부할 때는 강도를 줄이거나 잠시 멈춘다

⚠️ 유의

- 장갑이 너무 거칠거나 딱딱하지 않도록 부드러운 재질을 선택한다.
- 민감도가 매우 낮은 아이는 자극을 강하게 하기보다는 부드럽게 시작해 점차 강도를 높여나간다.
- 훈련 도중 아이가 과도하게 자극에 반응할 경우, 즉시 멈추고 진정시킨다.
- 아이의 몸에 물이 묻지 않은 마른 상태에서 진행한다. 샤워나 목욕을 하면서 진행하지 않는다.

🔄 처음부터 다시

- 아이가 자극에 과민하게 반응하거나, 지나치게 불편해할 경우
- 훈련 중 아이가 움직임을 지나치게 피하거나, 접촉을 강하게 거부할 경우

▶ **[기쁨의 발견] 에피소드 16**
가벼운 촉각 자극 훈련
https://qrs.ly/6zgr7c0

삼차 신경 자극 훈련법

감각 자극 훈련

> 삼차 신경 자극 훈련법은 얼굴, 머리, 목을 부드럽게 자극하여
> 삼차 신경의 민감도를 조절하고, 감각 신호 전달을 원활하게 돕는다.
> 특히, 얼굴과 목 주변의 감각 과민 또는 감각 저하를 개선하는 데 효과적이다.

⏰ **하루 2-3회, 각 회당 2분씩 진행**

😊 **준비**
- 아이가 편안히 누울 수 있는 부드러운 매트를 준비한다.
- 조명은 너무 밝지 않게 조정하고, 안정감을 줄 수 있는 환경을 만든다.
- 아이에게 천천히 시작할 것임을 알리고, 긴장을 풀 수 있도록 부드러운 말투로 안내한다.

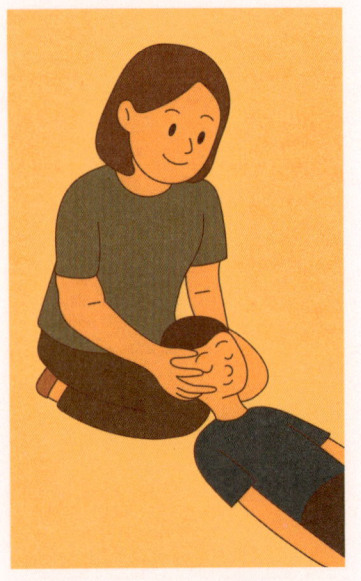

1. 아이를 얼굴 마사지 받는 자세로 편안하게 눕힌다.
2. 아이의 얼굴, 머리, 목을 순서대로 가볍게 눌러준다.
3. 손끝으로 부드럽게 누르는 것과 부드럽게 긁는 것, 그리고 약간 더 깊고 강한 자극을 번갈아 가며 적용한다.
4. 얼굴에 압력을 줄 때는 이마에서 양쪽 귀까지, 광대뼈에서 귀까지, 턱에서 귀까지 삼차 신경의 선을 따라 지압한다.
5. 이 과정을 2분 동안 반복한다.
6. 아이의 반응을 주의 깊게 관찰하며, 불편해하거나 과도하게 예민한 반응을 보일 경우 자극 강도를 줄인다.

✅ 바른 자세 확인 포인트

- 아이의 목이 과도하게 젖혀지지 않도록 한다.
- 얼굴과 목을 자극할 때, 지나치게 강한 힘을 사용하지 않도록 한다.
- 아이가 긴장하거나 움츠리지 않도록 부드럽고 일정한 리듬으로 자극을 준다.

⚠️ 유의

- 아이가 자극에 과민하게 반응할 경우, 즉시 멈추고 휴식을 취하게 한다.
- 자극 부위에 상처나 염증이 있으면 해당 부위는 피해서 자극한다.
- 훈련 전, 아이의 얼굴과 목 부위를 깨끗이 닦아준 후 시작한다.

🔄 처음부터 다시

- 아이가 자극에 거부 반응을 보이거나 과도하게 예민하게 반응할 경우
- 훈련 도중 아이가 몸을 비틀거나 자극을 피하려고 행동할 경우

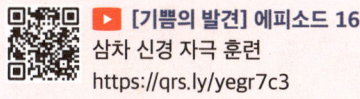

[기쁨의 발견] 에피소드 16
삼차 신경 자극 훈련
https://qrs.ly/yegr7c3

구강 자극 훈련법 1 — 치아 뜨개 — 감각 자극 훈련

> 구강 자극 훈련법은 치아 뜨개(치아 전용 자극 도구)를 사용하여 입안의 다양한 부위를 자극하고, 구강 감각 발달을 촉진하는 데 목적이 있다.
> 이를 통해 구강 내 민감도를 조절하고, 씹기, 삼키기 등의 기능을 향상한다.

⏰ 하루 1-2회, 각 회당 1분씩 진행

😊 **준비**
- 아이가 편안히 앉을 수 있는 의자에 앉히거나 누워서 진행한다.
- 치아 뜨개(구강 자극 도구)를 준비한다.
- 훈련 전에 아이에게 차분한 목소리로 어떤 자극을 줄 것인지 설명해 준다.

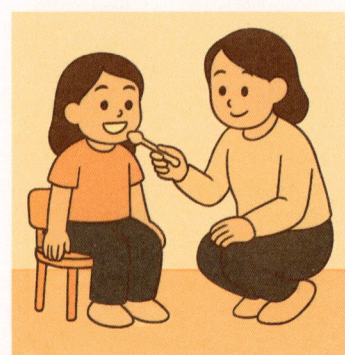

1. 치아 뜨개를 준비하고, 아이의 입안을 천천히 열게 한다.
2. 치아 뜨개를 사용해 입안의 구석구석을 부드럽게 문질러 준다.
3. 입안의 볼, 잇몸, 입천장, 혀, 앞니와 어금니 주변을 골고루 자극해 준다.
4. 구토 자극이 일어날 수 있는 목젖 부근은 살짝 피해서 자극을 준다.
5. 이 과정을 1분 동안 반복한다.
6. 아이가 불편함을 호소할 경우 즉시 멈춘다.

✅ 바른 자세 확인 포인트

- 아이가 긴장하지 않도록 차분하게 진행한다.
- 자극 도구를 입안에 넣을 때, 갑작스러운 동작을 피하고 천천히 움직인다.
- 구토 자극이 일어나지 않도록 목젖 부위는 부드럽게 피해서 자극한다.

⚠️ 유의

- 치아 뜨개는 청결하게 소독한 후 사용한다.
- 아이가 입안을 닫으려고 하거나, 강한 반발을 보일 경우 억지로 진행하지 않는다.
- 구강 자극이 지나치게 강할 경우 오히려 거부감을 줄 수 있으므로 부드럽고 일정한 압력으로 자극한다.

🔄 처음부터 다시

- 아이가 구토 자극을 느낄 경우
- 훈련 중 아이가 불편함을 호소하거나 지나치게 움츠리는 경우
- 자극 도구가 입안에서 벗어나거나 지나치게 빠른 속도로 자극이 이루어질 경우

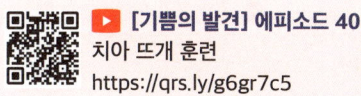

[기쁨의 발견] 에피소드 40
치아 뜨개 훈련
https://qrs.ly/g6gr7c5

구강 자극 훈련법 2   # 맛봉오리 자극   **감각 자극 훈련**

> 맛봉오리를 자극하여 미각을 활성화하고 구강 감각을 통합하는 데 도움을 줍니다.

⏰ **1분 동안 각 맛을 차례대로 경험하게 한다.**

😊 **준비**
- 자녀를 편안히 앉히거나 눕힙니다.
- 자극할 재료(소금 가루, 설탕 가루, 레몬주스)를 준비합니다.

1. 소금 가루를 아주 조금 아이의 혀끝에 올려줍니다.
2. 1분간 소금 맛을 느끼게 합니다.
3. 같은 방식으로 설탕 가루를 혀끝에 올려주고 1분 동안 맛을 봅니다.
4. 마지막으로 레몬주스를 혀의 양옆에 떨어뜨리고 1분 동안 신맛을 경험하게 합니다.
5. 세 가지 맛을 모두 경험한 후, 자녀에게 어떤 맛이 더 강하게 느껴졌는지 물어봅니다.

✅ **바른 자세 확인 포인트**

- 자극을 줄 때 아이의 혀가 너무 긴장되거나 물지 않도록 합니다.

⚠️ **유의**

- 재료의 양은 매우 소량으로 제한합니다.
- 자극을 줄 때 아이가 불편해하거나 거부할 때 즉시 중단합니다.
- 알레르기 반응이 있을 수 있는 재료는 사용하지 않습니다.

🔄 **처음부터 다시**

자극 도중 자녀가 맛을 거부하거나 삼켜버리면 처음부터 다시 시작합니다.

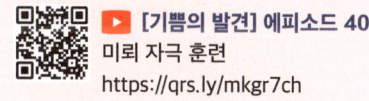
[기쁨의 발견] 에피소드 40
미뢰 자극 훈련
https://qrs.ly/mkgr7ch

후각 감각 훈련법

감각 자극 훈련

후각을 자극하여 후각을 활성화하고
비강 감각을 통합하는 데 도움을 줍니다.

⏰ **2분 동안 지속**

😊 **준비**
- 자녀를 편안히 앉히거나 서 있게 합니다.
- 식초, 계피, 생강, 커피 등 강한 냄새를 가진 재료들을 준비합니다.
- 각 재료를 작은 용기에 담아 준비합니다.

1. 자녀에게 첫 번째 향(예: 식초)을 맡게 합니다.
2. 30초 동안 충분히 향을 맡고 어떤 냄새인지 물어봅니다.
3. 30초 휴식 후, 두 번째 향(예: 계피)을 맡게 합니다.
4. 같은 방식으로 첫 번째 향과 두 번째 향을 번갈아 맡게 하며 2분 동안 반복합니다.
5. 각 향을 맡을 때마다 어떤 느낌이 드는지, 어떤 기억이 떠오르는지 자녀와 이야기합니다.

✅ 바른 자세 확인 포인트

- 자녀가 향을 맡을 때 얼굴이 용기 안으로 너무 가까이 들어가지 않도록 유의합니다.
- 각 향을 맡고 난 후, 잠시 휴식을 취하며 호흡을 정리하도록 지도합니다

⚠️ 유의

- 알레르기 반응이 있을 수 있는 재료는 사용하지 않습니다.
- 자극이 너무 강하거나 불편해할 경우 즉시 중단합니다.
- 향의 강도는 자녀의 반응에 따라 조절합니다.

🔄 처음부터 다시

- 자녀가 특정 향에 지나치게 거부 반응을 보일 경우, 해당 향을 생략하고 다른 향으로 대체합니다.

5장

시각 운동과 눈 협응력이 중요하다

시각 운동이 대근육 기능 발달과 연결된다

일반적으로 아기는 배를 대고 기어가는 과정을 통해 시각 발달이 이루어진다. 생후 3~6개월이 되면 아기는 배를 땅에 대고 기어다니기 시작한다. 이 과정에서 오른쪽 팔과 왼쪽 다리를 동시에 움직이고, 반대로 왼쪽 팔과 오른쪽 다리를 함께 움직이면서 수평 안구 운동이 자연스럽게 발달한다. 아기는 자신의 손을 보고 주위를 파악하면서 시각과 운동이 협응 되는 경험을 한다.

6~9개월이 되면 아기는 손과 무릎을 이용해 기어다니기 시작한다. 고개를 들어 앞을 바라볼 수 있게 되면서 배를 대고 기어다니던 시기보다 목을 더 많이 움직이게 된다. 이때 수직 안구 운동도 자연스럽게 발달한다. 즉, '배로 기어가기'와 '손과 무릎으로 기어가기'는 안구 운동 발달에 매우 효과적인 활동이다.

시각 입력은 대근육 운동 기능에 직접적인 영향을 미친다. 우리 막내딸의 경우, 심각한 사시가 있었다. 두 눈이 함께 움직이지 않아 한쪽 눈만 사용하게 되었고, 깊이 지각이 약해 자주 발에 걸려 넘어졌다. 사시 교정 수술을 두 번이나 받았지만, 한쪽 눈만 사용하는 습관은 쉽게 교정되지 않았다.

눈 근육 강화를 위해 하루에 몇 시간씩 패치를 붙이기도 했으나 큰 효과는 없었다. 수술 후에는 안구 추적 운동을 꾸준히 했다. 눈동자가 중앙에 위치해도 두 눈이 동시에 작동하지 않을 수 있기 때문에, 안구 추적 운동을 통해 두 눈의 협응력을 향상하는 훈련이 필요했다.

안구 추적 운동은 단순해 보이지만, 시각 처리 능력 향상에 큰 도움이 된다. 특히 대근육 운동 발달과 시각화를 통해 기억력과 읽기 능력 발달에도 중요한 역할을 한다.

주변과 중심을 구분하지 못할 때는?
중심 세부 시야와 주변 시야

중심 세부 시야는 시각 처리와 관련해 자주 언급되지 않는 부분이다. ADHD, 자폐성 장애 또는 기타 감각 장애가 있는 아이들은 주변 시야가 과도하게 활성화되어 있는 경우가 많다. 이는 아이들이 시야의 중심보다는 주변에 더 초점을 맞추고 있다는 의미다. 과잉 활성화된 주변 시야는 주의력 결핍, 과잉 행동, 자기 자극 행동을 유발할 수 있다. 만약 아이가 눈앞에 있는 것보다 주변에서 일어나는 움직임에 더 집중한다면, 이는 주변 시야가 지나치게 자극되고 있음을 나타낸다. 이에 따라 아이는 자신을 진정시키기 위해 자기 자극 행동에 빠질 수 있다.

자기 자극 행동은 반복적이거나 강박적인 행동을 통해 잘못된 신경 회로를 자극하는 것이다. 이러한 행동을 할 때, 아이의 뇌는 기분을 좋게 만드는 화학 물질인 엔도르핀을 분비한다. 그러나 이러한 행동이 반복되면 발달이 지연되거나 중독적인 행동 패턴이 형성될 수 있다. 따라서 부모는 아이의 자기 자극 행동을 줄이거나 중단시키는 것이 중요하다.

아이의 중심 세부 시야를 발달시키기 위해서는 주변 시야에 대한 자극을 줄이고, 중심 세부 시야를 강화하는 훈련이 필요하다. 다음과 같은 행동이 나타난다면 중심 세부 시야 발달이 충분하지 않을 가능성이 있다.

- 주변에서 일어나는 일에 쉽게 산만해진다.
- 눈앞의 사물보다는 주변의 빛이나 움직임에 더 집중한다.
- 식사할 때 눈앞의 음식에 집중하기 어렵다.
- 글씨를 줄 위나 아래에 쓰고, 선을 맞춰 쓰기 힘들어한다.

이러한 행동은 주변 시야가 지나치게 활성화된 결과일 수 있다. 중심 세부 시야 발달을 돕기 위해서는 주변 시야를 약화하고 중심 세부 시야를 강화하는 훈련이 필요하다.

중심 세부 시야 발달 훈련 중 하나는 손전등을 활용한 방법이다. 빛 판 중앙이 가려진 손전등으로 아이의 눈에 빛을 비추면, 빛이 주변 시야를 강하게 자극하면서 주변 동공이 줄어들게 된다. 그 결과, 중앙 동공이 상대적으로 커지면서 뇌의 중심 세부 시야 경로가 발달하게 된다.

우리 아들은 주의력 장애가 있었다. 아들은 주위 환경에 지나치게 민감해져서 식사 시간에도 자기 음식에 집중하지 못하고 다른 사람의 행동에 주의를 빼앗기곤 했다. 글씨를 쓸 때도 줄에 맞춰 쓰는 것이 어려웠다. 그러나 중심 세부 시야 훈련을 꾸준히 한 결과, 식사 시간에 음식에 집중할 수 있게 되었고, 글씨를 쓸 때도 선에 맞춰서 안정적으로 쓸 수 있게 되었다.

시선 추적 훈련법

시각 운동 훈련

시선 추적 훈련은 시각 협응 능력을 발달시키고, 시선의 일관된 움직임을 통해 시각 정보 처리를 향상하는 데 목적이 있다. 이 훈련은 집중력과 주의력 발달에도 도움을 준다.

⏰ 하루 2회, 각 5분씩 진행

😊 **준비**
- 바닥에 등을 대고 눕는다.
- 편안하게 눈을 감고 시작할 준비를 한다.
- 먼저는 두 눈을 사용해 손가락을 바라보는 것부터 시작하며 이후 한쪽 눈을 가리고 한 번에 한 눈씩 연습한다.
- 자녀가 작은 물건이나 장난감 등 흥미로워하는 것을 활용해 진행할 수 있다.

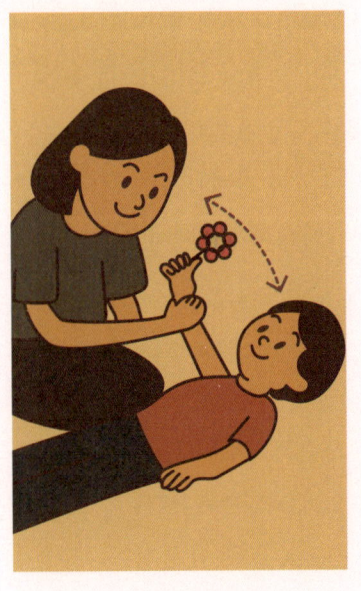

1. 자녀가 바닥에 등을 대고 눕는다.
2. 자녀는 누워있는 상태에서 오른팔을 곧게 펴서 손이 눈에 보이게 편다.
3. 자녀는 오른손 검지를 펴고 눈은 손가락을 본다. 이때 자녀가 눈으로 집중하기 좋은 연필 모양의 장난감 등을 손에 잡게 하고 동작을 진행할 수 있다.
4. 보호자는 자녀의 손 또는 손목을 잡고 팔을 좌-우로 천천히 움직여 눈이 손가락을 따라가도록 지도한다.
5. 시선이 따라갈 수 있도록 아주 느리게 움직인다.
6. 처음 자리로 돌아와서 동일한 방법으로 다시 반복한다.
7. 이번에는 왼손 손가락을 펼친다.
8. 손가락을 천천히 몸의 오른쪽에서 왼쪽으로 움직인다.

9. 자녀의 눈이 손가락을 따라가도록 지도한다.
10. 이 동작을 좌우 각 5회씩 반복한다.
11. 위 방법을 활용해 움직임을 위아래 수직으로 변형해 진행할 수도 있다.

✅ 바른 자세 확인 포인트

- 시선이 손가락의 움직임을 놓치지 않고 따라가고 있는지 확인한다.
- 머리가 고정된 상태에서 눈만 움직이도록 한다.
- 지나치게 빠른 움직임을 피하고, 시선이 끝까지 따라가도록 한다.

⚠️ 유의

- 한쪽 눈이 약한 경우, 눈가리개를 사용하여 한쪽 눈씩 번갈아 훈련할 수 있다.
- 아이가 쉽게 피로를 느끼지 않도록 중간에 휴식을 준다.
- 훈련 중 아이가 눈을 깜빡이거나 눈에 통증을 호소할 때 즉시 멈추고 휴식을 취한다.

중심 세부 시야 훈련법

시각 운동 훈련

> 중심 세부 시야를 강화하여 아이가 시각적 주의 집중을 높이고,
> 주변 시야로 인해 주의가 분산되는 것을 방지한다.

⏰ **1회당 2분, 하루 2회 반복**

😊 **준비**
- 아이를 편안하게 앉히거나 서 있게 한다.
- 손전등을 준비하고, 렌즈 중앙에 작은 동전을 붙인다.
- 방 안의 조명을 약간 어둡게 하여 손전등 빛이 더욱 잘 보이도록 한다.

1. 손전등을 단단한 표면에 비추며 초점거리를 조정한다. 동전 모양이 표면에 정확히 보일 때까지 조정한다.
2. 아이의 오른쪽 눈에 손전등을 3초 동안 비춘다.
3. 10초 동안 손전등을 끈다.
4. 왼쪽 눈에도 같은 방식으로 3초 동안 빛을 비추고, 10초 동안 끈다.
5. 이 과정을 2분 동안 반복한다.

✅ 바른 자세 확인 포인트

- 아이의 시선이 정면을 향하도록 한다.
- 고개를 흔들지 않고 고정한다.
- 손전등 빛이 너무 강하거나 직접 눈에 비추지 않도록 주의한다.

⚠️ 유의

- 눈이 피로해질 수 있으므로 2분 훈련 후 1분간 휴식을 준다.
- 아이가 빛에 민감하게 반응할 경우, 손전등 빛의 세기를 조정하거나 거리를 멀리 두고 훈련을 진행한다.
- 아이의 눈이 방향을 돌려 눈꼬리에서 바라보는 경우 손전등이 눈동자나 눈의 중심을 향하도록 조정하거나 다시 시작한다.

🔄 처음부터 다시

- 훈련 중 아이가 눈을 감거나 고개를 돌려 빛을 피할 경우 훈련을 처음부터 다시 시작한다.
- 초점이 아이의 눈에서 벗어날 때도 훈련을 재개한다.

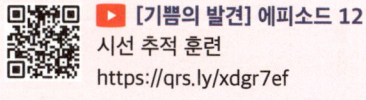

[기쁨의 발견] 에피소드 12
시선 추적 훈련
https://qrs.ly/xdgr7ef

6장
정보를 처리하는 과정

정보는 감각을 따라 들어온다

뇌는 정보를 감지하고 수용한 후, 이를 처리하는 과정을 거친다. 먼저 단기기억으로 받아들인 정보를 뇌는 장기기억으로 저장할지를 결정한다. 이 과정에서 각 감각 경로마다 정보가 다르게 처리된다. 시각, 청각, 촉각, 후각, 미각, 압각 등 다양한 경로를 통해 들어온 정보는 각기 다른 방식으로 뇌에 저장된다.

이 중에서도 청각 및 시각 정보는 성장과 학습 과정에서 매우 중요한 역할을 한다. 이 두 감각이 제대로 발달하지 못하면, 학습에 어려움이 생길 수 있다. 특히 청각과 시각 정보의 처리 능력은 사회적 기술 발달과 적응 행동을 습득하는 데에도 중요한 기초가 된다.

청각 및 시각 처리란 보고 들은 정보를 단기기억으로 저장해 두었다가 다시 같은 순서대로 꺼내어 사용할 수 있는 능력을 말한다. 예를 들어, 누군가의 말을 듣고 그 내용을 순서대로 기억해 두었다가 다시 말하거나, 본 장면을 머릿속에 저장했다가 필요한 순간에 떠올리는 것이 이에 해당한다. 이 능력은 단순히 학습에만 국한되지 않는다. 아이들이 또래와 상호작용을 할 때에도 청각과 시각 처리 능력은 중요한 역할을 한다. 대화의 흐름을 기억하거나 상대방의 표정과 몸짓을 관찰하고 그에 맞춰 반응을 하는 과정 모두가 청각과 시각 정보를 처리하는 과정이기 때문이다. 따라서 아이가 학습하거나 사람들과 상호작용을 할 때 이러한 정보처리 능력을 적극적으로 키워주는 것이 필요하다. 이를 위해서는 아이가 보고 듣는 활동을 반복적으로 경험하도록 돕고, 다양한 감각 경로를 통해 뇌가 정보를 충분히 받아들이고 처리할 수 있도록 훈련하는 것이 중요하다.

정보처리 능력을 키우려면

자녀의 정보처리 능력을 높이는 훈련은 생각보다 어렵지 않다. 하루 2분씩 두 번만 투자하면 된다. 먼저 아이가 현재 어느 정도의 정보 처리 능력을 갖추고 있는지 살펴보고, 그 수준에서부터 훈련을 시작하면 된다. 훈련 시간은 짧고 간결하게 하되, 아이가 흥미를 잃지 않도록 재미있는 보상을 함께 제공하는 것이 효과적이다. 예를 들어, 훈련이 끝난 후 스티커를 붙이거나 작은 칭찬을 해주는 것이다.

하지만 여기서 중요한 점은, 아이가 더 많은 정보를 한꺼번에 받아들이고 처리할 수 있도록 충분한 시간을 주는 것이다. 조급해하지 말고, 인내심을 가지고, 조금씩 반복해야 한다. 긍정적인 동기를 지속적으로 부여해 주는 것도 잊지 말자.

이때 다양한 감각 경로를 동시에 활용하는 것이 학습 효과를 높이는 핵심이다. 촉각, 시각, 청각이 모두 정보를 받아들이고 처리하는 데 중요한 역할을 한다. 이 세 가지 감각이 잘 작동할수록 뇌는 더 빠르고 정확하게 정보를 인식하게 된다.

예를 들어, 자녀가 글자나 숫자를 배울 때 플래시 카드를 활용해 보자. 플래시 카드를 보여주면서 단어를 말하게 하면 시각과 청각이 동시에 자극을 받는다. 그런 다음, 그 단어와 관련된 활동을 해보는 것도 좋다. 예를 들어, '고양이'라는 단어를 배웠다면, 고양이 인형을 만지거나 고양이 그림을 그려보는 식이다. 이렇게 여러 감각을 함께 사용하는 활동은 뇌의 다양한 부위를 동시에 자극해 정보를 더 오래 기억하도록 돕는다.

이러한 다중 감각 훈련은 학습 상황뿐만 아니라 신경발달 훈련에도 효과적이다. 결국 양질의 감각 입력이 양질의 운동 출력으로 이어지기 때문이다. 아이가 감각을 잘 받아들이고 활용할수록, 일상에서도 더 많은 정보가 자연스럽게 뇌에 저장된다. 이렇게 다중 감각적으로 지시하는 전략은 단지 학습적인 조건에서만 아니라 신경발달 훈련을 위해서도 활용될 수 있다.

7장

청각 정보처리 능력을 키워주기

청각 정보처리, 발달의 속도를 결정한다

청각 정보처리 능력은 단순히 듣고 이해하는 것을 넘어 뇌의 조직화, 행동의 성숙도, 개념적 이해 등 다양한 영역에 영향을 미친다. 예를 들어, 자녀가 화장실 훈련을 성공적으로 수행하려면 크게 세 가지 단계를 청각적으로 기억할 수 있어야 한다. 화장실 훈련이 이루어지는 세 단계는 다음과 같다.

1. 화장실 가고 싶은 감각을 인지하는 단계
2. 무엇을 해야 하는지 생각하는 단계
3. 실제로 화장실로 가는 단계

따라서 화장실 훈련을 시작하기 전, 청각 정보처리 수준이 3단계에 도달하도록 청각 처리 훈련을 먼저 하는 것이 필요하다. 대부분의 아이는 만 2세에서 3세 사이에 배변 훈련을 완전히 마친다. 이는 화장실 사용 능력이 세 단계로 나누어져 있기 때문이다.

자녀가 7세가 될 때까지 청각적으로 처리할 수 있는 정보의 개수는 그 아이의 나이와 동일해야 한다. 예를 들어, 1세 아동은 1개의 청각 정보를 처리할 수 있어야 하고, 2세 아동은 2개의 정보를, 3세 아동은 3개의 정보를 처리할 수 있어야 한다. 만약 청각 처리 능력이 나이에 맞춰 정상적으로 발달했다면, 7세 아동은 청각 정보를 7단계 수준까지 처리할 수 있어야 한다. 이 7단계가 평균적인 성인의 청각 처리 능력에 해당한다.

아이들이 소리 내어 읽고 개념적인 사고를 시작하려면 청각 정보처리 능력이 최소 5단계에 도달해야 한다. 이 수준에 도달하지 못한 경우, 자녀는 낮은 수준의 발달 단계에 머물게 될 가능성이 크다. 이는 학습과 사회성 발달에 부정적인 영향을 미칠 수 있다. 청각 정보처리 수준이 7단계에 도달하지 못한 아이들은 전달되는 정보를 부분적으로만 받아들이게 된다. 이 경우, 지시 사항에 대한 반응이 부족하거나 대화 중에 중요한 내용을 놓칠 가능성이 높다. 반면, 청각 정보 처리 능력이 7단계에 도달하면, 대화 중 사용되는 언어를 자연스럽게 이해할 수 있고, 학습도 원활하게 이루어진다.

자녀의 정보처리 수준은 곧 자녀의 실질적인 발달 연령을 뜻한다. 청각 정보처리 능력이 낮은 아이는 나이와 상관없이 실제 발달 수준이 미숙한 상태일 수 있다. 따라서 청각 정보처리 능력을 키우는 것은 자녀의 발달을 도와줄 뿐 아니라, 더 나아가 자녀의 미래 학습 능력과 사회적 적응력을 높이는 데 중요한 역할을 한다.

청각 정보처리는 발달 성숙도도 결정한다

청각 처리는 자녀 발달에서 매우 중요한 요소이지만, 종종 간과되기 쉽다. 청각 정보처리는 단순히 말하기 기능에만 국한되지 않고, 자녀의 발달 성숙도를 결정하는 여러 영역에 영향을 미친다.

- 자녀가 말하기 시작하는 시기가 늦다.
- 진공청소기나 헤어드라이어 같은 큰 소리에 과민 반응을 보인다.
- 자녀가 말할 때 작은 소리로 웅얼거리거나 발음이 뚜렷하지 않다.
- 부모가 한 말을 제대로 이해하지 못하는 경우가 있다.

이러한 현상들은 모두 청각 정보처리 장애의 신호일 수 있다.

청각 정보처리 능력은 일상생활 전반에 걸쳐 영향을 미친다. 대화에 참여하거나, 지시를 따르고, 주의를 집중하고, 사회적 단서를 인지하는 능력 등 대부분의 사회적, 인지적 활동이 청각 처리 능력에 의존한다. 청각 처리가 미흡한 아이는 종종 사회적으로 미성숙해 보일 수 있다. 예를 들어, 대화에 끼어들거나, 지시를 반복해서 들어야 하거나, 주어진 과제에 집중하지 못하는 경우가 많다. 이러한 행동 특성 때문에 청각 처리 장애가 있는 아이들이 주의력결핍장애로 오진되는 경우도 흔히 발생한다.

앞서 설명한 대로, 만 4세 아이는 4자리 숫자를, 만 5세 아이는 5자리 숫자를, 만 6세 아이는 6자리 숫자를, 만 7세 아이는 7자리 숫자를 처리할 수 있어야 한다. 만약 청각 처리 능력이 나이에 맞춰 발달하지 않는다면, 자녀는 또래보다 뒤처지는 경험을 하게 될 가능성이 높다. 7세 이상의 경우, 최소한 7단계 청각 처리 수준이 되어야 일상적인 대화에 원활하게 참여할 수 있다. 대화의 흐름을 따라가고, 다양한 정보를 동시에 받아들이고, 적절하게 반응하는 능력은 모두 이 7단계 수준에서 이루어진다. 9단계 이상의 수준에 도달하면 대화 속에서 더 많은 청각 정보를 기억하고, 그 정보를 체계적으로 정리해 반응하는 능력이 향상된다. 이 능력은 대학 수준의 학습뿐만 아니라, 장기적인 사회적 관계 형성에도 큰 도움이 된다.

결국 청각 처리 능력의 발달은 단순히 언어 발달만이 아니라 자녀의 전반적인 학습 능력, 사회성, 창의적 사고까지 아우르는 중요한 요소가 된다.

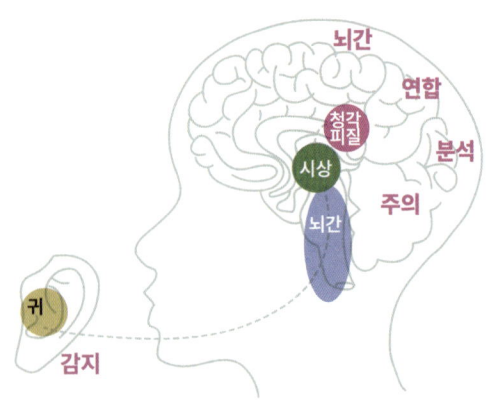

[그림] 뇌에서 청각 정보가 처리되는 과정

훈련하면 청각 처리도 좋아진다

청각 정보처리 수준이 낮은 아이들도 꾸준한 훈련을 통해 그 능력을 향상할 수 있다. 청각 정보처리 훈련은 하루 두 번, 2분씩만 투자하면 반년에서 1년 동안의 발달 단계를 단 4개월 만에 따라잡을 수 있는 효과적인 방법이다. 자녀의 청각 정보처리 기술이 향상되면 일상생활 전반에 걸쳐 긍정적인 변화를 기대할 수 있다. 부모가 기대하는 결과(뇌에서 나오는 언어나 행동)를 얻기 위해서는 먼저 뇌로 들어가는 정보의 질을 높이는 것이 우선이다.

청각 정보처리를 향상하기 위한 대표적인 훈련법이 숫자 카드 훈련이다. 보통 7세 이상의 아이라면 7개 이상의 숫자를 듣고 따라 할 수 있어야 한다. 만약 자녀가 자신의 나이와 동일한 개수의 숫자를 기억하지 못한다면, 청각 정보처리 훈련이 필요하다. 훈련을 통해 청각 정보처리 능력을 높이면 자녀는 듣고 이해하는 능력이 향상되고, 언어 발달과 학습 능력에도 긍정적인 영향을 받게 된다.

훈련은 1회당 2분씩, 하루 두 번 진행한다. 자녀가 숫자를 정확히 기억하고 답할 수 있을 때까지 같은 회기를 반복하며 연습한다. 한 단계에서 다음 단계로 올라가는 것은 발달 연령으로 치면 약 1년 정도의 진전을 의미한다. 이처럼 청각 처리 능력의 발달은 단순히 숫자를 기억하는 것에서 끝나지 않고, 자녀의 전반적인 인지 능력과 사회성 발달로 이어진다.

우리 아들은 말을 시작하는 시기가 또래보다 많이 늦었다. 들리는 말을 잘 이해하지 못했고, 발음도 부정확했으며 문법도 엉망이었다. 처음에는 그림 카드를 사용해 단어를 가르치고, 손동작을 활용해 대화 연습을 했다. 하지만 이러한 방법만으로는 아들의 언어 능력이 크게 나아지지 않았다.

그때 시작한 훈련이 바로 숫자 카드 훈련이었다. 아들은 다섯 살 반이었지만 청각 정보처리 수준은 3단계에 머물러 있었다. 1년 6개월 동안 매일 숫자 암송 연습을 했다. 처음에는 3개의 숫자를 기억하기도 어려워했지만, 점차 4개, 5개로 숫자의 개수를 늘려갔다. 꾸준한 훈련 끝에 아들은 6단계를 넘어 7단계까지 도달하게 되었다.

훈련의 결과는 놀라웠다. 아들의 행동이 한층 성숙해졌고, 지시를 잘 따르게 되었으며, 말하고 대화하는 능력도 크게 향상되었다. 이전에는 쉽게 흥분하고 산만했던 아들이 이제는 더 차분해졌고, 책도 초등학교 1~2학년 수준으로 읽을 수 있게 되었다. 숫자 카드 훈련이 단순한 숫자 암기 훈련을 넘어, 자녀의 언어 발달과 인지 발달에 중요한 역할을 한다는 사실을 직접 경험할 수 있었다.

이처럼 청각 정보처리 훈련은 듣고 기억하는 능력을 넘어, 자녀의 전반적인 발달을 도와준다. 청각 처리 능력이 향상되면 대화를 더 잘 이해하고, 말하기와 읽기 능력이 함께 발달하게 된다. 또한, 집중력과 사회적 신호를 인지하는 능력도 함께 향상된다.

하지만 훈련이 성공하기 위해서는 부모의 꾸준한 안내와 지속적인 반복이 필수적이다. 매일 같은 시간에 훈련을 반복하고, 자녀가 성취할 때마다 작은 보상으로 동기를 유발하면 더 효과적이다. 4개월 정도만 꾸준히 훈련하면, 6개월에서 1년 동안의 발달 단계를 효과적으로 따라잡을 수 있다. 청각 정보 처리능력은 단순한 언어 발달이 아니라 자녀의 전반적인 성장과 학습 능력에 직결되는 중요한 요소이기에, 부모는 일관성 있게 훈련을 지속해야 한다.

청각 처리 평가 방법

청각 처리 평가는 아이가 들은 숫자를 기억하고 순서대로 말할 수 있는 능력을 측정하는 평가이다. 이 평가는 발달 연령에 맞춘 단계별 평가로 진행된다. 각 단계에서는 숫자열을 듣고 순서대로 말하는 방식을 통해 청각 처리 능력을 확인한다.

청각 처리 단계	나이	수행 가능 예시
1단계	1세	"도리도리해 봐"
2단계	2세	"코 만지고, 귀 만져봐"
3단계	3세	"말, 소 양이라고 따라 해봐"
4단계	4세	"따라 해봐 '6, 2, 4, 7'"
5단계	5세	"따라 해봐 '2, 0, 8, 1, 6'"
6단계	6세	"따라 해봐 '7, 3, 9, 2, 8, 4'"
7단계	7~15세	"따라 해봐 '8, 2, 0, 4, 3, 9, 7'"
8~9단계	성인	"따라 해봐 '9, 1, 7, 3, 5, 2, 8, 6'"

나이별 청각 처리 단계

7단계를 수행하지 못하는 어른도 적지 않다. 청각 정보처리 훈련을 통해 청각 처리 능력을 향상시키면 학습 능력도 크게 향상될 수 있다. 청각 처리 능력이 8단계가 되면 높은 수준의 대화와 학업 내용을 처리할 수 있게 된다. 의사, 변호사와 같은 고도의 학문적 성취가 요구되는 직업을 목표로 한다면 8단계 또는 9단계가 필수적이다.

* 본서의 '청각 처리 훈련'은 장치 기반 Auditory Integration Therapy(AIT)가 아니라, 주의 전환·작업기억·언어 처리를 돕는 행동·언어·놀이 기반 연습을 의미한다.

청각 처리 평가

> 청각 처리는 귀를 통해 들어온 감각 정보를 적절히 처리하고 이해하는 뇌의 능력이다.
> 정보가 제대로 처리되어야만 장기기억으로 저장할 수 있다.
> 이 평가는 대상자가 현재 어느 수준의 청각 정보 처리 능력을 갖추고 있는지를 확인하는 것이 목적이다. 평가 결과는 숙달 단계를 기준으로 훈련 단계를 설정하는 데 활용된다.

👆 준비물
- 숫자 카드 (부록 <숫자 카드> 활용)
- 타이머 또는 시계

◆ 카드 구성
- 단계마다 4장의 카드 준비 (4자리, 5자리, 6자리, 7자리, 8자리) = 총 20장

✏️ 청각 처리 평가 방법
1. 평가자는 같은 자리의 숫자 카드 4장 중 한 장을 뽑아 아이에게 천천히 1초 간격으로 숫자를 말해 준다. (예: 4,2,7,1)
2. 아이는 들은 숫자를 같은 순서로 말한다.
3. 한 단계에서 4장의 카드 중 3개를 맞추면 그 단계를 숙달한 것으로 간주한다.
4. 다음 단계로 이동해 같은 방식을 반복한다.
   * 한 단계에서 2개 이하의 숫자를 맞춘 경우, 해당 단계가 훈련 시작 단계가 된다.

⚠️ 유의
- 첫 시도에서만 답해야 하며, 숫자를 반복해서 들려주면 안 됩니다.
- 3분 안에 평가를 끝내야 하며, 평가자의 말 속도는 일정하게 유지합니다.

- 평가자는 아이가 자연스럽게 대답할 수 있는 단계와 어려워하는 단계를 명확히 구분해야 합니다.

✷ 실제 평가 예시 대화

> 👨 "이제부터 내가 몇 가지 숫자를 불러줄 거야. 그것을 듣고 내가 불러준 순서 그대로 대답하면 돼. 알았지? (1초 간격으로 숫자를 제시함) 4…2…7…1"
>
> 👦 "4…2…7…1"
>
> 👨 "잘했어. 다시 해보자. 6…8…1…0"
>
> 👦 "6…8…1…0"
>
> 👨 "참 잘했어. 다른 숫자도 해볼까? 2…9…3…5"
>
> 👦 "2…9…3…5"
>
> 👨 "정말 잘했어. 이번엔 좀 더 긴 숫자야. 5…3…6…9…2"
>
> 👦 "5…3…6…9…"
>
> 👨 (아이가 틀리게 대답한 것을 기록하며) "생각이 안 나는구나. 그래도 세 개를 맞췄어. 자, 그럼 다음! 3…7…9…8"
>
> 👦 "3…7…9…8"
>
> 👨 (평가를 멈추며, 4자리가 숙련 단계, 5자리가 훈련 단계인 것을 인지)
> "그래, 오늘은 그만할까?"

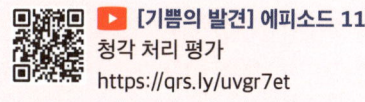

[기쁨의 발견] 에피소드 11
청각 처리 평가
https://qrs.ly/uvgr7et

청각 처리 훈련법은 이렇게

이 글에서 소개하는 청각 처리 훈련은 아이의 청각 처리 능력과 단기 청각 기억력을 향상하기 위해 설계된 것이다. 청각 정보를 듣고 기억한 뒤, 순서대로 말하는 이러한 능력은 언어 습득과 학습 전반에 매우 중요한 기초가 된다.

청각 처리 능력은 단기간에 갑자기 좋아지는 것이 아니다. 한 단계에서 다음 단계로 발달하는 것은 평균적으로 1년의 청각 처리 발달에 해당한다. 그러므로 아이의 청각 처리 능력을 키우기 위해서는 반복적이고 꾸준한 훈련이 꼭 필요하다.

훈련은 하루 두 번, 각 2분씩 진행하는 것이 기본이며, 일주일에 최소 다섯 번 이상 실천하는 것을 권장한다. 꾸준히 반복하면 일반적으로 6개월에서 1년 정도 걸리는 발달 단계를 약 4개월 만에 따라잡을 수 있다. 이는 매우 빠른 발달 속도이며, 실제로 많은 아이들이 눈에 띄는 성장을 경험하고 있다.

훈련을 진행할 때는 아이가 지치지 않도록 격려해 주는 것이 중요하다. 훈련이 쉬운 일은 아니지만, 부모의 따뜻한 응원과 인내가 아이의 성장을 더 크게 만든다. 처음에는 어려워 보일 수 있지만, 점차 익숙해지면서 아이 자신도 자신감을 가지게 된다. 이러한 훈련은 부모가 직접 지도할 수도 있고, 교사나 전문 컴퓨터 프로그램을 활용할 수도 있다. 중요한 것은 훈련의 일관성과 반복성이다. 아이의 청각 처리 능력은 훈련을 통해 분명히 좋아질 수 있으며, 이는 언어 표현, 학습, 사회적 상호작용 등 여러 영역에서 긍정적인 변화를 끌어낸다.

징검다리 기술

아이가 청각 정보 처리 훈련을 어려워할 때 사용할 수 있는 전략 중 하나가 징검다리 기술이다. 이 방법은 아이가 두 개 단어까지는 잘 따라 하지만 3개 단어부터 힘들어하는 경우, 2단계와 3단계 사이를 자연스럽게 이어주는 역할을 한다.

징검다리 기술의 핵심은 새로운 단어나 숫자를 한 개만 추가하면서도 나머지는 그대로 유지하는 방식이다. 예를 들어 '말, 소'처럼 익숙한 두 단어를 먼저 제시하고, 다음에는 여기에 '양'

이라는 새로운 단어를 덧붙여 '말, 소, 양'으로 구성한다. 이렇게 하면 아이는 기존에 기억하고 있던 정보를 유지하면서도 조금씩 새로운 정보를 받아들이는 연습을 할 수 있다. 이러한 방식으로 아이가 징검다리 단계를 편안하게 따라 하기 시작하면, 다음 단계인 세 개 단어 훈련으로 자연스럽게 옮겨갈 수 있다. 세 단어 훈련에 들어가면 처음에는 여러 번 시도해야 잘 따라갈 수 있지만, 시간이 지날수록 아이의 기억력과 집중력이 향상된다.

훈련 중 부모는 아래와 같은 방식으로 진행할 수 있다.

> 👩 따라 해 볼래? 말... 소
> 👦 말... 소
> 👩 잘했어. 이번에는 이렇게 해 보자. 말... 소... 양
> 👦 말... 소... 양
> 👩 아주 잘했어. 이제 이건 어때? 손... 눈... 귀
> 👦 손... 눈...
> 👩 괜찮아. 다시 한번 해 보자. (필요시 다시 징검다리 단계로 돌아간다)

2단어에서 2~3단어 사이의 징검다리 단계를 거치는 것은 청각 정보 처리 발달에서 약 6개월에 해당하는 성장을 이룬 것이다. 반면 두 단어에서 세 단어로 완전히 옮겨가는 것은 약 1년에 해당하는 발달 단계이다. 따라서 훈련 중 아이가 성취하는 모습에 대해 부모가 충분히 인정하고 칭찬하는 것이 매우 중요하다.

징검다리 기술은 숫자, 감각, 단어, 이야기, 보물찾기 등 청각 정보의 유형에 상관없이 적용할 수 있다. 다만 비슷한 전략인 '바꾸기'와 혼동하지 않아야 한다. 바꾸기는 예를 들어 2단계에서 바로 4단계로 넘어가는 방식인데, 이는 오히려 아이의 정보처리 능력을 방해할 수 있다. 징검다리는 단계를 건너뛰는 것이 아니라, 2단계에서 3단계로 넘어갈 때 중간에 놓는 작은 디딤돌이다. 예를 들어 7, 2를 기억하는 단계 다음에 7, 2, 4를 제시하는 경우, 이는 4단계 훈련이 아니라 3단계로 자연스럽게 이동하기 위한 징검다리 역할을 한다. 이러한 방식은 아이의 뇌가 스트레스를 받지 않고도 다음 단계로 나아갈 수 있도록 돕는다.

청각 처리 훈련법1   # 청각 터치 훈련   **청각 처리 훈련**

> 말을 하지 못하는 아이도 청각 정보 처리 능력을 훈련할 수 있도록 설계한 터치 기반 청각 처리 훈련이다.
> 자녀가 지시된 순서대로 자신의 신체 부위를 만지거나 가리키는 방식으로 훈련이 진행된다.

⏰ **하루 2회, 회당 2분, 주 5일 이상 반복 훈련**

😊 **준비**
- 아이는 편안하게 앉은 상태에서 시작한다.
- 훈련 전, 자녀가 신체 각 부위의 이름과 위치를 알고 있는지를 확인한다.

1. 부모 또는 인도자가 신체 부위 2개를 순서대로 말한다.
2. 자녀가 해당 부위를 들은 순서대로 만지거나 가리킨다.
3. 올바르게 수행하면 3단계로 넘어간다.
4. 수행이 어려우면 징검다리 단계(2.5단계)를 사용한다.
5. 징검다리 단계에서도 어려움을 보이면 '모델링'을 통해 도와준다.

* 자녀가 스스로 시도하는 동안에는 추가적인 언어적 힌트를 주지 않는다.

✅ **바른 자세 확인 포인트**
- 자녀가 지시가 끝나기 전에 행동하지 않도록 손을 붙들어 준다.
- 지시가 모두 끝난 후 자녀가 손을 움직여야 한다.
- 올바른 순서로 반응하는지를 확인한다.

⚠️ 유의

- 자녀가 반응을 시작한 이후에는 절대로 힌트를 주지 않는다.
- 순서가 틀리더라도 바로 다시 말로 알려주지 않고, 모델링이나 징검다리를 먼저 적용한다.

🔄 처음부터 다시

- 자녀가 지시가 끝나기 전 신체를 터치한 경우
- 반복적으로 순서를 기억하지 못할 경우 (단어 수를 줄이거나 징검다리 단계를 반복한다.)

❤️ 사용할 수 있는 신체 부위 및 행동 예시

- 코, 눈, 입, 귀, 머리, 턱, 뺨, 무릎, 배, 손, 발, 발가락 등
- 손 흔들기(바이 바이), 손 키스하기 등
- 만세, 앉기, 제자리 돌기, 점프하기 등

✳️ 실제 대화 예시

> 👩 자 이제 오늘 활동을 시작해 볼까? 오늘은 내가 어떤 몸의 부분을 말할 거야. 그러면 너는 내가 말한 순서대로 몸을 만지면(가리키면) 되는 거야? 알았지? 준비됐니?
>
> 👦 예!
>
> 👩 자 시작한다! 코, 눈
>
> 👦 (자신의 코와 눈 또는 부모의 코와 눈을 만지거나 가리킨다)
>
> 👩 아이 잘했네.(숙련 단계로 표시하며, 징검다리 단계를 준비해서)
>
> 코 … 눈 … 귀
>
> 👦 (코와 눈과 귀를 만진다)
>
> 👩 (이제 3단계로 나아가며) 자 그럼 이번에는! 배 … 손 … 눈.
>
> 👦 (배와 손을 만지고 나서 눈을 기억 못 함) ?
>
> 👩 생각이 잘 안 나? 그럼, 엄마랑 한번 같이 만져볼까? (다시 2단계로 내려와 징검다리를 시도한다. 이때 이전에 사용했던 배, 손, 눈을 사용하지 않고 새로운 단어를 사용하여 징검다리를 시도한다.)

- 👩 자, 그럼 이것도 해보자?
  목 … 입
- 👦 (목과 입을 만진다)
- 👩 너무 잘했다! 자 다음! 따라 해봐 목 … 입 … 귀
- 👦 (코와 입과 귀를 만진다)
- 👩 (2단계 징검다리, 2.5단계를 숙달단계로 표시하며) 너무 잘했다! 박수!

청각 처리 훈련법2 **청각 처리 단어 훈련** 청각 처리 훈련

> 말을 할 수 있는 아이뿐 아니라 말하지 못하는 아이도 참여할 수 있는 청각 처리 훈련이다.
> 아이는 말로 들은 물건의 이름을 기억하고 순서대로 손으로 짚거나 말하는 방식으로 반응한다.
> 청각 기억력 향상과 순서 기억 능력을 함께 발달시킬 수 있다.

⏰ 하루 2회, 회당 약 2분, 주 5일 이상 반복 훈련

😊 준비
- 부록 <사물 카드> 활용
- 아동의 숙달 단계보다 한두 개 많은 수의 실물 물건, 그림 카드, 자석 보드 등을 준비한다.
- 낮은 단계의 아이에게는 한 글자로 된 명확한 단어 (예: 차, 말, 눈, 집 등)을 사용한다.
- 훈련 전, 물건들을 손수건이나 천으로 가려 놓는다.
- 말한 순서를 떠올릴 수 있도록 충분한 간격(단어당 약 1초)을 둔다.

1. 아이에게 훈련의 방식(순서대로 물건 맞히기)을 설명한다.
2. 훈련자가 2개 또는 3개의 단어를 1초 간격으로 말한다.
3. 아이가 들은 순서대로 물건을 가리키거나 말한다.
4. 아이가 실패할 경우, 다시 낮은 단계의 단어 2개로 돌아가 징검다리 훈련을 적용한다.
5. 아이가 성공하면, 단어 개수를 늘리며 훈련을 이어간다.

✅ 바른 자세 확인 포인트
- 말한 단어 수와 아이가 짚는 개수가 일치하는지 확인한다.
- 말한 순서대로 정확히 짚었는지 확인한다.
- 훈련자가 말하는 동안에는 물건이 보이지 않도록 가린다.

⚠ 유의

- 아이가 헷갈리거나 말문이 막히는 듯 보이면, 말을 다시 반복하지 않고 새로운 물건 순서를 제시한다.
- 훈련자의 말이 끝나기 전에는 아이가 반응하지 않도록 지도한다.

🔄 처음부터 다시

- 아이가 지시 순서를 반복적으로 놓칠 경우
- 아이가 지시가 끝나기 전에 물건을 만지거나 짚을 경우

✳ 실제 대화 예시

👩 자 이제 오늘 활동을 시작해 볼까? 내가 앞으로 물건 이름을 말할 거야. 그러면 내가 말한 순서대로 물건을 만지면 돼. 물건들은 여기 손수건으로 가려놓았어. 지금은 보여주지 않을 거야. 자 준비되었니?

👦 예!

(단어 사이에 간격을 두며) 차 … 콩 … 빵

👩 (물건들을 보여주며) 내가 말한 순서대로 물건을 집어볼래?

👦 (단어 사이에 1초 간격) 차 … 콩 … (말로 또는 손으로 가리킨다)?

👩 그래, 생각이 잘 안 나? (새롭게 순서를 바꾸어서 또는 다른 물건을 사용하여 처음부터 다시 시작한다.) 괜찮아, 다시 해보자. 닭… 말

👦 닭… 말… (말로 또는 손으로 그림을 가리킵니다.)

👩 너무 잘했다! 자 다음! (새로운 3단어를 준비해서) 병… 펜… 책

👦 병… 펜… 책

👩 (이 3단계를 숙달 단계로 표시하며) 너무 잘했다! 박수!

? 자주 묻는 질문

Q. 청각 시각 처리 훈련을 사물 카드로 하고 있어요. 청각은 2.5단계, 시각은 1.5단계입니다. 그런데 아이랑 진행하다 보니 몇 장의 카드로 진행하느냐에 따라 성공률이 다르게 나와요. 10장의 카드 중에서 찾게 하면 25% 성공(4번 시도 중 1번 성공), 6장의 카드 중에서 찾게 하면 75% 성공(4번 시도 중 3번 성공)합니다. 2, 3단계 목표로 사물 카드로 진행할 때 몇 장의 카드를 놓고 훈련하면 좋은지 궁금합니다. 참고로 숫자 카드로는 4단계 훈련하고 있습니다.

A. 청각 처리 훈련에서는 아이가 몇 장 중에서 맞췄는지가 핵심은 아닙니다. 더 중요한 것은 아이가 소리를 잘 듣고, 들은 내용을 뇌에서 얼마나 정확하게 기억하고 처리해서 선택할 수 있는지입니다. 따라서 카드의 수가 많을수록 오히려 훈련 효과는 더 좋아집니다. 보통 2~3단계 수준에서도 사물 카드는 10장 정도 놓고 훈련하는 것이 바람직합니다. 숫자 카드 훈련처럼, 자극 간 반복을 줄이고 다양한 조합을 제공하는 것이 청각 처리 능력 향상에 도움이 됩니다. 아이가 아직 낮은 단계를 훈련 중이라면, 사물 그림의 이름이 한 글자인 경우가 더 효과적입니다. 예를 들어, 체리 대신 '배', 당근 대신 '무'와 같이 한 글자 단어로 구성된 그림을 사용하는 것이 좋습니다. 단어 수가 적을수록 아이가 소리에 더 집중하고 기억하는 데 부담이 덜하기 때문입니다. 따라서 청각 처리 능력을 높이기 위한 훈련에서는 정확한 기억과 선택이라는 인지 과정 자체가 목표이며, 정답률보다는 아이의 '처리 능력'을 끌어올리는 데 집중해야 합니다.

청각 처리 훈련법3   # 청각 숫자 훈련   **청각 처리 훈련**

> 청각 정보를 순서대로 정확히 듣고 기억하는 능력을 향상한다.
> 청각 단기 기억력과 청각 처리능력을 동시에 강화하는 것이 목적이다.

⏰ **하루 2회, 회당 2분씩 진행**

😊 **준비**
- 아이가 집중할 수 있도록 조용하고 방해 요소가 없는 공간에서 앉은 자세를 취한다.
- 카드를 보여주지 않고 부모가 음성으로 숫자를 제시한다.

1. 부모는 0부터 9까지의 숫자 중에서 무작위로 숫자를 2~7개 선택한다.
2. 숫자 사이에는 1초 간격을 두고 또박또박 말한다.
3. 연속된 숫자(예: 7, 8)나 반복되는 숫자(예: 4, 4)는 사용하지 않는다.
4. 아이는 부모가 불러준 숫자를 순서 그대로 반복해서 말한다.
5. 아이가 정확하게 반복하면 그 세트는 완료된 것으로 간주하고, 다음 세트로 넘어간다.
6. 숫자의 수를 점차 늘려가며 난이도를 조절한다.

✅ **바른 자세 확인 포인트**
- 아이가 끝까지 집중하여 듣고, 순서를 바꾸지 않고 정확히 말하는지 확인한다.
- 중간 숫자나 마지막 숫자를 자주 놓치지는 않는지 점검한다.
- 숫자의 수가 늘어날수록 기억하는 데 어려움을 보이는 경우, 직전 단계에서 징검다리 훈련으로 보완할 수 있다.

⚠️ 유의

- 절대로 같은 숫자를 연속으로 제시하지 않는다.
- 100장 분량의 다양한 조합을 갖춘 리스트를 미리 준비해 반복 노출을 피한다.
- 아이가 대답을 못 하더라도 힌트를 주지 않고, 새로운 세트로 바꿔 시도한다.

🔄 처음부터 다시

- 숫자를 순서대로 기억하지 못하고 임의로 바꿔 말할 때
- 같은 숫자 세트를 반복해서 외워버린 경우
- 숫자 제시 간격이 너무 빠르거나 느릴 경우

✴️ 실제 대화 예시

> 👩 자, 앞으로 내가 말하면 그대로 따라서 말해보는 거야. 내가 말한 순서 그대로 말하는 거야. 준비 됐니?
>
> 👦 네
>
> 👩 시작한다. 잘 듣고 따라 말해야 해. (1초 간격을 두고) 4… 7… 9… 1
>
> 👦 4… 7… 9… 1
>
> 👩 와, 잘했네! 자, 그럼 이번에는 조금 더 길게 해볼까? 잘 들어봐! (1초 간격 유지) 5… 9… 6… 8… 4
>
> 👦 5… 9… 6… 8… 4
>
> 👩 오늘 정말 멋지게 해냈어. 아주 잘했어!

❓ 자주 묻는 질문

Q. 숫자 청각 처리 훈련 수준을 2단계로 내린 다음부터 숫자를 2개 불러주면 끝에 무조건 7이나 8을 붙여서 계속 3개의 숫자로 만들어 대답합니다. 예를 들어 5, 6을 불러주면 5, 6, 8 / 3, 4를 불러주면 3, 4, 7로 대답합니다. 왜 이러는 것인지, 또 어떻게 해야 할까요?

A. 현재 자녀는 숫자를 듣고 그대로 처리하는 것이 아니라, 이전에 훈련했던 내용을 기억에 의존해 대답하려는 경향을 보입니다. 예전에 3개의 숫자를 반복했던 기억이 남아 있어, 자동으로 세 숫자를 말해야 한다고 생각하고 있는 것으로 보입니다. 이럴 경우, 훈련 단계를 2단계로 낮추신 결정은 매우 적절한 조치입니다. 아이의 인지 수준에 맞추어 훈련을 재조정하는 것은 중요한 시작입니다. 훈련 목표는 아이가 숫자를 '암기'해서 말하는 것이 아니라, '들은 그대로' 처리하고 순서대로 되풀이하는 능력을 기르는 데에 있습니다.

이 상황에서는 먼저 아이가 어떻게 반응해야 하는지를 다시 정확하게 모델링해 주는 것이 좋습니다. 2개의 숫자를 불러주고, 아이가 따라 하기 전 먼저 부모님이 직접 따라 해 보이거나, 손가락으로 개수를 짚어가며 '2개만' 말하면 된다는 점을 반복해서 안내해 주세요. 필요하다면 '지금은 2개만 듣고 따라 해보는 거야'라고 구체적으로 설명하면서 훈련을 이어가는 것도 도움이 됩니다. 이런 과정은 단순한 기술 훈련이 아니라, 아이가 듣고 이해하고 반응하는 전반적인 청각 정보 처리 능력을 재조정해 가는 중요한 시간입니다. 따라서 조급함보다는 아이가 다시 '듣는 훈련의 본질'을 회복할 수 있도록 반복적이고 친절하게 안내해 주시길 권합니다.

Q. 청각 처리 숫자 훈련에서 세 개 숫자 중 가운데 숫자를 가장 많이 기억하지 못합니다. 개선하는 방법이 있을까요?

A. 청각 처리 훈련 중 3개의 숫자 가운데, 중간 숫자를 자주 빠뜨리거나 바꿔 말하는 경우는 드물지 않게 나타납니다. 이러한 현상은 일반적으로 청각 정보를 차례대로 처리하는 과정에서 '중뇌' 또는 '소뇌'의 통합 기능이 원활하지 않음을 시사합니다. 실제로 저희 아이도 같은 문제를 보인 적이 있습니다.

이러면, 청각 처리 훈련을 시작하기 전에 손과 무릎으로 기어가는 활동을 먼저 시켜보시기를 권합니다. 손과 무릎으로 기어가는 동작은 중뇌를 자극하고 각성시키는 데 도움이 되는 것으로 알려져 있습니다. 대체로 기어간 후에 청각 처리 훈련을 하면 아이가 훨씬 더 잘 반응하는 경우가 많습니다.

또 하나의 효과적인 방법은 '모델링'입니다. 아이가 숫자 중 일부를 건너뛰거나 순서를 바꾸어 말할 경우, 정확한 순서를 부모님이 직접 보여주시고(모델링), 그다음 새로운 숫자 조합으로 다시 시도하도록 합니다. 이때 중요한 점은 숫자 세트를 반복해서 들려주지 않는 것입니다. 한 번 들은 숫자에 대해 다시 말하는 것은 허용하지 않는 것이 원칙입니다. 이러한 과정을 통해 아이는 자신이 잘못 들었거나 놓친 부분이 무엇이었는지를 인식하게 되고, 점차 바른 순서로 기억하고 말하는 능력을 키워나가게 됩니다. 모델링을 활용할 때는 따뜻한 언어로 격려해 주시고, 무리하지 않는 범위 내에서 반복해 주시면 좋습니다.

❓ 청각 처리에 대해 자주 묻는 질문

Q. 숫자 카드 훈련과 사물 카드 훈련의 비율은 어떻게 조절하는 것이 좋을까요?

A. 숫자 훈련과 단어 훈련 사이에 아동의 수행 차이가 크다면, 아동이 더 잘하지 못하는 방식, 즉 더 약한 방식으로 훈련을 진행하는 것이 더 도움이 됩니다. 예를 들어, 단어보다 숫자에서 더 어려움을 보인다면 숫자 중심으로 훈련하는 것이 좋고, 반대로 숫자보다 단어가 더 어렵다면 단어 중심으로 훈련하는 것이 더 효과적입니다. 하지만 숫자와 단어 훈련 간 수행 차이가 크지 않다면, 일반적으로는 숫자를 사용하는 것이 더 좋습니다. 이유는 숫자가 단어 카드보다 배열할 수 있는 조합이 더 많아 반복을 줄일 수 있기 때문입니다. 반복해서 같은 단어나 유사한 순서를 계속 제시하게 되면 아이가 그 순서를 외워버릴 수 있기 때문입니다. 그렇게 되면 청각 처리 자체를 훈련하기보다는 단기 암기 훈련이 될 수 있어, 청각 처리 능력을 향상하는 데 효과적이지 않을 수 있습니다. 따라서 훈련 내용은 아이의 반응을 관찰하며, 수행이 더 약한 방식으로 조절하되, 가능하다면 숫자를 활용하여 다양한 자극이 주어지도록 구성해 주세요.

Q. 발음을 한 글자씩 끊어서 말하는데, 자연스러운 발성을 훈련할 방법이 있을까요?

A. 발음이 부자연스럽게 끊어져 나올 때는 발성의 조절에 어려움을 겪고 있을 가능성이 높습니다. 자연스러운 발성은 청각 정보의 정확한 처리뿐 아니라, 혀와 성대를 비롯한 여러 구강 및 후두 근육의 협응으로 이루어집니다. 따라서 발성을 돕기 위해서는 단순히 청각 처리 훈련이나 구강 자극만으로는 충분하지 않을 수 있습니다. 때에 따라 혀와 목, 특히 성대 주변에 대한 적절한 감각 자극이 함께 이루어져야 발성 기능이 더 자연스럽게 향상될 수 있습니다. 이럴 때 도움이 될 방법의 하나는, 목의 성대 주위에 부드러운 진동 자극을 주는 것입니다. 예를 들어 진동 기능이 있는 마사지기기를 활용해 목과 턱 아래, 턱과 혀의 연결 부위에 부드러운 자극을 주면, 성대의 감각과 협응 기능을 촉진하는 데 도움이 됩니다. 이러한 감각 자극은 아이가 음을 더 자연스럽게 연결해서 말하는 데 기초가 될 수 있습니다. 발성 훈련을 진행할 때는 아이가 편안하게 느끼는 범위 내에서 반복적으로 시도해 보시고, 항상 긍정적인 피드백을 주시는 것이 좋습니다.

Q. 청각 주파수 훈련(IML)을 그만두려고 합니다. 치료실에 다니는 것이 힘들기도 하고, 당분간은 신경발달 접근법에 더 집중하고자 합니다. 괜찮을까요? 아이는 1기 시작할 때보다 청각 처리 수준이 약 1단계 정도 올라온 상태입니다.

A. 자녀의 청각 처리 능력이 잘 발달하고 있는 것으로 보입니다. 현재 상황에서 IML을 중단하고, 그 대신 신경발달 접근법을 중심으로 청각 처리 훈련을 지속하시는 것도 좋은 선택이 될 수 있습니다. 특히 신경발달 접근법 안에는 청각 정보를 효과적으로 처리할 수 있도록 돕는 다양한 훈련 방법이 포함되어 있으므로, 자녀의 현재 수준에 맞춰 적절한 자극을 제공해 주시면 충분히 긍정적인 결과를 기대할 수 있습니다. 무엇보다 중요한 것은 자녀의 훈련이 꾸준히 이어지는 것입니다. 하지만, 부모와 아이가 IML을 다시 시작할 준비가 되면 두 방법을 함께해도 좋습니다.

Q. 아이가 청각 훈련을 어떻게 하는 것이 가장 효과적일까요? 현재는 아이에게 지시 손가락을 만들어 주고, 엄마가 한 단어를 말하면 신체를 가리키게 하는 방식으로 시도하고 있습니다.

A. 처음 청각 훈련을 시작할 때는 자녀가 무엇을 배우게 될지, 그리고 어떤 단어를 기억해야 하는지를 충분히 익히는 데 먼저 시간을 들이는 것이 중요합니다. 자녀가 신체 부위를 가리키는 동작이나 손동작을 배우도록 도와주고, 자주 사용할 장난감, 동물, 카드 등에 등장할 단어들을 미리 익히게 해 주세요. 자녀가 해당 동작이나 단어를 정확히 알고 있을 때야 비로소 청각 처리 훈련이 효과적으로 진행될 수 있습니다. 단어를 알게 된 이후에는 훈련 중 그 단어를 반복해서 들려주는 것을 피해야 합니다. 단어는 한 번만 말하고, 자녀가 들은 그대로 처리하여 반응하도록 기다려 주는 것이 바람직합니다. 이처럼 사전 학습과 정확한 단어 인식이 선행되었을 때, 청각 훈련의 효과는 더욱 높아질 수 있습니다.

Q. 아이가 소리에 매우 민감합니다. 특히 광고 음악에 강하게 반응해서 TV를 켤 수조차 없습니다. 어떻게 하면 좋을까요? 현재 토마티스 프로그램의 소리 치료를 진행 중입니다.

A. 자녀가 토마티스 방식의 소리 치료를 받고 있다니 다행입니다. 소리 치료 역시 신경발달 치료와 마찬가지로 효과를 보려면 일정 시간이 필요합니다. 아이가 다양한 소리와 소음을 반복해서 듣는 경험을 쌓는 것은, 청각 정보를 처리하는 능력을 키우는 데 중요한 열쇠가 됩니다.

또한 청각 정보는 뇌의 가장 낮은 수준인 뇌교(腦橋)에서부터 시작해 대뇌 피질까지 이어지며 처리됩니다. 따라서 뇌의 하위 구조부터 차근

차근 자극할 수 있는 신경발달 운동을 함께 병행하는 것이 큰 도움이 됩니다. 예를 들어 '배로 기기', '자전거 타기', '시소 타기'와 같은 활동은 뇌교와 중뇌를 자극하며 청각 발달을 돕습니다. 진전이 바로 보이지 않더라도 낙심하지 마시고, 몇 달 정도 꾸준히 시행해 보시기를 권합니다. 시간이 지나면서 서서히 긍정적인 변화가 나타나는 경우가 많습니다.

Q. 다른 훈련은 하다 보면 '할 수 있을 것 같다'라는 느낌이 드는데, 청각 처리 훈련은 여전히 어렵게 느껴집니다. 그래서 저도 다른 훈련에 비해 자주 시키지 않게 됩니다. 그래도 계속하면 나아지겠지요?

A. 자녀의 청지각 능력을 높이기 위해 청각 처리 훈련을 시도하고 계시다는 점만으로도 이미 귀한 시작을 하고 계신 것입니다. 청각 처리 훈련은 신경 발달 훈련 가운데서도 특히 시간이 더 걸리는 편입니다. 그만큼 부모님으로서는 더디고 어렵게 느껴지실 수 있습니다. 하지만 분명히 효과는 있습니다. 청각 훈련을 통해 자녀는 다양한 소리를 듣고 뇌에 저장한 후, 필요할 때 적절하게 꺼내서 반응하는 능력을 키우게 됩니다. 즉, 단기 기억과 작업 기억이 발달하게 됩니다. 다만 이 과정은 뇌의 가장 낮은 수준인 뇌교에서부터 시작되어 대뇌 피질까지 연결되며 이루어지기 때문에 시간이 걸립니다.

그래서 신경 발달을 위한 기초 운동, 예를 들면 '배로 기기', '손과 무릎으로 기어다니기'와 같은 활동이 청각 처리 능력을 키우는 데 실제로 도움이 됩니다. 청각 처리 훈련이 지지부진해 보일 때에도 이런 운동을 함께 꾸준히 해보시길 권합니다. 무엇보다 중요한 것은 조급해하지 않고, 인내심을 갖고 반복적으로 이어가는 것입니다. 뇌 안에서 연결이 새롭게 형성되고 강해지는 데에는 시간이 필요합니다. 꾸준히 이어가신다면 분명히 변화의 날이 올 것입니다. 그 시작을 함께해 주셔서 감사합니다.

Q. 훈련 중에도 말을 많이 하는데, 훈련에 어떤 영향이 있을까요?

A. 훈련 중 자녀가 말을 많이 한다면, 현재 자녀의 뇌가 정보를 '외부적으로 말하면서' 처리하는 방식에 익숙해져 있다는 뜻입니다. 하지만 청각 처리 훈련을 계속 진행하다 보면, 점차 자녀의 '내부 언어' 능력, 즉 말로 표현하기보다는 마음속으로 생각하고 정리하는 능력이 함께 발달하게 됩니다. 시간이 조금 걸릴 수 있지만, 청각 처리 능력이 향상되면 점점 말보다 '생각'으로 먼저 처리하는 힘이 길러지게 됩니다. 그러니 훈련 중 말을 많이 한다고 해서 훈련을 멈출 필요는 없습니다. 오히려 꾸준히 이어가는 것이 중요합니다.

Q. 인지 기능과 암기력은 우수한데, 사람에 관한 관심이나 사회성은 거의 없습니다.

A. 사회성은 아이의 전체 발달 영역 중에서도 특히 다루기 어려운 부분 중 하나입니다. 사람과의 관계를 맺고, 그 안에서 대화를 따라가고 반응하려면 높은 수준의 청각 처리 능력이 필요하기 때문입니다. 대화를 잘 따라간다는 것은 단순히 말을 알아듣는 것이 아니라, 상대의 말 맥락을 파악하고, 그에 맞는 반응을 할 수 있는 능력을 말합니다. 따라서 청각 처리 훈련은 자녀가 사람과의 상호작용 속에서 듣고, 이해하고, 적절히 반응하는 힘을 길러주는 데 중요한 역할을 합니다. 다만 이 과정에는 반드시 시간이 필요합니다. 신경 연결은 하루아침에 만들어지지 않으며, 발달 수준의 절반에서 한 단계를 완성하려면 보통 최소 3개월이 걸립니다. 하루 10분씩, 매일 꾸준히 청각 처리 훈련을 지속하면 3개월 후에는 1/2단계 정도의 향상을 기대할 수 있습니다. 자녀의 잠재력이 열리는 그날까지, 조급해하지 말고, 인내심을 가지고 함께 기다려 주세요. 신경 발달은 반드시 천천히, 하지만 확실하게 나아갑니다.

Q. 야뇨증이 조금씩 좋아지는 것 같다가도 깊이 잠들면 다시 실수합니다. 약물 처방을 받으면 더 도움이 될까요?

A. 약을 먹으면 일시적으로 실수를 줄일 수는 있으나, 자녀의 실제 발달 과정을 관찰하거나 자율적인 조절 능력을 키우는 데에는 크게 도움이 되지 않을 수 있습니다. 기저귀나 방수 침대 패드와 같은 보조 수단을 활용하시면서 기다려 주시는 편이 바람직합니다.

신경발달 운동을 꾸준히 진행하시면 밤에 배뇨를 조절하는 능력 역시 점차 향상되는 것을 보실 수 있습니다. 특히 야간 배변 훈련은 발달 과정에서 가장 마지막에 완성되는 영역 중 하나이기 때문에, 충분한 시간과 인내가 필요합니다. 자녀의 정서나 스트레스 상태에 따라 일시적으로 퇴행이 나타날 수도 있지만, 훈련을 꾸준히 이어가신다면 다시 개선되는 모습을 확인하실 수 있습니다. 또한 자녀가 실제로 배변 훈련을 스스로 할 수 있으려면 청각 처리 능력이 적어도 3단계 이상은 되어야 합니다. 화장실을 사용한다는 것은 단순한 행동이 아니라, 뇌가 정보를 받아들이고 차례대로 처리한 후 행동으로 옮기는 과정을 모두 포함하는 복합적인 활동입니다. 예를 들어, 첫째로 '화장실에 가고 싶다'라는 감각을 인식하고, 둘째로 무엇을 해야 할지를 판단한 후, 셋째로 실제로 행동을 실행해야 합니다. 이러한 일련의 과정은 모두 뇌의 조직화한 기능과 관련되어 있으며, 청각 처리 능력이 중요한 역할을 합니다. 따라서 약물보다는 자녀의 발달 흐름에 맞추어 감각과 판단,

실행 능력을 자연스럽게 키워주는 방향으로 접근하시는 것이 장기적으로 더 건강하고 효과적인 방법이 될 수 있습니다.

Q. 아이가 잠을 오래 자지 않습니다. 청각 처리 훈련에서도 오류가 다시 많아졌습니다. 처음부터 꾸준히 해 왔지만 요즘 들어 집중하기가 더욱 어려워 보입니다. 혹시 도움 주실 수 있는 내용이 있을까요?

A. 자녀가 깊고 충분한 잠을 자지 못하고 있다는 말씀에 안타까운 마음이 듭니다. 수면은 뇌 기능과 정서, 집중력, 감각 처리 능력에 매우 큰 영향을 미치는 요소입니다. 수면이 부족하면 청각 처리 기능에도 일시적인 저하가 나타날 수 있습니다. 따라서 지금은 청각 처리 훈련을 잠시 쉬거나 강도를 조절하시고, 수면의 질을 개선하는 데 우선 집중하시는 것이 좋겠습니다. 수면 문제를 해결하기 위해 가장 중요한 것은 원인을 찾아보는 일입니다. 환경적인 요인, 긴장 상태, 감각 과민, 생체리듬 이상 등 다양한 원인이 있을 수 있으므로 자녀의 수면 패턴과 생활 습관을 한번 살펴보시는 것도 도움이 될 수 있습니다. 다음은 수면을 돕기 위한 몇 가지 방법입니다. 첫 번째는 소아과 또는 신경정신과 전문의와 상의하여 멜라토닌 보조제 활용하는 방법입니다. 수면 유도를 위해 멜라토닌을 잠자기 30분 전에 복용해 보실 수 있습니다. 다만, 멜라토닌은 어둡고 조용한 환경에서 가장 효과적으로 작용하므로 수면 전 전자기기 사용을 자제하고, 방 조명을 낮춰주세요. 두 번째는 아로마 요법을 활용하는 방법입니다. 라벤더 에센셜 오일은 긴장을 완화하고 수면을 촉진하는 데 도움이 될 수 있습니다. 따뜻한 목욕물에 라벤더 오일을 몇 방울 떨어뜨리거나, 베개에 살짝 발라주는 방식도 좋습니다. 향기에 민감한 아이의 경우에는 꼭 먼저 반응을 확인해 주세요. 세 번째는 카모마일 향을 활용하는 것입니다. 카모마일 양초나 디퓨저는 부드럽고 따뜻한 향으로 안정감을 주어 자율신경계 조절에 긍정적인 영향을 줄 수 있습니다. 향은 신경계에 직접적인 자극을 주는 감각 중 하나이기 때문에, 자녀에게 맞는 향을 찾아 활용해 보는 것도 좋은 방법입니다.

충분한 수면이 확보되면 뇌가 정보를 더 잘 통합하고 정리할 수 있는 여유가 생기므로, 청각 처리 훈련에 다시 집중하실 때 더 좋은 반응을 보일 가능성이 높습니다. 지금은 자녀의 몸과 마음이 회복할 수 있도록 도와주시고, 이후 다시 훈련을 재개하셔도 늦지 않습니다. 항상 인내와 따뜻한 마음으로 자녀를 지켜봐 주시는 부모님의 노력이 가장 큰 힘이 됩니다.

Q. 언어 발달에 가장 중요한 방법은 무엇인가요?

A. 언어 발달을 위해 가장 중요한 요소는 청각 처리 능력입니다. 청각 훈련을 통해 듣는 능력이 충분히 향상되어야 말하는 능력도 함께 발전할 수 있습니다. 듣기가 올라가야 말하기도 함께 올라간다는 점을 기억해 주세요.

Q. 청각 처리 훈련 중 숫자 카드로 4단계 수준에서 덧셈(정확도 90%), 3단계 수준에서 곱셈(정확도 70%)도 하고 있는데, 이렇게 훈련해도 괜찮을까요?

A. 숫자 카드나 숫자가 적힌 청각 처리 카드는 기본적으로 청각 정보를 처리하는 능력을 훈련하기 위한 목적으로 개발된 도구입니다. 수학 능력을 평가하거나 연산 연습을 위한 도구는 아니지만, 자녀가 이를 활용하여 네 자리 숫자를 더하고 세 자리 숫자를 곱할 수 있다면, 수학적 재능과 뛰어난 암산 능력을 갖추고 있다는 의미일 수 있습니다. 이런 방식으로 활용하셔도 무방합니다.

다만, 수학을 처음 배우는 시기에는 청각 처리 카드보다는 실제 수학 문제지를 활용하여 덧셈과 곱셈 기호를 눈으로 확인하는 것이 더 효과적일 수 있습니다. 아이가 수학 연산 기호와 문제 형식을 직접 보면서 연산을 수행해야만 그 수학 개념과 과정을 충분히 이해할 수 있기 때문입니다. 단순히 수학 문제의 정답만 암기하게 되면 계산은 할 수 있을지 몰라도 개념적인 이해는 동반되지 않을 가능성이 있습니다.

따라서 청각 처리 훈련과 수학 학습은 목적과 접근 방식이 다르다는 점을 염두에 두시고, 각각의 목적에 맞는 도구로 활용해 주시길 권해드립니다.

Q. 완전한 문장으로 말하지 않고 단어만 말하는 습관이 있어서, 청각 처리 훈련 중 긴 문장을 시도해 보려고 합니다. 숫자 훈련 외에도 연산이나 문장으로 확장해도 괜찮을까요?

A. 청각 처리 훈련에서는 문장을 사용하는 방법보다는 숫자나 단어 중심의 훈련을 권장해 드립니다. 이론적으로 문장을 활용한 청각 훈련도 가능하지만, 한국어 문장은 영어보다 문법적 구조가 훨씬 더 복잡하므로 청각 처리 수준을 구분하거나 발전 단계를 확인하기에 어려움이 있습니다.

숫자나 단일 단어를 활용한 청각 훈련을 꾸준히 진행하시면 자녀의 말하기 능력은 자연스럽게 향상될 수 있습니다. 청각 처리 훈련의 핵심은 '들을 수 있는 양'을 늘리고, 들은 것을 정확하게 기억하여 순서대로 말하는 능력을 기르는 것입니다.

자녀가 단어만 사용하는 말하기 습관을 갖고 있다면, 이는 청각 처리 발달의 한 지점일 수 있습니다. 이 경우, 자녀의 언어 발달을 돕기 위해서는 적절한 '도전'이 필요합니다. 다음과 같은 방법을 시도해 볼 수 있습니다. 먼저는 문장으로 말하기를 유도하는 것입니다. 자녀가 무엇인가를 요청할 때, 문장으로 말할 수 있도록 도와주세요. 예를 들어, 아이가 "물!"이라고 말하면 "물 주세요" 또는 "저 물 마시고 싶어요"처럼 문장으로 표현할 수 있도록 부모님이 먼저 모델링해 주시고, 아이에게 따라 말하게 해 주세요. 단, 아이의 청각 처리 수준을 넘지 않도록 주의해야 합니다. 예를 들어 3단계 수준의 아이에게는 3단어 문장을, 5단계 이하라면 5단어 이상의 문장을 요구하지 않는 것이 좋습니다. 다음으로는 어휘 카드를 활용해서 문장 만들기를 연습하는 것입니다. 주어(사람/사물)와 동사(행동)를 포함한 단어 카드를 준비하여 게임처럼 문장을 만들어보는 것도 좋습니다. 예를 들어, 아이가 '물' 카드를 고른 후 '마시다' 카드를 고르게 하여 "물 마시고 싶어요"라고 표현할 수 있도록 유도할 수 있습니다. 이러한 방식은 자녀가 단어를 넘어서 문장으로, 그리고 생각 전체를 표현하는 언어 구조를 습득하는 데 큰 도움이 됩니다.

결론적으로, 청각 처리 훈련은 단어 혹은 숫자로 단계를 확실히 밟아가는 것이 가장 효과적입니다. 자녀의 현재 청각 처리 수준을 정확히 알고, 그 범위 안에서 자연스럽고 단계적으로 문장을 확장해 가는 접근이 바람직합니다.

Q. '가', '나', '다'처럼 한 글자씩 되어 있는 한글 카드가 있습니다. 이걸로 청각 처리 훈련을 해도 괜찮을까요? 아이는 쓰기는 잘 못하지만, 글자는 읽을 줄 압니다. 제가 6~7세 때 2년 동안 플래시 카드로 글자를 보여주며 반복해서 읽어 준 덕분에 글자는 알게 되었어요. 숫자는 아직 약합니다.

A. 자녀가 글자를 읽고 자동으로 인식할 수 있다면, 이러한 글자 카드를 활용하는 것도 청각과 시각 처리 훈련에 도움이 될 수 있습니다. 하지만 자녀가 아직 글자를 읽을 때 소리 내어 한 음절씩 조합하여 읽는다면, 글자 카드 활용은 다소 어려울 수 있습니다. 예를 들어 '가'라는 글자를 읽는 것도 뇌 안에서는 세 단계를 거쳐야 합니다. 먼저 'ㄱ'을 인식하고, 다음으로 'ㅏ'를 인식한 후, 이 둘을 결합해 '가'라는 음절로 통합해야 하기 때문입니다. 따라서 자녀가 이미 '가', '나', '다'와 같은 글자를 시각적으로 보고 즉각적으로 인식할 수 있다면, 이는 시각 및 청각 처리 능력 향상에 유용한 자료가 될 수 있습니다. 반면, 아직 그 수준에 이르지 못했다면 숫자나 그림 단어 카드, 또는 아이가 이미 잘 알고 있는 실생활 단어를 활용해 훈련을 진행하시는 것이 더 효과적입니다. 자녀가 숫자에 약하다면, 현재 자녀가 더 잘 알고 익숙한 것을 활용하여 청각 처리 활동을 하시는 것을 권해드립니다. '문자'보다 '단어'나 '그림'을 중심으로 훈

련을 구성하시면 더 자연스럽고 안정적인 청각 처리 훈련이 이루어질 수 있습니다.

Q. 청각 처리 4.5단계의 징검다리는 같은 단어를 반복하되 한 단어를 더해가는 방식이던데요. 그런데 아이가 오히려 전혀 새로운 5단계로 넘어가는 것을 더 수월하게 수행합니다. 이럴 때 4.5단계를 생략하고 5단계로 바로 넘어가도 괜찮을까요? 아니면 정확한 청각 처리를 위해 징검다리 단계를 통달하는 것이 더 좋을까요?

A. 자녀가 징검다리 단계에서는 오히려 어려움을 느끼지만, 다음 단계인 5단계 청각 훈련을 수월하게 수행할 수 있다면 5단계로 바로 넘어가셔도 괜찮습니다. 징검다리 단계는 일반적으로 아이의 뇌가 다음 단계로 전환하기 어려울 때 그 사이를 연결해 주는 보조적인 훈련입니다. 그러나 자녀가 이미 다음 단계의 훈련을 잘 따라갈 수 있다면, 해당 단계를 중심으로 진행하시는 것이 좋습니다. 단, 자녀가 5단계에서도 지속적으로 정확한 반응을 보이는지 관찰하시고, 필요시 다시 4.5단계로 돌아가도 괜찮습니다.

Q. 청각 처리 훈련 중 카드로는 변별이 어려워서 신체 부위를 이용해 훈련하고 있습니다(1단계 수준). 혹시 이때 그림 카드를 함께 사용하는 것도 도움이 될까요?

A. 청각 처리 훈련에서 신체를 사용하는 방식은 매우 유효한 방법입니다. 자녀가 카드로는 혼란을 느끼는 경우, 반드시 카드 훈련을 고집하지 않으셔도 됩니다. 아이에게 가장 잘 맞는 방식을 사용하는 것이 가장 중요합니다. 다만, 한 가지 주의하셔야 할 점은 동일한 신체 부위를 반복해서 사용하는 것을 피해야 한다는 점입니다. 자녀가 훈련을 단순히 암기하거나 예측하지 않도록 하기 위해서는 다양한 신체 부위를 활용해 주셔야 합니다. 훈련의 목적은 '기억'보다는 '정확한 청각 처리'에 있기 때문입니다.

그림 카드를 활용하고 싶으시다면, 자녀가 충분히 인지하고 있는 그림 단어부터 시작하셔서 점차 난이도를 조절해 가시면 좋겠습니다.

Q. 청각 처리 1.5단계에서 카드 3장을 놓고 한 단어를 듣고 고르게 하는 훈련을 하고 있습니다. 이제 단계를 높이려고 하는데, 카드 수를 4장으로 늘려서 한 단어를 듣고 고르게 하는 방식이 좋을까요? 아니면 카드 3장을 유지한 채 2단어를 말하고, 그 순서대로 고르게 하는 방식이 좋을까요?

A. 자녀가 아직 말하지 못하는 경우라면, 청각 처리 훈련 시 선택할 수 있는 카드의 수를 한두 장 더 늘려주는 것이 좋습니다. 현재 1.5단계라면 카드 3장을 사용하셔도 무방하지만, 자녀가 2단계로 진입할 준비가 되었다면 카드 수를 4장

으로 늘려 진행하시는 것을 권장해 드립니다. 단어 수를 늘리는 것보다 먼저 선택지 수를 늘리는 방식이 더 적절합니다. 이렇게 하면 자녀의 청각 처리 능력을 더욱 자연스럽게 향상할 수 있습니다. 이후 자녀가 익숙해지고 안정적으로 수행하게 되면, 두 단어를 순서대로 듣고 정확하게 고르는 훈련으로 점차 확장하셔도 좋습니다. 단계별로 부담을 최소화하면서도 도전할 수 있는 환경을 조성해 주시는 것이 중요합니다.

8장

시각 정보처리 능력도 훈련이 필요하다

시각 정보처리 능력은 자녀가 눈으로 본 정보를 단기기억에 저장한 뒤, 그 정보를 정확한 순서대로 다시 떠올릴 수 있는 능력을 뜻한다. 청각 정보처리 능력과 마찬가지로, 시각 정보처리 능력 역시 일반적으로 발달연령과 비슷한 수준으로 성장한다.

1세 무렵에는 1개의 시각 정보를 처리할 수 있는 능력에서 시작하며, 이후 해마다 한 단계씩 발달하여 7세가 되면 평균적으로 7단계에 도달해야 한다. 성인의 평균 시각 정보처리 수준도 7단계이다.

시각 정보처리는 그림, 글자, 숫자 등을 활용하여 평가하거나 훈련할 수 있다. 말하지 못하는 아이의 경우, 그림을 순서대로 보여준 뒤, 아이가 같은 순서대로 그림을 다시 배열하도록 하면 된다. 이 방법은 언어 표현이 어려운 아동에게도 적합한 시각 처리 평가 및 훈련 방법이다.

시각 정보처리 능력과 청각 정보처리 능력을 함께 발달시켜 줄 수 있다면, 아이는 더 성숙한 발달을 이루게 되고, 학습이나 일상 행동 영역에서도 더 나은 성취를 이룰 수 있다. 반대로 시각 정보처리에 어려움이 있는 아이는 글자, 숫자, 단어를 읽고 파악하는 데 혼란을 겪거나 일관되지 않은 반응을 보일 수 있다. 시각 처리가 부족하면 학년이 올라갈수록 맞춤법, 작문, 수학 등의 학업 영역에서 점차 더 많은 어려움을 겪게 된다.

시각 정보처리 능력은 8단계 이상에 도달해야 비로소 학습의 기초가 안정된다. 따라서 아이가 효과적인 학습 능력을 갖추기 위해서는 시각 정보처리의 발달 수준이 매우 중요하다. 꾸준한 훈련과 반복 연습을 통해 이 능력을 향상할 수 있다.

시각 기억이 곧 학습 능력

시각 정보처리 능력은 청각 정보처리 능력과 마찬가지로 아동 발달의 핵심 요소 중 하나이다. 시각 정보처리 과정에는 시각 기억을 비롯해 양안 협응, 안구 추적 운동, 중심 세부 시야 및 주변 시야 등 다양한 기능이 포함된다. 이처럼 시각 정보처리 기능은 우리가 생각하는 것보다 일상생활의 여러 영역에서 큰 영향을 미친다. 단순히 시력이 좋다는 것 이상의 문제이며, 안경이나 수술을 통해 시력을 교정한다고 해도 이러한 기능들이 자동으로 개선되지는 않는다. 두 눈이 서로 잘 협응하지 않으면 거리와 깊이 지각, 신체 운동 조절, 책을 읽을 때 글자를 정확히 따라가는 능력 등에도 영향을 받게 된다.

시각적 인지는 우리가 바라보는 대상의 공통점과 차이점을 구별하는 능력까지 포함한다. 일부 아이들은 완전히 검은 배경 위에 대상이 놓이지 않으면 거의 아무것도 인식하지 못하는 경우도 있다. 또 시각적 자극이 많은 환경에서는 주의가 분산되는 시각 과부하 증상을 보이기도 한다. 이러한 '시각적 인지'는 중요하지 않은 세부 정보는 걸러내고 핵심 정보를 선택하는 능력과 밀접한 관련이 있다. 전체 대상이 아닌 일부분만 보고도 전체를 유추할 수 있는 능력 또한 이 기능에 포함된다.

시각 기억이란, 본 것을 순서대로 기억해 내는 능력을 말한다. 그래야 지시 사항을 따라 과제를 완수할 수 있다. 누구나 한 번쯤은 물건을 어디에 두었는지 잊었던 경험이 있을 것이다. 열쇠나 지갑을 찾느라 애를 먹은 경험이 있다면, 이는 시각 기억력이 약하기 때문일 수 있다. 즉, 물건을 어디에 두었는지 '본 기억'이 뇌에 저장되지 않은 것이다.

우리 가족만 해도 물건을 찾을 때 나의 시각 기억에 자주 의존하곤 한다.

"내 책 어디 있어요?"

"제 장갑 보셨어요?"

가족들은 끊임없이 내게 물어보고, 나는 그 물건이 어디 있었는지 알려준다. 내가 그 물건을 사용하거나 만져봤기 때문이 아니라, 집 안 어딘가에 놓여 있던 장면을 기억하고 있기 때문이다. 이것이 바로 시각 기억이다.

시각 기억은 아이가 읽기를 배울 때에도 매우 중요한 역할을 한다. 아이는 글자를 보고 그 소리를 기억한 뒤, 여러 음소를 조합하여 한 단어를 소리 내 읽는 과정을 통해 읽기를 습득하게 된다. 한글도 각 글자의 소리를 기억하고 이를 조합해 단어를 발음하려면, 최소한 청각 처리 5단계 이상의 능력이 필요하다. 아이가 언어의 발음에 익숙해질수록 독서 능력도 점차 향상된다. 시각 기억이 발달한 아이는 자음과 모음을 조합하는 수준을 넘어, 단어 전체를 한 번에 인식하고 기억하여 읽을 수 있게 된다. 이처럼 읽는 속도, 정확성, 유창성은 시각 기억 발달에 크게 좌우된다.

한자와 같은 상형 문자 체계는 특히 시각기억에 전적으로 의존한다. 소리보다는 의미를 담고 있기 때문에 수천 개의 글자와 그 의미를 일일이 기억해야 하기 때문이다. 결국, 시각기억은 읽기와 같은 가장 기본적인 학습 활동을 가능하게 하는 데 필요한 능력이다.

시각 정보처리 능력도 훈련이 답이다

자녀가 단어를 잘 읽지 못하거나 본 것을 기억하지 못할 때, 부모는 실망하거나 안타까운 마음이 들 수 있다. 그러나 낙심할 필요는 없다. 시각 처리 능력은 훈련을 통해 충분히 개선될 수 있다.

이때 활용할 수 있는 대표적인 활동 중 하나는 〈숫자 카드 검사〉이다. 이 활동은 청각 처리를 위한 숫자 카드 훈련과 유사하지만, 눈으로 본 정보를 기억하는 능력을 강화하는 데 초점이 있다.

일반적으로 7세 이상의 아동은 7자리 숫자를 순서대로 기억할 수 있어야 하며, 그보다 어린 아동은 자신의 나이에 해당하는 자릿수의 숫자를 기억하는 것이 발달 수준에 적합하다. 만약 자녀가 그보다 적은 숫자를 기억하는 데 어려움을 겪는다면, 시각 처리 훈련이 필요하다는 신호로 볼 수 있다.

시작은 현재 자녀가 감당할 수 있는 수준에서 출발해야 한다. 하루 두 번, 한 번에 2분씩 '숫자 폭 기억하기' 훈련을 하면 된다. 아이가 카드에 적힌 숫자 배열을 보고 정확히 기억해 낼 수 있다면 그 단계는 숙달된 것으로 본다. 이때에는 다음 수준으로 진행하면 된다. 이러한 훈련은 자녀의 뇌가 시각 정보를 더욱 정확하고 효율적으로 처리할 수 있도록 돕는다. 한 단계를 올라가는 것은 뇌 발달에 있어 약 1년에 해당하는 성장을 의미한다는 점을 기억해야 한다.

숫자 카드 훈련은 단순히 숫자를 기억하는 데 그치지 않는다. 시각 처리와 시각 기억 능력을 함께 강화함으로써, 자녀가 읽은 것을 더 정확히 기억할 수 있도록 돕고, 뇌의 조직화 능력과 읽기 능력도 함께 향상한다. 시각 처리는 자녀의 읽기 능력과 학습 전반의 성장에 핵심적인 역할을 한다. 매일 반복되는 짧은 훈련이 자녀의 삶에 오래도록 도움이 되는 기반이 되어줄 수 있다.

시각 정보처리 훈련법 1 — 시각 처리 평가 방법

> 시각 처리는 뇌가 보는 것을 처리하는 능력이다.
> 뇌가 시각 정보를 적절히 처리하면 해당 정보를 장기 기억으로 뇌에 저장할 수 있다.
> 이 평가는 대상자가 현재 어느 수준의 시각 정보처리 능력을 갖추고 있는지를 확인하는 것이 목적이다.
> 평가 결과는 숙달 단계를 기준으로 훈련 단계를 설정하는 데 활용된다.

👆 준비물
- 숫자 카드 (4~8자리, 부록 <숫자 카드> 활용)
- 각 숫자 자리를 잘 보이도록 분리해 출력한 뒤, 같은 자릿수끼리 4장씩 한 묶음으로 정리
- 타이머 (1초 단위 측정용)

◆ 카드 구성
- 각 카드는 0부터 9 사이의 숫자로 무작위 구성되어 있으며, 숫자의 자릿수에 따라 4단계(4자리)부터 최대 8단계(8자리)까지 준비한다.
- 각 자릿수 단계별로 총 4장의 카드가 필요하다.
- 숫자는 반복되거나 예측할 수 있는 패턴 없이 구성되어야 한다.

✏️ 평가
1. 대상자는 책상에 앉아 카드를 볼 수 있도록 안정적인 자세를 취한다.
2. 평가자는 한 숫자 당 1초씩 계산하여 카드를 보여준다. 예를 들어 4자리 숫자 카드의 경우 4초간 카드를 보여준다.
3. 정해진 시간 동안 카드에 적힌 숫자를 보여준 뒤, 카드를 가린다.
4. 대상자는 방금 본 숫자를 순서대로 정확하게 말해야 한다.
5. 한 자릿수 단위에서 4장의 카드 중 3개 이상을 정확히 수행하면, 해당 수준은 숙달 단계로 판단한다.

6. 숙달 단계보다 한 단계 높은 수준에서 훈련을 시작한다. 이 단계를 훈련 단계라고 하며, 시각 정보 처리 능력의 결핍이 있는 단계라고 할 수 있다.
7. 대상자가 두 장 이상 틀릴 경우, 그 단계를 넘지 않고 평가를 종료한다.

⚠️ 유의

- 카드를 보여주는 시간(숫자 당 1초)은 반드시 지켜야 하며, 시간을 넘기거나 부족하지 않도록 주의해야 한다.
- 숫자는 한 번만 보여주며, 절대 반복해서 보여주지 않는다.
- 카드 순서는 무작위로 제시하되, 같은 숫자 조합이 반복되지 않도록 주의한다.
- 평가자는 아이의 부담을 줄이기 위해 자연스럽고 편안한 어주로 진행하며, 실수했을 때 바로 교정하지 않는다.

✷ 실제 평가 예시 대화

👩 자, 지금부터 숫자 카드를 보여줄 거야. 한 번만 보여줄 거니까 잘 보고 기억해 봐. (4자리 카드 보여주며) 자, 시작! (4초간 보여준 후 가림)

👩 방금 본 숫자를 순서대로 말해줄래?

👦 3… 8… 5… 1

👩 잘했어. 다음 카드 보여줄게. (다른 4자리 카드로 진행)

(위 단계를 반복하여 4장의 카드 중 3개 이상 성공 시, 해당 단계는 숙달 단계로 기록)

✏️ 평가 결과 해석

- 4세는 4자리, 5세는 5자리, 6세는 6자리, 7세는 7자리 숫자를 순서대로 기억할 수 있어야 한다.
- 7세 이상은 일반적인 학습과 사회 기능을 위해 최소 7자리 숫자를 처리할 수 있어야 한다.
- 철자와 단어 인지까지 가능해지려면 8자리 수준이 되어야 한다.
- 9자리 이상을 처리할 수 있으면 대학 수준 학업이나 고난도 사고 능력까지 감당할 수 있다. 이는 성인기에 매우 유용한 인지 기반 기술로 간주한다.

🔹 평가 이후 해야 할 일

- 평가 결과에 따라 설정된 훈련 단계부터 연습을 시작한다.
- 하루에 2회, 회당 2분씩, 매일 훈련을 반복한다.
- 초기에는 같은 카드를 3번 정도 반복해 사용하며 정착을 돕는다.
- 새로운 수준으로 넘어갈 때는 충분한 연습과 시간을 허용해야 한다.
- 대상자가 성공할 때마다 충분한 칭찬과 격려를 해주는 것이 중요하다.

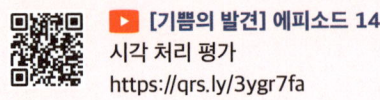

[기쁨의 발견] 에피소드 14
시각 처리 평가
https://qrs.ly/3ygr7fa

시각 정보처리 훈련법 2　　# 숫자 폭 기억하기　　**시각 정보처리 훈련법**

> 시각 정보를 차례대로 기억하고 재현하는 능력을 향상함으로써 단기기억에서 장기기억으로 정보 이동을 촉진함

⏰ **하루 2회, 1회당 2분씩, 주 5일 이상 최소 4개월 이상 지속**

😊 **준비**
- 아동이 편안하게 앉을 수 있는 책상
- 아동과 부모가 서로 마주 보되, 시야가 명확하게 확보된 위치에 앉음
- 주의 산만 요소를 최소화한다.

👆 **준비물**
- 숫자 카드 (숫자 0~9로 임의 배열된 4장의 카드씩, 각 자릿수 단계마다 4장 구성)
- 카드 구성 예시:

    4단계: 4자리 숫자 카드 4장

    5단계: 5자리 숫자 카드 4장

    … 이렇게 8단계, 최대 8자리까지

1. 아이의 현재 숙련 단계를 먼저 평가하여 파악한다.
2. 숙련된 단계보다 한 단계 높은 숫자 폭 카드로 훈련을 시작한다.
3. 한 카드씩 제시하며, 숫자 하나당 1초의 속도로 손가락으로 짚어 보여준다.
4. 제시가 끝난 후 카드를 가린다.
5. 아동이 본 숫자를 정확한 순서대로 말하거나 써서 기억해 낸다.
6. 각 단계에서 4장 중 3장을 정확하게 수행하면 다음 단계로 넘어간다.

7. 정확도가 떨어지면 그 자릿수를 훈련 단계로 설정하고 반복한다.

✅ 바른 자세 확인 포인트

- 눈은 카드에 집중하고 있는가?
- 숫자를 말할 때 순서와 리듬이 일정한가?
- 시선을 자주 돌리거나 주의가 흐트러지지 않는가?

⚠️ 유의

- 숫자는 연속된 패턴(예: 3, 4, 5)없이 무작위로 구성
- 동일 숫자의 반복은 피함 (예: 4, 4, 7, 1 등 금지)
- 1초 단위의 숫자 제시 간격을 반드시 지킬 것
- 동일한 카드로 반복 시 뇌가 외워버릴 수 있으므로 충분한 카드 분량 확보 (최소 100장 이상 권장)

🔄 처음부터 다시

- 아동이 숫자를 기억해 내지 못하고 임의로 말하거나 순서를 바꾸는 경우
- 숫자를 건너뛰거나 반복하는 고정된 오류 패턴이 반복되는 경우
- 시선이 카드가 아닌 다른 곳으로 자주 향하는 경우

✴️ 실제 예시 대화

> 👩 자, 오늘은 숫자 기억 놀이해 보자. 내가 보여주는 숫자를 잘 봐봐. 손가락으로 하나씩 짚어 줄게. 준비됐지?
>
> 👦 응!
>
> 👩 (카드에 적힌 숫자: 3, 7, 0, 9) (1초 간격으로 손가락으로 짚는다. 그리고 카드를 가리고) 자, 아까 본 숫자 기억나? 말해볼래?
>
> 👦 3.. 7⋯ 0⋯ 9
>
> 👩 와, 잘했어! 자, 그럼 이번에는 좀 더 긴 숫자로 해보자.

? 자주 묻는 질문

Q. 숫자 시각 처리 훈련을 할 때, 아이가 숫자를 손가락으로 짚어주지 않아도 순서대로 잘 대답합니다. 꼭 손가락으로 짚어주면서 훈련해야 할까요?

A. 아이가 숫자를 눈으로 자연스럽게 따라갈 수 있다면 손가락으로 집어줄 필요가 없습니다. 숫자 시각 처리 훈련에서는 숫자 하나당 1초씩 보여준 다음, 곧바로 카드를 감추고 아이가 기억한 순서대로 말하게 하는 것이 핵심입니다. 손가락으로 숫자를 짚어주는 방법은 아이가 시각적 주의를 잃지 않도록 돕는 보조 수단입니다. 만약 자녀가 별도의 도움 없이도 정확하게 기억해 낸다면 손가락 짚기를 생략해도 무방합니다.

징검다리 기술

시각 정보처리 훈련법

자녀가 다음 단계의 시각 정보처리 수준으로 자연스럽게 발달할 수 있도록 도와주는 전이 기술. 몇 주 동안 첫 시도에서 75%의 정확도가 나온다면 다음 단계로 올라가야 한다. 그런데 다음 높은 단계의 숫자 카드를 보고 기억을 하지 못할 때는 다음 단계로 나가기 전, 바로 이 기술을 사용한다.

⏰ 하루 2회, 1회당 2분, 주 5일 이상 지속

😊 준비
- 아이가 숫자 카드를 또렷이 볼 수 있는 조명과 책상 환경
- 방해 요소가 없는 공간에서 집중할 수 있는 시간을 선택한다.

☝ 준비물
- 숫자 카드 (숫자 0~9의 조합으로 구성된 단계별 카드)
- 최소 4장 이상, 반복되지 않는 무작위 숫자 배열
- 기존 숙련 단계 숫자 카드와 징검다리용으로 숫자 하나를 추가한 카드 준비

▶ 훈련 방법
1. 자녀가 이미 숙련한 숫자 단계 (예: 5단계)에서 숫자 카드를 보여주고 순서대로 말하도록 한다.
2. 자녀가 정확하게 수행하면 크게 칭찬한다.
3. 같은 숫자 순서 끝에 숫자 하나를 추가한 카드를 보여준다. (예: 7 2 4 9 1 -> 7 2 4 9 1 6)
4. 이 5.5단계 카드를 보여줄 대도 숫자 당 1초 간격으로 손가락으로 짚어가며 보여준다.
5. 자녀가 4장 중 3장을 정확하게 수행하면 징검다리 단계 숙련으로 판단하고, 정규 6단계 훈련으로 넘어간다.
6. 반드시 한 번에 숫자 하나만 추가해야 하며, 두 개 이상 숫자를 한꺼번에 추가하는 것은 단계 전환에 해당하므로 금지한다. (예: '7 2' -> '7 2 4' (가능) '7 2 4 1' (금지)

✅ 바른 자세 확인 포인트

- 숫자 제시 시 눈을 정확히 따라가는지
- 숫자를 말할 때 자신감 있게 반응하는지
- 머뭇거리거나 무작위로 말하지 않는지

⚠️ 유의

- 갑작스러운 단계 상승은 기능 발달을 방해할 수 있다.
- 1단계 상승은 뇌 발달상 1년의 발달 차이에 해당하므로 무리하지 않는다.
- 3~4개월 정도 꾸준히 연습하면 0.5단계 향상할 수 있다.
- 자녀가 정확히 수행하지 못해도, 조급해하지 않고 긍정적인 태도로 반복한다.

🔄 처음부터 다시

- 숫자를 중간에 생략하거나, 자의적으로 변경할 경우
- 2개 이상의 숫자를 한꺼번에 추가해 진행했을 경우
- 정확도 50% 미만의 상태에서 계속 다음 단계로 넘기려 할 경우

✴️ 실제 대화 예시

> 👩 자, 이번에는 우리가 잘했던 숫자 기억 놀이야. 준비됐지?
> 👦 응!
> 👩 그러면 시작한다. 잘 봐! (카드에 적힌 숫자: 3 5 9 2 7) (1초 간격으로 손가락으로 짚어준다. 그리고 카드를 숨긴다)
> 👦 3 5 9 2 7
> 👩 우와 너무 잘했어! 자, 그럼 이번엔 하나만 더 해볼게. (카드 3 5 9 2 7 4)
> 👦 3 5 9 2 7 (생각) 4
> 👩 정말 잘했어! 이제 너는 6단계 훈련도 도전할 수 있을 것 같아!

시각, 청각 정보처리 훈련 강화법

> 시각 및 청각 정보처리 훈련의 집중력과 지속성을 향상하기 위한 강화 기법으로 신경계 자극을 높이고, 아이의 훈련 동기를 높여 성취감을 유도한다.

⏰ 훈련 전 준비 활동

수분 보충
- 훈련 직전 물 1컵(약 240ml)을 마신다.
- 뇌는 약 90% 수분으로 구성되어 있어 수분 섭취는 정보처리에 직접적인 영향을 준다.

심호흡
- 긴 숨을 천천히 세 번 깊게 쉰다.
- 산소 공급을 증가시켜 뇌 기능 활성화에 도움을 준다.

♣ 보상 시스템 활동 - 칭찬콩

☝ 준비물
- 칭찬콩으로 사용할 작은 물건 (콩, 마카로니, 클립, 버튼 등)
- 칭찬콩을 담을 용기 (투명한 병, 상자 등)
- 칭찬콩 차트 (3x5 카드, 포스터 보드 등)
- 보상표 (상품 종류와 획득에 필요한 콩 수 기록)

⚡ 훈련 방법

1. 보상 시스템 도입 설명
- 훈련에 보상 시스템이 도입될 것임을 자녀에게 알려준다.
- 어떤 행동을 하면 칭찬콩을 받을 수 있는지 명확하게 알려준다.

2. 목표와 보상 정의
- 도달할 레벨별로 보상을 설정하고, 보상을 위한 칭찬콩 개수를 정한다.
- 나이나 기능 수준에 따라 아이가 도달할 수 있는 수준으로 설정한다.

3. 칭찬콩 지급 기준
- 훈련 목표(예: 숫자 4자리 기억하기)를 첫 시도에 정확히 수행할 때마다 칭찬콩 1개를 지급한다.
- 수행 도중 중단되거나 집중에 방해가 되는 경우, 보이지 않는 유리병에 모아두어도 무방하다.

4. 보상 활용
- 자녀는 하루에 모은 칭찬콩으로 보상 차트에 나온 항목을 구매할 수 있다.
- 보상은 물질적 보상 외에도 자유시간, 외식 선택권, 영화 선택, 가족 활동 선택 등 비물질적 보상도 포함한다.
- 보상은 일정 주기(예: 매주)로 변경해 신선함과 동기를 유지한다.

⚠️ 유의

- 지나치게 많은 보상은 보상의 의미를 퇴색시키며, 아이의 동기를 떨어뜨릴 수 있다.
- 반대로 보상이 너무 어렵게 설정되어도 아이가 흥미를 잃을 수 있으므로 적절한 난이도를 유지해야 한다.
- TV 시청, 게임 등 일상적인 보상이 공짜로 주어지지 않도록 관리해야 한다.
- 훈련 기간과 강도에 따라 일시적인 보상 휴식(방학)도 제공할 수 있다.

✳ **실제 사용 예**

칭찬콩 차트 예

- 콩 3개: 스티커 1장
- 콩 5개: 사탕 1개
- 콩 10개: 가족 영화 고르기
- 콩 15개: 간식 고르기
- 콩 30개: 주말 나들이 장소 선택
- 콩 50개: 하루 훈련 쉬는 날 받기

✳ **칭찬콩 상품 예시**

- 문구점이나 다이소 등에 가서 상품이 될 만한 것 쇼핑 가능
- 조금 더 큰 자녀들은 일주일에 한 번 쇼핑을 함께 가서 자전거 장식품이나 스포츠용품, 옷, DVD, 맥도날드 외식 등 더 큰 상품을 주도록 함.
- TV를 볼 수 있는 시간, 컴퓨터, 비디오 게임을 할 수 있는 시간, 가족 영화 시간에 볼 영화 고르기, 좋아하는 식단 메뉴 고르기, 가족끼리 외식할 때 자신이 좋아하는 식당 고르기, 잘 때 읽을 이야기를 직접 고르기, 주말에 가족 나들이 장소 고르기, 간식 고르기, 친구에게 전화 걸기, 핸드폰 하기, 이메일 하기, 자유시간, 공원에 산책 가기, 아빠와 소풍 가기, (매우 드물게 주어져야 하겠지만) 훈련 프로그램 오후 잠깐 방학 등 가능

? 시각 처리 훈련에 대해 자주 묻는 질문

Q. 청각이나 시각 처리 훈련에서 예를 들어 4단계를 75% 수행하여 4.5단계로 올렸는데, 아이가 너무 힘들어합니다. 이런 경우 다시 4단계로 훈련해야 할까요? 아니면 계속 4.5단계로 훈련을 진행해야 할까요?

A. 훈련의 수준은 아이의 현재 발달 상태와 처리 능력에 맞추는 것이 가장 중요합니다. 처리 단계를 올린 이후 아이가 계속 어려워하거나 훈련에 대한 부담을 느낀다면, 아직 그 단계를 감당할 준비가 되지 않았을 수 있습니다. 이런 경우에는 아이의 성공 경험을 쌓기 위해 이전 단계(4단계)를 반복하면서 안정감을 주는 것이 더 효과적일 수 있습니다. 훈련을 진행하다 보면 아이의 발달 속도는 일정하지 않고 오르락내리락할 수 있습니다. 따라서 아이의 반응과 성취 정도를 보며 유연하게 조절해 주는 것이 중요합니다. 준비가 되었을 때 다시 4.5단계로 도전해 보면 훨씬 수월하게 해낼 수 있을 것입니다. 결론적으로, 아이가 너무 힘들어하는 경우라면 다시 4단계로 돌아가 충분히 숙달한 다음 4.5단계로 자연스럽게 넘어가는 것을 추천해 드립니다.

Q. 뇌에 관한 다른 책들(예: 『나는 내가 죽었다고 생각했습니다』(질 볼트 테일러 저, 윌북), 『왼쪽 뇌를 깨워』(스트키 쇼헤이 저, 책보출판사))에서는 발달장애가 있는 아이들의 경우 좌뇌 기능은 덜 발달하고 우뇌가 더 발달해 있다고 합니다. 우뇌는 직관적이고 영적인 정보를 처리하며, 시각적으로도 긴 파장의 빛에 지각해 모서리나 경계선을 잘 구별하지 못한다고 합니다. 청각적으로는 낮은 주파수에 집중한다고 하고요. 실제로 「리틀 자이언트 스텝스 *Little Giant Steps*」에서 구매한 숫자 카드는 숫자 간 간격이 좁아서인지 시각 정보처리 훈련 시 아이가 어려워했는데, 다른 매체를 통해 숫자 간 간격을 넓혀 보여주자, 정답률이 올라갔습니다. 이럴 때 어떻게 하면 좋을까요?

A. 매우 중요한 경험을 나눠 주셔서 감사합니다. 말씀하신 것처럼, 발달장애 아동의 뇌 기능은 개인에 따라 매우 다릅니다. 일반적으로 좌뇌가 언어, 논리, 순서 처리에 강하지만, 우뇌는 직관, 감정, 이미지 등 보다 전체적이고 시각적인 정보처리에 관여하는 것으로 알려져 있습니다. 특히 발달장애가 있는 아이 중 일부는 좌뇌의 정보처리 기능이 충분히 발달하지 않아, 우

뇌 중심의 감각 반응이나 비언어적인 정보에 더 반응하는 경향을 보일 수 있습니다.

이러면, 훈련 도구의 시각적 구성 역시 아이에게 맞게 조정하는 것이 매우 중요합니다. 아이마다 시각 정보처리의 민감도가 다르므로, 숫자 간 간격이 너무 좁은 카드가 오히려 시각적 스트레스를 유발하거나, 정보의 구분을 어렵게 할 수 있습니다. 간격을 넓히고 숫자를 보다 명확히 볼 수 있도록 조정해 주신 것은 매우 적절한 대처였습니다. 실제로 「리틀 자이언트 스텝스」에서는 아이의 시각 처리 능력 향상을 위해 다양한 시각 자극 요소(글꼴, 크기, 간격 등)를 적용한 카드 세트를 함께 제공하고 있습니다. 하지만 이들 카드 중 일부는 영어 기반이라 한국어 환경에서는 사용이 어려울 수 있습니다. 현재 한국어로 제작된 카드가 판매 중입니다.

만약 직접 제작을 원한다면 다음과 같은 사항을 참고하시기 바랍니다.

- 숫자나 글자의 크기를 키우고 간격을 넓히세요. 시각적으로 여백이 많고 또렷한 형태가 아이의 집중력과 정답률을 높일 수 있습니다.
- 모양이나 색상을 시각 단서로 활용하세요. 예를 들어 숫자마다 색을 다르게 하거나, 특정 글꼴을 반복적으로 사용하는 방식도 시각 처리 훈련에 도움이 됩니다.
- 시각 정보에 혼란을 줄 수 있는 요소는 제거하세요. 배경 그림이나 복잡한 테두리, 반사광 등이 아이의 집중을 방해할 수 있습니다.
- 훈련용 자료는 아이의 시각 발달 수준에 맞게 개별 조정해야 합니다. 기존 자료가 어렵다면 직접 제작하거나, 교사나 전문가와 함께 수정해서 사용하는 것도 좋습니다.

아이에게 맞는 형식으로 자료를 조정해 주신 보호자님의 세심함이야말로 훈련에서 가장 중요한 요소입니다. 지금처럼 아이의 반응을 살피며 맞춤형으로 조절해 나가신다면, 더욱 효과적인 발달 지원이 이루어질 것입니다.

Q. 시각 인지가 잘되지 않아 좌우 구분이 어렵습니다. 예를 들어 숫자 6과 9, 2와 5를 자주 혼동합니다. 이런 경우에 도움이 되는 시각 훈련 방법이 있을까요?

A. 자녀가 숫자나 문자를 혼동하는 것은 발달 과정에서 흔히 일어나는 일입니다. 특히 숫자 6과 9, 2와 5처럼 모양이 회전되거나 대칭적인 숫자들은 많은 아이들에게 혼동을 일으킬 수 있습니다. 이러한 좌우 혼동은 시각 인지 및 시지각 처리 능력과 깊은 관련이 있습니다. 따라서 자녀의 시각 정보처리 능력을 높이는 데 집중한 훈련이 효과적입니다. 자녀에게 서로 다른 글꼴, 그림 및 문자를 시각적으로 구별하는 방법을 가르치는 데 도움이 될 수 있는 카드 세트

가 판매 중입니다.

Q. 시각, 청각 처리 훈련에서 4단계는 거의 실수가 없어서 4.5단계를 거친 후 최근에는 5단계로 진행하고 있습니다. 그런데 숫자가 5개로 늘어나자, 아이가 순서를 뒤죽박죽으로 말합니다. 계속 5단계로 훈련을 이어가도 될까요?

A. 자녀가 4.5단계에서 75% 이상의 성공률을 꾸준히 보였다면 5단계로 도전해 보셔도 좋습니다. 단, 새로운 단계로 올라갔을 때는 누구에게나 도전이 됩니다. 특히 청각과 시각 처리 훈련은 작업 기억과 주의 집중력을 함께 요구하기 때문에 숫자의 순서가 뒤바뀌거나 생략되는 일이 흔하게 나타납니다. 만약 5단계에서도 2분 이내에 모든 숫자를 정확히 반복할 수 있다면, 계속 훈련을 진행해 주세요. 그렇지만 반복적인 오류나 좌절이 보인다면 다시 4.5단계로 돌아가 훈련을 안정시키는 것이 좋습니다. 4.5단계를 완전히 숙달한 후 다시 5단계를 시도하면 아이가 더 자신감을 느끼고 반응할 수 있습니다.

처리 능력은 하루아침에 올라가지 않으며, 뇌가 새 단계에 익숙해지는 데는 시간과 반복이 필요합니다. 꾸준함과 인내가 자녀의 실제 발달을 이끕니다. 숫자 순서가 뒤바뀌는 현상도 자연스러운 발달 과정의 일부이므로, 실수 자체에 지나치게 집중하기보다는 전체적인 패턴과 점진적 향상을 지켜봐 주세요.

Q. 숫자로 시각·청각 훈련을 하려는데 아이가 거부감을 보입니다. 이럴 때는 사물이나 신체 한 음절 단어로 대신해도 괜찮을까요? 그리고 그 경우에도 1초 단위로 천천히 말해줘야 하나요?

A. 네, 아이가 숫자에 거부감을 보인다면 사물 이름이나 신체 부위 등 한 음절의 친숙한 단어로 대체하여 훈련하셔도 괜찮습니다. 단, 아이가 그 단어들을 잘 인식하고 있고, 시각적 또는 청각적으로 구별할 수 있는 단어인지 먼저 확인해 주세요. 한 음절 단어를 사용할 때도 각 단어는 반드시 1초 단위의 일정한 간격을 유지하며 천천히 말해 주셔야 합니다. 이는 뇌의 정보처리 속도에 맞춰 주는 것이기 때문에 훈련의 핵심입니다.

예를 들어, "눈… 코… 입" 이런 식으로 각 단어를 또박또박 일정한 간격으로 제시해 주세요.

Q. 시각·청각 훈련을 하려 하면 인지치료 같다고 느껴서인지 아이가 제법 거부감을 보입니다. 어떻게 하면 재미있게 훈련할 수 있을까요?

A. 아이가 훈련을 즐겁게 느끼도록 만드는 것이 매우 중요합니다. 하지만 동시에 훈련의 목적과 절차를 흐트러뜨리지 않는 것이 핵심입니다.

다음과 같은 방법들을 활용해 보시길 권해드립니다.

1. 아이가 좋아하는 단어나 그림을 사용하세요. 예를 들어, '곰, 차, 공'처럼 친숙하고 흥미로운 단어로 구성된 카드나 물건을 활용하면 아이의 집중도가 훨씬 높아집니다.
2. 훈련이 끝난 후에는 반드시 '작은 보상'을 주세요. 칭찬 스티커, 작은 장난감, 좋아하는 간식, 이야기책 읽어주기, 영상 10분 보기 등의 보상이 될 수 있습니다.
3. '칭찬콩 차트'와 같은 보상 시스템을 만들어 보세요. 아이에게 '이걸 다 하면 이따 네가 좋아하는 걸 할 수 있어'라고 예고해 주면 훨씬 협조적으로 됩니다.
4. 훈련의 시간을 너무 길게 잡지 마세요. 하루 두 번, 한 번에 2~3분 정도면 충분합니다. 아이가 집중할 수 있는 짧은 시간 안에 성공감을 느끼도록 해주세요.
5. 가장 중요한 것은 '일관성'입니다. 아이가 거부한다고 그만두기보다는, 매일 반복하면서도 끝에 긍정적인 경험으로 마무리되도록 도와주시는 것이 필요합니다.

Q. 아이가 숫자 카드를 잘 보지 않거나 듣지 않아 '여기 봐, 집중하자, 엄마 눈 보고~'와 같은 도입 시간이 필요합니다. 그러다 보니 훈련 시간이 2분을 초과하게 됩니다. 단계별로 4번의 테스트를 하려면 3분이 넘게 걸리는데요, 이럴 경우, 2분만 하고 쉬었다가 다시 하는 게 좋을까요?

A. 아이가 훈련 전에 집중 상태가 되도록 돕는 것은 매우 중요합니다. 이때 전정 감각을 깨우는 운동 중심 활동(예: 기어다니기, 자전거 타기, 시소 운동 등)을 훈련 전에 포함해 주시면 집중력 향상에 실질적인 도움이 됩니다. 실제로 많은 아이들이 앉아서 훈련하는 것보다 서 있는 자세에서 더 잘 반응하는 때도 많습니다.

'여기 봐, 집중하자'와 같은 도입 시간은 당연히 필요하며, 이 시간을 훈련 시간(2분)에 포함하실 필요는 없습니다. 즉, 아이의 집중이 시작된 시점부터 2분을 측정하시면 됩니다. 하지만 2분 안에 모든 단계를 다 마치기 어려운 경우가 있다면, 2분 단위로 나누어 쉬는 시간을 가지는 것도 좋은 방법입니다. 단, 쉬는 시간에는 단순히 쉬기보다는 감각을 깨우는 활동(기어다니기, 뛰기, 돌기 등)을 하는 것이 더 효과적입니다. 이러한 방식은 아이의 신경계가 자극을 받은 직후 훈련에 더욱 잘 반응하게 하며, 실제로 많은 사례에서 훈련 효과가 더 높아지는 것을 확인할 수 있었습니다.

Q. 시각 숫자를 읽을 때 엄마가 손가락으로 하나하나 짚어주고 있어요. 그러다 보면 아이가 스스로 짚으며 하기도 하고, 집중력이 높아지면

손으로 짚지 않아도 잘하더라고요. 이렇게 해도 괜찮을까요?

A. 네, 맞습니다. 초기에는 아이의 시선 집중과 시선 추적 능력을 높이기 위해 숫자를 손가락으로 하나하나 짚어주는 것이 좋은 방법입니다. 아이가 집중력이 향상되고 시각적 주의가 안정되면, 스스로 짚는 활동으로 전환하거나, 점차 손가락의 도움 없이도 진행할 수 있도록 유도하시면 좋습니다. 현재와 같은 자연스러운 전환은 매우 이상적인 흐름입니다.

Q. 시각 훈련을 손으로 짚으면서 하는 것이 실제로 도움이 될까요? 집중력이 약할 때는 눈이 숫자를 따라가지 못하는 경우가 많습니다. 시선 추적 훈련을 먼저 하는 것이 좋을까요?

A. 네, 시선 추적은 시각 정보처리의 기초입니다. 아이가 숫자나 문자를 차례대로 정확히 인식하려면 눈이 선형적으로 움직여야 합니다. 따라서 집중력이 낮거나 시각주의가 불안정한 경우에는 시선 추적 훈련부터 먼저 진행하는 것이 매우 도움이 됩니다. 예를 들어, 단순한 눈동자 추적 게임이나 레이저 포인터, 선 따라가기 같은 활동이 효과적입니다.

Q. 시각처리 3단계까지 거의 정확하게 반응하던 아이가 최근 들어 혼란스러운 반응을 보입니다. 일시적인 퇴보일 수 있을까요?

A. 네, 충분히 가능한 상황입니다. 처리 능력은 날마다 일정하지 않으며, 더 높은 발달로 나아가기 전 일시적인 퇴보가 나타나는 경우도 있습니다. 피곤하거나 몸 상태가 좋지 않거나, 감정적으로 불안정한 일이 있었을 때도 이런 반응이 나올 수 있습니다. 특히 뇌의 감각 처리 부담이 클 때 이런 현상이 나타나곤 합니다. 가장 중요한 것은 훈련을 중단하지 않고 꾸준히 이어가는 것입니다. 훈련을 멈추면 처리 능력이 더 쉽게 퇴보할 수 있습니다. 걱정하지 마시고, 아이를 격려하면서 지속적으로 훈련을 이어가 주세요. 그러면 다시 회복되고 이전보다 더 발전하는 모습을 보게 되실 것입니다.

5부

어떻게 유지하고 강화할까?

1장

정보의 저장은 우세 기능이 좌우한다

운동 기능도 정렬이 되어야 한다

단기기억을 장기기억으로 저장하기 위해서는 뇌가 조직화해 있어야 한다. 뇌가 조직화하려면 중추신경계가 한쪽 뇌 반구의 우세성을 확보해야 한다. 사람의 신체는 유전적으로 어느 한쪽이 우세하도록 설계되어 있다. 그러나 이러한 유전적 우세성이 실제로 드러나기 위해서는 발달단계를 차례대로 통과해야 한다.

우세성은 손에서 가장 먼저 드러난다. 예를 들어 자녀가 오른손잡이라면 좌뇌가 우세한 것이고, 왼손잡이라면 우뇌가 우세한 것이다. 우세 손이 자리 잡으면 같은 쪽의 귀, 눈, 발도 함께 우세하게 나타난다. 그러나 이러한 우세성이 자리 잡기 위해서는 하위 수준의 뇌가 먼저 완전히 조직화해야 한다.

일반적으로 우세성은 4세에서 8세 사이에 드러난다. 따라서 이 시기 이전에 반드시 4단계의 운동 발달 과정을 모두 거치는 것이 필요하다. 움직임은 뇌를 조직화하며, 이는 아동의 신경발달에 지대한 영향을 미친다.

왼손잡이가 창의적이고 예술성이 높으며, 오른손잡이는 이성적이고 분석적이라는 믿음은 오해에 가깝다. 개인의 사고방식은 단순히 어느 쪽이 우세한가보다는, 대뇌피질 반구의 우세성이 명확하게 형성되었는지와 더 밀접한 관련이 있다.

왼손잡이이든 오른손잡이이든, 뇌의 양반구는 각기 지배 반구와 종속 반구로 나뉜다. 지배 반구는 언어, 추론, 분석, 이성과 같은 기능을 담당하고, 종속 반구는 창의성, 감정 조절, 예술성 등을 담당한다. 만약 뇌의 우세성이 명확히 정립되지 않으면 종속 반구가 주도권을 가지게 되고, 이에 따라 감정이 사고를 지배하게 된다. 이런 경우에는 이성적 판단과 논리적 사고에 어려움을 겪게 된다.

정렬되지 않으면 뇌는 혼란을 느낀다

성인이 되어서도 뇌의 한쪽 반구가 우세하게 자리 잡지 못한 경우가 있으며, 이에 따라 종속 반구가 주요 기능을 담당하게 되면 이성과 추론 능력이 떨어진다. 손, 눈, 귀, 발의 우세성이 일관되지 않고 서로 다른 쪽에 존재하면 '혼합형 우세성'이 형성되는데, 이는 감각 정보의 처리에도 혼란을 초래하게 된다.

혼합형 우세성은 뇌의 조직화가 불완전하다는 신경학적 신호이며, 일상생활 속에서도 여러 기능적 어려움으로 드러날 수 있다. 이들은 종종 정보처리에 있어서 두 가지 극단적인 양상을 보인다. 지나치게 무질서하거나 반대로 과도하게 체계적인 행동을 보이며, 심한 건망증이나 강박적 행동으로 나타나기도 한다.

혼합형 우세성의 핵심 문제는 정보를 일관되게 기억하거나 접근하는 데 어려움이 있다는 점이다. 예를 들어 난독증은 시각 정보가 종속 반구에 저장됨으로써 발생하는 대표적 사례이다. 정보가 종속 반구에 저장될 경우, 뇌는 기억을 꺼내기 전에 먼저 그 정보를 어디에 저장했는지를 찾아야 하므로 처리 시간이 지연된다. 이에 따라 읽기, 쓰기, 철자, 수학은 물론 말더듬증과 같은 언어 표현의 문제까지 야기될 수 있다.

또한 종속 반구는 감정을 조절하는 역할을 하므로, 혼합형 우세성을 가진 사람은 스트레스 상황에서 감정에 압도되기 쉽다. 이때 주도권을 감정이 쥐게 되면 논리적 사고와 기억 접근 능력이 저하된다. 따라서 기억력과 사고력을 안정적으로 유지하기 위해서는, 손, 눈, 귀, 발이 모두 한쪽 반구에 정렬되어야 한다. 이러한 대뇌피질의 정렬은 정보처리 속도를 높이고, 감정과 논리의 균형 있는 조절을 가능하게 한다.

정보처리 능력은 학습 능력에 큰 영향을 준다

「작지만 위대한 발걸음*Little Giant Steps*」 협회를 설립한 잰 베델*Jan Bedell*은 난독증과 주의력 결핍 아동을 대상으로 연구를 진행하였다. 이 연구에 따르면 난독증 아동의 97%는 청각 정보처리 능력이 낮았고, 100%는 시각 정보처리 능력이 낮은 것으로 나타났다. 또한 난독증이 있는 아동 28명 중 95%가 귀와 눈에서 혼합형 우세성을 보였다.

주의력 결핍 아동을 대상으로 한 조사에서도 유사한 결과가 나타났다. 주의력 결핍 아동의 99%가 청각 정보처리 능력이 낮았고, 100%가 시각 정보처리 능력이 낮았다. 조사 대상 87명

중 99.1%는 귀에, 99.4%는 눈에 혼합형 우세성을 보이고 있었다.

이처럼 학습에 어려움을 겪는 아동들은 정보처리 능력이 낮고, 감각 기관에서 혼합형 우세성을 지닌 경우가 많다. 그러나 뇌의 우세성이 한쪽으로 명확히 정립되면 이러한 정보처리의 어려움은 사라진다. 예를 들어, 어떤 사람이 양쪽 귀를 번갈아 사용하거나 청각 정보 수용 시 열세한 쪽의 귀를 주로 사용한다면, 아직 청각 우세성이 정립되지 않은 상태이다. 이 경우, 귀의 우세성을 바로잡기 위해 몇 달간 깨어 있는 동안 열세한 귀에 귀마개를 착용해, 뇌가 우세한 쪽 귀의 역할을 강화하도록 유도해야 한다.

눈도 마찬가지이다. 눈의 우세성을 형성하려면 열세한 눈에 안대를 착용해야 한다. 손도 우세한 손을 쓰기, 그리기, 집기 등의 활동에서 일관되게 사용하도록 훈련해야 한다. 우세성이 재정립되는 과정에서 뇌는 일시적으로 혼란을 겪는다. 그러나 보통 한 달 이내에 행동이 달라지고 사고가 명확해지는 변화를 경험하게 된다. 올바른 우세성을 확립하려면 시간과 인내가 필요하지만, 그만큼 충분한 가치가 있다. 감각 기관의 우세성이 바로 서면 정신과 신체가 더 원활하게 반응하며, 뇌는 정보를 더 빠르게 저장하고 효율적으로 기억해 낼 수 있게 된다.

[기쁨의 발견] 에피소드 33
우리 아이 학습능력에
영향을 미치는 뇌 우세성
https://qrs.ly/9pgr7fk

[기쁨의 발견] 에피소드 34
뇌 우세성 발달, 지금도 늦지 않았습니다
https://qrs.ly/2fgr7fr

[기쁨의 발견] 에피소드 42
학습을 위한 주요 4단계
https://qrs.ly/1igr7fu

2장

소망은 끝까지 자란다

꾸준함과 인내가 변화를 만든다

나는 부모이자 치료사로서, 자녀들의 감각적인 필요를 파악하고 문제들을 하나씩 해결하고 싶었다. 자녀들은 간단한 훈련을 통해 감각 정보를 뇌에 통합하는 효과적인 방법을 점진적으로 배워갈 수 있다. 감각 문제는 단순히 청각, 시각, 촉각의 문제에만 그치지 않는다. 몸의 균형 감각이나 공간 속에서 자신의 위치를 인지하는 감각도 포함된다.

시각, 청각, 촉각은 모두 학습의 통로이다. 따라서 반드시 자녀의 눈과 귀가 제 기능을 하는지, 냄새와 맛, 고통을 느끼는 감각이 적절한지를 확인해야 한다. 감각 입력의 질이 자녀의 운동 발달 수준을 좌우하기 때문이다.

이 책에서는 각 감각 영역의 문제를 단계별로 어떻게 해결할 수 있는지를 설명하고 있다. 배를 바닥에 대고 기거나 손과 무릎을 이용해 기어가는 훈련은 얼핏 보면 단순해 보인다. 그러나 어떤 훈련이든, 정확한 빈도와 시간, 강도로 꾸준히 시행된다면 뇌 기능을 회복시키는 데 분명한 효과가 있다. 앞서 소개한 움직임 단계를 하루에 두 번 이상 꾸준히 실행하면, 신경 연결이 활발히 발달하면서 자녀의 뇌 기능도 점차 향상될 것이다. 처방된 훈련을 꾸준히 실천하면 자녀는 분명 큰 변화를 경험하게 된다.

하지만 문제는 시간이 걸린다는 점이다. 부모가 매일 자녀의 감각 문제를 해결하기 위해 훈련을 한다 해도, 뇌신경이 제대로 연결되기까지는 절대적인 시간이 필요하다. 감각 통합이 반 단계 발달하는 데만 해도 보통 3~4개월 이상이 걸린다.

이 시기에 부모가 인내심을 잃는 경우가 많다. 치료 훈련의 효과가 눈에 띄게 나타나기까지는 시간이 걸리기 때문에, 조바심 속에서 꾸준히 기다리는 수밖에 없다. 나 역시 그랬다. 다른 아이보다 내 자녀를 훈련시키는 것이 훨씬 더 어려웠다. 때로는 내 아이보다 다른 아이에게 더 친절하고 자애롭게 대할 때도 있었다.

부모는 매일 자녀와 마주하기 때문에, 자녀가 이루는 작은 성취를 쉽게 지나치곤 한다. 성취의 기쁨보다 좌절과 낙심의 날이 더 많았고, 때로는 분노를 주체하지 못해 터뜨리기도 했다. 그럴 때마다 자녀에게 용서를 구해야 했고, 나 자신도 인내하며 꾸준히 훈련하는 법을 배워야 했다.

장애가정을 더 힘들게 하는 것은, 어떤 치료법도 단기간에 눈에 띄는 효과를 보이기 어렵다는 점이다. 치료를 바꾸는 것도 쉬운 일이 아니기 때문에, 반복되는 치료실 방문만으로도 부모는 쉽게 지친다. 물론 자녀에게 가장 적합한 치료법을 찾는 것은 중요하다. 하지만 치료 방법을 자주 바꾸는 것은 오히려 효과를 떨어뜨릴 수 있다. 신경발달은 시간이 지나야 그 효과가 나타난다. 그래서 가장 중요한 것은 꾸준함이다. 포기하지 않고 적절한 횟수, 시간, 강도로 지속하는 것이 무엇보다 중요하다.

신경발달 접근법의 장점은, 병원이나 치료실에 의존하지 않고 부모가 집에서 자녀에게 필요한 훈련을 직접 실행할 수 있도록 돕는다는 점이다. 하지만 자율성에는 책임이 따른다. 집에서 훈련을 한다는 것은, 자녀의 미래가 부모의 손에 달려 있다는 의미이기도 하다. 훈련을 얼마나 성실하고 정확하게 실행하느냐에 따라 자녀의 신경발달이 달라지기 때문이다.

신경발달 접근법은 단순하고 효과도 확실하지만, 뇌에 변화가 일어나기까지는 시간이 걸린다. 따라서 부모와 자녀 모두에게 인내가 필요하다. 부모가 기쁜 마음으로 인내하며 자녀를 정확하게 훈련시키는 일은 결코 말처럼 쉽지 않다. 다섯 아이를 키운 엄마로서 나는 그것을 누구보다 잘 안다.

그러니 절대 포기하지 말아야 한다. 그리고 한편으로는, 부모 스스로의 실수를 너그럽게 받아들일 수 있어야 한다. 모든 책임감을 내려놓고, 자녀가 아이답게 자랄 수 있도록 허용해주어야 한다. 자녀는 자신에게 가장 잘 맞는 속도로 발달할 것이다. 부모가 제공하는 훈련은, 자녀가 가진 잠재력을 스스로 펼쳐나갈 수 있도록 도와주는 도구일 뿐이다.

두려움은 함께 이겨내야 한다

성공에 지나치게 매달리지 않아야 한다. 두려움에 사로잡히지 않아야 한다. 오늘 자녀가 이룬 작은 성취들에 기뻐하고 감사할 수 있어야 한다. 자녀가 한 번에 한 걸음씩만 발달할 수 있도록 여유를 가지고 기다려야 한다. 자녀의 미래를 미리 걱정하지 말고, 오늘의 걸음에 집중해야 한다.

장애가 있는 자녀에게 일반적인 성공의 기준을 그대로 적용하는 것은 누구에게도 도움이 되지 않는다. 만약 우리가 일반적인 아이들의 발달 속도와 기준을 자녀에게도 동일하게 기대한다면, 부모의 마음은 어느새 두려움으로 가득 차게 된다. 자녀가 어렵게 한 발짝 내딛는 그 순간에, 우리는 기뻐하고 응원하기보다는 걱정과 불안 속에 갇혀버리기 쉽다.

인생의 기쁨은 상황이 아니라, 그것을 바라보는 우리의 관점과 태도에서 결정된다. 내가 기쁜 인생을 살고 싶다면, 기쁨을 선택해야 하고, 기쁜 것에 집중해야 한다.

나 역시 많은 날을 두려움이라는 친구와 함께 보냈다. 자녀가 주의 집중을 하지 못할 때, 공공장소에서 엉뚱한 행동을 할 때, 포크나 연필을 제대로 쥐지 못할 때, 간단한 지시조차 따르지 못할 때, 나는 쉽게 평정심을 잃곤 했다.

'우리 아이가 글씨 쓰기도 이렇게 어려워하는데, 나중에 편지 한 장도 제대로 못 쓰면 어쩌지? 그러면 학교 공부는 더 힘들겠네. 아, 어떡하지?'

'혹시 앞으로도 밥을 혼자 못 먹는 건 아닐까? 그렇게 되면 사회생활은 꿈도 못 꾸겠지. 큰일이네…'

나는 불안한 마음에 두려움을 더하고, 그 두려움과 더욱 가까워지곤 했다. 그러다 어느 순간 문득 깨달았다. 나는 수년 후의 상황을 앞당겨 걱정하느라, 정작 지금 자녀가 해내고 있는 '작은 성공들'을 충분히 기뻐해 주지 못하고 있었다는 사실을. 자녀가 한 단계씩 천천히 발달해가는 것이 자연스러운 과정임에도, 나는 자녀가 모든 것을 한 번에 성취해 내길 기대하고 있었다.

두려움에 빠진 부모의 모습은 오히려 자녀의 발달을 방해한다. 그런 부모를 바라보며 자녀는 절망하거나 몸을 굳히게 된다. 자기가 부모를 실망하게 할까봐 두려움에 사로잡히게 되는 것이다.

작은 성공도 함께 축하해 주기

뒤를 돌아보니, 아무런 변화도 없을 것 같던 자녀가 실제로는 놀라울 정도로 발전해 왔다는 것을 발견하게 되었다. 연필조차 제대로 쥐지 못하던 아이가 이제는 자동차 모양을 그리고, 간단한 단어도 쓸 수 있게 되었다. 예전에는 아침마다 옷을 입히는 것조차 내가 도와주어야 했지만, 이제는 스스로 침대를 정리하고, 옷을 고르고, 직접 옷을 입는다.

장애가 있는 두 아이는 지금까지 긴 여정을

걸어왔다. 어떤 성취는 빠르게 이루어지기도 했다. 예를 들어, 딸아이는 훈련을 시작한 지 일주일 만에 혼자 옷을 벗고 목욕 준비를 할 수 있게 되었다. 하지만 식사하는 법을 익히는 데는 몇 달이 걸렸다. 언어와 학습에서 또래를 따라잡기까지는 수년이 걸렸다. 그러나 얼마나 빨리 이루어졌든, 얼마나 더디게 이루어졌든, 이 모든 것은 분명한 기적이다. 그래서 우리는 자녀가 이루는 작은 성취 하나하나를 진심으로 축하해 주어야 한다.

우리 자녀들에게는 격려가 필요하다. 아이들은 비난보다는 칭찬에 훨씬 더 잘 반응한다. 칭찬과 격려는 꾸짖음이나 질책보다 훨씬 강력한 동기부여가 된다. 자녀를 격려할 때, 나는 보이는 방식을 활용하기도 한다. 그중 하나가 바로 스티커 판(칭찬콩)이다. 아이가 칭찬받을 만한 행동을 할 때마다 스티커를 한 장씩 붙여준다. 작은 성취를 함께 기뻐하며 격려하는 방식이다. 며칠, 몇 주가 지나면 스티커 판은 하나씩 채워지고, 가득 찼을 때는 아이가 좋아하는 작은 장난감으로 보상해 준다. 이런 방식으로 아이가 직접 느낄 방법으로 성취를 기념하면, 자녀의 태도와 행동은 큰 변화를 보이게 된다. 스티커를 얻기 위한 동기부여 덕분에, 아이는 이전보다 더 빠르게 성장하고 발전하고 있다.

이제 우리는 '성취'의 의미를 다시 생각해 보아야 한다. 성취는 멀고 거창한 목표를 의미하는 것이 아니다. 다른 사람과 경쟁해서 이뤄야 하는 것도 아니다. 성취는 한 걸음씩 이루어지는 과정이며, 매일의 작은 업적을 기념하는 것이다. 아무리 사소한 일이더라도, 어제는 하지 못했던 일을 오늘 할 수 있다면 그것은 분명한 성취이다. 부모는 그 순간을 놓치지 말고, 반드시 축하해 주어야 한다. 성취는 하루하루의 작은 기적들이 쌓여 이뤄지는 것이다.

아이는 분명히 성장한다

감각 문제를 다룰 때, 부모는 특히 깊은 인내심을 가져야 한다. 심각한 감각 민감성은 완화되는 데 수년이 걸리기도 한다. 예를 들어, 우리 아들은 목욕물의 온도에 극도로 민감했다. 처음에는 아들을 목욕시키는 것조차 불가능했다. 반드시 방 온도와 거의 같은 온도의 물을 사용해야만 했다. 비누칠은 꿈도 꿀 수 없었고, 대신 거품 목욕으로 비누 대신 거품만을 이용해 씻겨야 했다.

그러나 약 3년이 지난 지금, 아들은 비누와 샴푸를 사용해 스스로 샤워를 할 수 있게 되었다. 놀라운 것은, 이제는 내가 그의 발가락 사이를 문질러도 가만히 있을 수 있게 되었다는 점이다. 얼마나 큰 발전인가. 부모로서 이런 순간을 마주할 때 느끼는 감격은 말로 다 표현하기 어렵다.

부모는 긍정적인 마음을 유지하면서, 자녀의 감각을 깊이 이해하고 인내하며 기다려야 한다. 자녀가 '큰 돌파'를 이루기까지 꾸준히 기다리며, 그 과정에서 매일 이루어지는 '작은 돌파'들을 함께 기뻐해야 한다.

매일 한 가지 훈련을 선택해 꾸준히 실행해보자. 그러면 자녀는 감각 기관을 통해 정보를 수용하고, 그 정보를 처리하고 저장한 뒤, 실제 삶에 적용하는 능력을 점차 익히게 될 것이다. 내가 내 자녀를 통해 직접 경험한 것처럼, 이 책의 내용을 읽고 실천하는 모든 부모도 분명히 놀라운 변화를 목격하게 될 것이다.

[기쁨의 발견] 에피소드 25
우리 아이에게 알맞는 훈련의 강도와 횟수는?
https://qrs.ly/1ugr7g8

❓ 기타 신경발달 접근법 자주 묻는 질문

Q. 하루에 시행하는 훈련 간의 간격은 어느 정도가 적절한가요? (예: 1차 훈련 후 2차 훈련을 20분 뒤에 해도 괜찮은가요?)

A. 아이에게 충분한 휴식 시간이 주어진다면, 훈련 간 간격이 20분 정도여도 괜찮습니다. 훈련 사이에 간격을 두는 이유는 훈련의 빈도, 강도, 지속 시간을 적절히 조절하기 위함입니다. 뇌가 과도하게 피로해지면 훈련 효과가 떨어질 수 있기 때문에, 뇌의 피로를 방지하는 것이 중요합니다.

가장 이상적인 방법은 오전과 오후에 한 차례씩 훈련을 나누어 진행하는 것이지만, 아이의 뇌 기능이 충분히 회복되었다면 20분 정도의 휴식만으로도 다음 훈련을 시작하셔도 됩니다.

Q. 신경발달접근법에서는 뇌 반구의 우세성 확립이 중요하다고 하셨고, 주도적인 반구가 이성적인 기능을 담당한다고 하셨습니다. 그런데 다른 책들에서는 좌우 반구에 특정 기능이 나뉘어 있다고 설명합니다. 뇌 우세성과 좌우 반구에 대한 설명이 잘 통합되지 않아 혼란스럽습니다. 어떻게 이해하면 좋을까요?

A. 뇌의 작동 방식에 대해서는 다양한 이론이 존재하며, 우리는 여전히 뇌에 대해 새로운 사실들을 배우고 있고, 여러 이론이 현재도 연구되고 있습니다.

신경발달접근법은 전통적인 좌뇌·우뇌 이론보다는, '우세 반구 Dominant Hemisphere'와 '비우세 반구 Non-Dominant Hemisphere'의 기능 차이에 더 주목하는 접근입니다. 이러한 접근은, 단순히 좌뇌는 이성, 우뇌는 감성이라는 도식적인 구분을 넘어서 뇌의 실제 정보 처리 경로와 효율성에 집중합니다. 예를 들어, 난독증이 있는 아동은 일반 아동과는 다른 뇌 영역을 사용하여 글을 읽는다는 것이 뇌 영상 연구를 통해 밝혀졌습니다. 이들은 흔히 잘 사용되지 않는 뇌의 부위를 활용하기 때문에 창의성이 돋보일 수도 있지만, 정보 처리 속도는 느리고 효율성은 떨어질 수 있습니다.

신경발달접근법의 핵심 목표는 특정 감각 자극과 훈련을 통해 보다 빠르고 효율적인 뇌의 정보 처리 경로를 만들어주는 것입니다. 그 과정에서 두 반구가 균형 있게 협력하며, 그중 하나가 주도적인 반구로 확립되는 것이 중요합니다.

뇌의 우세 반구가 명확히 자리 잡으면, 정보 처리와 저장 능력이 향상되며, 이후 정보를 기억하거나 다시 떠올리는 데에도 훨씬 쉬워집니다. 다시 말해, 학습의 효과가 극대화되기 위해서는 뇌가 어떤 반구를 주된 처리 중심으로 삼고 일관되게 작동할 수 있도록 돕는 것이 핵심입니다.

Q. 아이가 생리 중일 때 훈련 집중도가 낮아지거나 이상 반응을 보이는 것이 관련이 있을까요?

A. 자녀의 신체 상태는 훈련에 항상 영향을 미칩니다. 아이가 몸이 좋지 않거나 집중이 잘되지 않는 상태에서는 훈련의 효과도 떨어질 수밖에 없습니다. 이는 학습이든 운동이든, 삶의 전반적인 모든 영역에서 마찬가지입니다. 따라서 자녀가 가장 편안하고 안정된 상태에서 훈련을 진행하는 것이 가장 좋습니다. 물론 현실적으로 항상 최적의 조건을 맞추기는 어렵기 때문에, 보호자께서 자녀가 훈련에 집중할 수 있는 환경을 잘 조성해 주시는 것이 중요합니다.

생리 중에는 복부 경련이나 전반적인 불편감, 때로는 멍하고 흐릿한 느낌을 경험할 수 있습니다. 이런 증상은 훈련의 집중도에 영향을 줄 수 있습니다. 생리 중에 훈련한다고 해서 특별한 부작용이 있는 것은 아니지만, 집중력 저하나 불편감 등 훈련을 방해할 수 있는 요소가 될 수 있습니다. 필요하다면 일반적인 생리통 완화에 사용되는 진통제를 복용하는 것도 도움이 될 수 있습니다. 다만 아이의 상태를 세심히 관찰하시면서, 그날의 컨디션에 따라 훈련량이나 강도를 조절해 주셔도 충분합니다.

Q. 청각 처리가 3개 이상 확실히 된 이후로는 스스로 화장실에 가는 빈도가 많이 늘었었는데요, 최근 들어 2~3일씩 변비가 있다가 많은 양의 배변을 하면서 아파서 그런지 화장실에 갔다가도 변기에 앉기를 주저하고, 참다 참다 앉거나 손가락으로 변을 꺼내려 하는 등의 행동을 보입니다. 유산균은 매일 2알 이상 섭취하고 있습니다. 주로 탄수화물과 단백질 위주의 식사를 하고 짠 음식을 좋아하며, 물은 많이 마시지 않습니다. 단식, 킬레이션, 해독주스를 권하는 분들도 계시는 데 조언을 부탁드립니다.

A. 이 질문은 향후 계획 중인 영양 교육 내용과도 연결되는 매우 중요한 주제입니다. 현재 상황에서 드릴 수 있는 가장 기본적인 조언은, 자녀가 탄수화물 섭취를 줄이고 섬유질 섭취를 늘려야 한다는 것, 그리고 물을 충분히 마셔야 한다는 것입니다.

결장은 대변을 잘 처리하고 배출하기 위해 섬유질과 수분을 필요로 합니다. 섬유질은 장 내 노폐물을 몸 밖으로 옮기는 데 도움을 주며, 이 과정에서 결장은 수분을 다시 흡수하게 됩니다. 자녀가 물을 충분히 마시지 않으면, 대변은 결장 안에서 더욱 단단해지고 결국 막히게 됩니다.

전분이 적은 채소는 섬유질의 훌륭한 공급원입니다. 자녀가 브로콜리, 아스파라거스, 셀러리, 당근, 양배추 등과 같은 채소를 식단에 포함할 수 있도록 격려해 주세요. 단, 섬유질 섭취가 늘어날수록 수분 섭취도 함께 증가해야 효과를 볼 수 있습니다.

한편, 단식은 추천해 드리지 않습니다. 단식은 일반적으로 소화 기능을 느리게 만들어 오히려 변비를 악화시킬 수 있습니다. 반면 해독주스는 섬유질과 수분을 함께 포함하고 있기 때문에, 일정한 조건에서는 도움이 될 수 있습니다.

Q. 보행 교정과 엄지발가락에 생긴 굳은살 문제를 해결할 수 있을까요?

A. 아이의 나이가 이미 성인이라면, 보행 자체를 근본적으로 교정하는 것은 상당히 어려울 수 있습니다. 그러나 엄지발가락(1번 발가락)에 생긴 굳은살 문제는 어느 정도 조절이 가능합니다. 이러한 굳은살은 보통 보행 시 발이 바닥에 닿을 때 감각이 제대로 전달되지 않아, 발을 강하게 내딛는 습관에서 비롯되는 경우가 많습니다. 또는 몸의 중심을 잘 잡지 못해(고유수용감각 저하) 발 안쪽에 무리하게 힘을 주며 걷기 때문에 굳은살이 생겼을 가능성도 있습니다. 이런 경우, 보행 자체를 직접 교정하기보다 전정 자극을 활용해 뇌의 하위 발달 단계부터 도와주는 방식이 효과적일 수 있습니다. 전정 자극은 몸의 균형과 중심 감각을 향상하는 데 도움이 됩니다.

예를 들어 통나무 굴리기와 같은 전정 자극 훈련은 몸의 감각 체계를 자극해, 보다 균형 잡힌 움직임을 유도할 수 있습니다. 이런 기초 훈련을 통해 몸의 중심 감각을 회복시키면, 결과적으로 보행 시 발에 가해지는 불균형한 압력을 줄이는 데 도움이 될 수 있습니다.

Q. 다음과 같은 상황에서 도움이 될 수 있는 뇌신경 훈련법이 있을지 궁금합니다.

1. 강박증과 조급함이 심합니다.
2. 집중력이 매우 짧아 단추 끼우는 것도 기다리지 못합니다.
3. 일상 언어는 꾸준히 진전이 있지만, 고등학교 졸업 후 학습이 중단되고 사회적 적응 위주로 생활하다 보니 학습력과 이해력이 점점 퇴행하는 듯합니다. 국어 학습지를 함께 풀고 있습니다.
4. 콧물이 윗입술까지 흘러내려도 휴지를 찾지 않고 그냥 밥을 먹습니다. '코 푸는 법'을 가르쳐도 닦기만 하고, 콧물이 계속 흐른 상태로 다니는 경우가 몇 년째 지속되고 있습니다.

A. 자녀에게 나타나는 강박적인 행동, 낮은 집중력, 융통성 없는 사고방식 등은 모두 '수행 기능'과 관련이 있습니다. 수행 기능에는 짧은 시간 동안 정보를 머릿속에 유지하는 작업 기억력, 충동을 조절하는 억제력, 사고의 유연성, 계획력과 조직화 능력 등이 포함됩니다.

이러한 기능은 대뇌 전두엽에서 비롯되며, 뇌 발달 중 가장 높은 수준에 해당하는 영역입니다. 다시 말해, 전두엽 기능은 신경 발달에서 가장 마지막 단계에 해당하며, 이를 향상하기 위해서는 그 이전의 낮은 수준의 뇌 발달이 먼저 충실히 이루어져야 합니다. 그러므로 강박 행동이나 융통성 부족은 장기간 지속될 수 있으며, 이 부분에 대한 변화에는 인내심이 필요합니다.

한편, 학습 능력은 청각 및 시각 정보 처리 능력과 밀접하게 연결되어 있습니다. 학교에 다니지 않게 되면 자연스럽게 청각적·시각적 자극이 줄어들고, 이에 따라 해당 처리 능력도 퇴보할 수 있습니다. 그러나 매일 청각과 시각 처리 훈련을 꾸준히 시행하면, 언어 능력과 학습 능력이 다시 향상될 수 있습니다.

아이의 뇌에서 새로운 신경 연결이 이루어지려면 최소 3개월의 시간이 필요합니다. 한 단계의 발달을 완료하려면 적어도 0.5단계에서 1단계에 해당하는 시간이 필요하다는 점을 기억해 주세요. 예를 들어, 3개월간 매일 청각 처리 훈련을 한다면, 자녀의 청각 능력이 최소 0.5단계 이상 향상될 가능성이 있습니다.

또한 자녀의 사회성 발달을 방해하는 요인으로는 감각 처리의 어려움도 있습니다. 예를 들어, 콧물을 닦지 않거나 흐른 상태로 방치하는 행동은 촉각 정보 처리에 어려움이 있기 때문일 수 있습니다. 이를 개선하기 위해서는 세심한 감각 자극 훈련이 도움이 됩니다. 예를 들어, 때수건 등으로 코와 입술 주변을 부드럽게 자극해 주는 훈련은 콧물에 대한 인식과 반응을 높이는 데 효과적일 수 있습니다.

결국 중요한 것은 자녀의 신경 발달 격차와 감각 처리 문제를 정확히 파악하고, 그에 맞는 훈련을 통해 균형 있게 발달을 도와주는 것입니다. 이것이 바로 신경발달 접근법의 핵심 원리입니다.

Q. 아이가 유난히 훈련에 거부 반응을 보입니다. 활동 보조 선생님과 함께 주차장에 도착했는데, 차에서 내리기를 심하게 거부해 겨우 데리고 왔다고 합니다. 평소에는 밥 먹는 것을 좋아해서 내려오면 기분 좋게 흥얼거리며 오는데요. 이렇게 강하게 거부하는 아이들도 흔한가요? 특수체육도 잘 따라 하고 즐기는데, 왜 훈련만 거부하는지 궁금합니다.

A. 네, 자녀와 함께 훈련이나 운동을 시작할 때 처음에는 거부 반응을 보이는 경우가 종종 있습

니다. 특히 새로운 환경이나 낯선 루틴에 적응하는 데 어려움을 느끼는 아이들은, 이미 익숙한 활동이라 하더라도 일시적으로 강한 거부감을 나타내는 경우가 있습니다.

지금까지 다양한 운동을 권해드렸지만, 그중에서도 가장 기본적이고 중요한 것은 전정 자극을 활용한 신경발달 운동입니다. 예를 들어, 시소 운동은 전정계 자극과 신체 조절 능력을 동시에 향상하는 데 도움이 되는 좋은 시작점입니다. 만약 자녀가 전반적으로 훈련에 협조하지 않는다면, 신경 발달 운동부터 시작해 주시는 것이 좋습니다. 아이가 점차 익숙해지고 안정감을 느끼게 되면, 그다음 단계로 다른 활동들을 천천히, 조금씩 추가해 주시는 것이 좋습니다.

저는 훈련 프로그램을 구성할 때 일반적으로 우선순위에 따라 정리하고 있기 때문에, 자녀가 점차 협조하기 시작하면 그 순서대로 무리 없이 진행하실 수 있습니다.

Q. 아이가 비닐에 강한 집착을 보입니다. 비닐을 손가락에 돌돌 말아 자극을 주고, 비닐이 없을 때는 집 안을 돌아다니며 찾아다닙니다. 외부에 나가서도 비닐을 손에서 놓지 않고, 손가락에 계속 자극을 줍니다. 비닐을 빼앗으면 오히려 집착이 더 심해집니다. 다른 것으로 대체해 보았지만, 관심을 가지지 않고 여전히 비닐에만 집착합니다. 도움이 될 수 있는 훈련이 있을까요?

A. 이런 형태의 반복적이고 강박적인 행동은 신경 발달과 깊은 관련이 있습니다. 비닐을 손가락에 감거나 만지며 감각 자극을 주는 행동은 아이에게 일시적으로 엔도르핀(쾌감을 유도하는 뇌 내 신경전달물질)을 제공하는 방식으로 작동할 수 있습니다. 문제는 이런 방식이 신경 발달에는 오히려 방해된다는 것입니다.

이러한 감각 집착 행동은 반복될수록 더 강해지기 쉽고, 아이는 점점 더 강한 자극과 반복을 통해 만족을 추구하게 됩니다. 따라서 이 문제를 해결하기 위해서는 단순히 대체물을 주기보다는, 근본적인 신경 체계의 조절 능력 회복이 필요합니다.

또한 식단 역시 이러한 감각 민감성 및 반복 행동에 영향을 미칠 수 있습니다. 특히 마그네슘 결핍은 과민반응, 안절부절못함, 소음 민감성을 높일 수 있습니다. 마그네슘이 풍부한 음식으로는 시금치, 아보카도, 아몬드, 검은콩 등이 있습니다. 아울러, 아연은 과잉 행동을 줄이는 데 도움을 줄 수 있는 영양소입니다. 아연이 풍부한 식품으로는 아보카도, 시금치, 호박씨, 코코아 파우더 등이 있습니다.

Q. 아이가 척추측만증이 심해서 자세가 한쪽으로 기울고, 한쪽 팔도 잘 올라가지 않습니다. 도움

이 될 수 있는 훈련이나 운동이 있을까요?

A. 척추측만증은 근육의 문제라기보다 골격의 문제이기 때문에, 단순한 운동만으로는 해결하기 어렵습니다. 이 경우에는 반드시 정형외과 전문의의 진단과 치료가 필요합니다. 보통의 경우 등 보조기(보조 기구)를 착용하는 치료가 권장되며, 상태에 따라 드물게는 수술적 치료가 필요할 수도 있습니다. 따라서 먼저 정형외과 진료를 통해 정확한 평가를 받으시는 것이 가장 우선입니다.

훈련이나 운동은 의사의 치료 계획과 함께 보조적인 수단으로 활용하셔야 하며, 무리하게 진행할 때 오히려 통증이나 불균형을 악화시킬 수 있습니다. 전문적인 진단을 바탕으로 적절한 운동법이 함께 처방될 때, 가장 효과적이고 안전한 회복이 가능합니다.

Q. 식이요법과 훈련 중 무엇이 더 중요할까요? 예를 들어 비율로 따지면 30:70처럼 말씀해 주실 수 있을까요?

A. 식이요법과 신경 발달 훈련의 중요도를 단순히 비율로 나누어 말씀드리기는 어렵습니다. 그 이유는 모든 아이가 공통된 신경 발달 단계를 거친다고 해도, 아이마다 감각 문제의 양상과 신경 발달의 격차가 모두 다르기 때문입니다.

좋은 소식은, 동일한 신경 발달 훈련이 이러한 격차를 줄이고 아이의 전반적인 뇌 발달을 도와줄 수 있다는 점입니다. 따라서 신경 발달 훈련은 모든 아이에게 필요한 핵심 요소라고 할 수 있습니다. 특히 감각 통합에 문제가 있는 경우, 그 심각도에 따라 먼저 필요한 감각 훈련을 순서대로 적용하는 것이 중요합니다.

한편, 식단 역시 매우 중요한 역할을 합니다. 모든 어린이에게 필요한 식단의 기본 원칙은 존재하지만, 각 아이의 체질과 소화 능력, 유전적 민감성에 따라 조정되어야 합니다. 기본적으로는 아래와 같은 식단 구성이 권장됩니다:

녹말이 없는 채소(예: 양배추, 당근, 호박 등) - 전체 식단의 약 50%

건강한 단백질, 지방, 과일 - 나머지 35~40%

전분이 포함된 곡물, 쌀, 감자류 - 약 10~15%

피해야 할 성분: 인공 색소, 향료, 감미료, 방부제, MSG, 정제 설탕, 경화유, 농약·제초제 등

특히 발달 특성이 있는 아이들의 경우 다음과 같은 점에 유의하셔야 합니다:

자폐 스펙트럼 아동: 밀, 우유, 콩 등을 소화하는 효소가 부족한 경우가 많으며, 이 성분들은 체내에서 오피오이드처럼 작용하여 행동에 부정적인 영향을 줄 수 있습니다.

다운증후군 아동: 21번 염색체 삼염색체의 영향으로 특정 효소(가바, CBS 등)가 과잉 생성되어 글루타메이트와 유황에 민감할 수 있습니다. 따라서 MSG, 유황 함유 식품, 칼슘 과다 섭취는 주의가 필요합니다.

식이요법은 신경 발달을 저해할 수 있는 독소를 제거하고, 훈련은 뇌의 신경 연결을 회복시키는 역할을 합니다. 두 요소는 서로 보완적이며, 어느 하나만으로는 충분하지 않습니다. 결국 아이의 전인적인 발달을 위해서는 건강한 식단과 꾸준한 신경 발달 훈련이 모두 함께 이루어져야 합니다.

Q. 아이가 열이 나거나 아플 때는 훈련을 쉬는 게 좋을까요? 아니면 조금이라도 하는 것이 도움이 될까요?

A. 네, 아이가 열이 나거나 몸 상태가 좋지 않으면 훈련을 쉬는 것이 좋습니다. 신체나 뇌가 평소와 같은 상태가 아닐 때는 감각 정보를 제대로 처리하기 어렵습니다.

또한 아이의 몸이 감염과 싸우는 중이라면, 신체의 에너지와 영양분이 신경 발달보다 면역 반응에 먼저 사용되기 때문입니다. 이 시기에는 오히려 훈련을 지속하는 것이 아이의 회복을 방해할 수 있습니다. 따라서 아이가 열이 나거나 침대에서 일어나기 힘들 정도로 컨디션이 좋지 않다면, 훈련은 잠시 쉬고 아이의 회복에 집중하는 것이 우선입니다.

단, 감기 초기처럼 가벼운 증상만 있고 아이가 일상적인 활동을 무리 없이 할 수 있는 상태라면, 무리하지 않는 선에서 훈련을 간단히 이어가는 것은 가능합니다. 이 경우에도 아이의 상태를 세심하게 관찰하면서 진행해 주세요.

Q. 아이가 엘리베이터에 강한 집착을 보입니다. 수년째 각 층을 확인하듯 구경하고, 단조로운 층은 흥미 없어 하고 층별 이미지나 장식을 유심히 관찰합니다. 보호자로서 매우 지치는데, 도움이 되는 훈련이 있을까요?

A. 이러한 강박적인 행동은 발달 장애 아동에게서 자주 나타날 수 있는 특성 중 하나입니다. 실제로 이는 많은 부모님들께서 어려움을 겪는 대표적인 문제이기도 합니다.

아이들이 이렇게 특정 행동에 집착하게 되는 이유는, 감각 처리의 어려움 때문입니다. 뇌가 감각 정보를 효과적으로 처리하지 못할 때, 아이는 반복적인 자극을 통해 자신을 진정시키고 안정감을 얻으려고 행동하게 됩니다. 이때 반복 행동은 엔돌핀 분비를 촉진시켜 아이에게 일시적인 만족감을 줄 수 있습니다. 하지만 이러한 강박적 행동은 신경 발달에는 오히려 방해됩니다. 따라서 가능한 경우, 아이가 엘리베이터에 지나치게 집중하지 않도록 주의를 분산시키는 방법을 활용하시는 것이 필요합니다. 예를 들어, 엘리베이터가 있는 장소를 가능한 한 피하고, 어쩔 수 없이 타야 할 경우에는 간단한 게임이나 이야기, 미션 수행 등으로 관심을 다른 곳으로 유도하는 훈련이 도움이 됩니다. 꾸준히 반복해서 새로운 자극에 노출하면, 아이가 특정 자극에만 집착하는 경향도 점차 줄어들 수 있습니다.

또한 중요한 점은, 청각 과 시각 처리 능력이 향상될수록 이런 행동이 줄어들 가능성이 높다는 것입니다. 청각 처리 능력이 발달하면 사회적 상호작용에 대한 반응이 좋아지고, 시각 처리 능력이 발달하면 주의 집중력이 향상되며, 환경을 지나치게 관찰하거나 분석하려는 강박 행동도 완화될 수 있습니다. 이러한 감각 통합과 주의력 조절 능력은 신경 발달 훈련을 통해 점진적으로 개선될 수 있습니다. 힘든 과정이지만, 꾸준히 뇌 기반 훈련을 실천하시면 분명 아이의 행동에도 변화가 나타날 것입니다.

포기하지 마시고, 천천히 그러나 꾸준하게 훈련을 이어가 주세요. 작은 변화들이 쌓여, 어느 순간 아이의 행동에서 의미 있는 개선이 나타나기 시작할 것입니다.

Q. 자녀가 감각적으로 예민한 데다, 교회 근처인 지역만 가도 자지러지게 울며 거부해서 지역 교회에서 하는 자녀 훈련이나 주일 예배 참석이 불가능한 상황입니다. 대기 시간이 길었던 경험들이 누적된 듯합니다. 청소년기 특유의 욕구도 커지고 민감성도 더 심해져 훈련 진행이 어렵습니다. 신경발달적 접근이나 양육의 지혜를 나눠주실 수 있을까요?

A. 청소년기는 모든 부모에게 쉽지 않은 시기이지만, 특별한 도움이 필요한 자녀를 양육하는 부모님께는 더욱 도전적인 시기가 될 수 있습니다. 청소년기에는 신체 성장과 함께 호르몬 변화가 활발하게 일어나며, 이에 따라 감각 민감도와 정서적 반응이 더욱 극단적으로 나타날 수 있습니다. 저는 전문 의료인은 아니지만, 청소년기의 신체 변화에 도움이 되는 기초 영양 보충이 일부 부모님들께 긍정적인 효과를 보인 경우도 있습니다. 아래는 참고할 수 있는 대표적인 영양소입니다:

마그네슘: 신경계 안정 및 수면 질 향상

오메가-3: 뇌 기능 및 감정 조절

칼슘, 비타민 D, 비타민 K, 비타민 A, B12, 철분 등: 성장기 균형 잡힌 호르몬 조절 및 인지 기능 유지

Q. 훈련기간에 비해 경과 속도가 너무 느리고 주의력 집중이 어려운데 처방 외에 다른 도움 될 훈련이나 방법이 있는지요?

A. 훈련을 일정 기간 꾸준히 진행했음에도 불구하고 눈에 띄는 변화가 더딘 경우, 부모님으로서는 답답함과 지침을 느끼실 수 있습니다. 하지만 뇌의 발달 속도는 아이마다 다르므로, 조급해하지 않으시기를 부탁드립니다.

현재 상황에서 다음과 같은 추가적인 도움을 시도해 보실 수 있습니다:

1. 전정 자극 훈련 추가

앞뒤로 구르기 운동을 하루 3~4회 추가해 보시기를 권장해 드립니다. 전정계는 주의 집중력과 감각 통합 능력 향상에 핵심적인 역할을 하므로, 이 훈련은 기초 안정성 확보에 매우 효과적입니다.

2. 무게 조끼 착용

2~3kg 정도의 무게 조끼를 일정 시간 착용하게 해보세요. 이는 몸의 고유수용감각을 자극해 자녀가 자신의 위치와 움직임을 더 잘 인지하고, 안정감을 느끼는 데 도움을 줄 수 있습니다.

3. 신경정신과 상담 병행

훈련만으로 개선 속도가 느릴 경우, 주의력집중장애 약물 치료에 대한 전문적인 상담을 받아보시는 것도 고려해 볼 수 있습니다. 약물 치료는 훈련의 효과를 방해하지 않으며, 오히려 훈련에 대한 반응성을 높이는 데 도움을 줄 수 있습니다.

4. 청각 처리 훈련은 필수

모든 감각 통합 훈련의 기본은 '청각 처리'입니다. 아이가 상대적으로 안정된 상태일 때, 하루에 1회라도 청각 처리 훈련을 빠뜨리지 않고 진행해 주시는 것이 중요합니다. 이는 언어 이해, 지시 따르기, 사회적 반응 형성 등 다양한 발달의 기초가 됩니다.

Q. 아이가 훈련하기를 싫어합니다. 처음에는 훈련을 좋아하는 듯했지만 점점 기계적으로 하게 되면서 거부하는 일이 많아졌습니다. 아이에게 스스로 하려는 욕구가 없어 보여서 너무 힘들었고, 그동안 양육 태도를 수용적으로 바꿔보니 표현도 많아지고 모방도 늘었습니다. 훈련은 꼭 필요하다고 생각하지만, 지금은 학기 초라 스트레스를 많이 받고 있어서, 3월 말부터 다시 본격적으로 시작할 예정입니다.

A. 아이가 스스로 하려는 욕구(내적 동기)를 가지려면, 뇌의 앞부분(전두엽)과 상위 뇌 기능이 충분히 발달해야 합니다. 그러나 이 상위 기능은 자연스럽게 발달하는 것이 아니라, 하위 뇌 영역(전정계, 고유수용감각 등)을 충분히 자극해 주고 반복 훈련을 통해 차근차근 쌓아 올려야 가능한 것입니다. 따라서 지금처럼 훈련을 잠시 쉬고 아이의 상태를 존중하는 것도 긴 호흡에서 보면 매우 현명한 선택입니다. 뇌는 스트레스를 받을 때 제대로 작동하지 않기 때문에, 아이가 감정적으로 안정되고 수용적인 상태일 때 다시 훈련을 시작하는 것이 훨씬 효과적입니다.

일반적으로 1년 정도 집중적으로 훈련하면 2~3단계 정도의 발달 진전이 나타날 수 있으며, 훈련이 생활의 일부로 습관화되는 것이 가장 중요합니다. 아울러, 아이가 훈련에 다시 흥미를 느낄 수 있도록 훈련 후 작은 보상이나 상을 제공하는 방식도 도움이 될 수 있습니다. 단,

보상이 훈련보다 더 중요하게 여겨지지 않도록 균형 있게 운영해 주셔야 합니다.

Q. 각기 운동을 2분씩 하고 나서, 이어서 계속 쭉 해도 괜찮을까요?

A. 하루 중 시간이 허락하는 한, 여러 번 나누어 운동하셔도 괜찮습니다. 운동은 많이, 그리고 꾸준히 할수록 더 좋은 결과를 얻을 수 있습니다. 가능하다면 제시된 운동 순서대로 진행하시는 것이 이상적입니다. 하지만 상황상 순서를 지키기 어려울 때는 할 수 있는 운동부터 유연하게 진행하셔도 무방합니다.

가장 중요한 것은 '정해진 시간에 정해진 양을 꾸준히 훈련하는 것' 자체입니다.

순서에 얽매이기보다 실천하는 지속성이 핵심입니다.

Q. 2분씩 시간 처방된 운동을 여러 번 짧게 나눠서 하기보다, 2분씩 유지해서 진행하는 것이 더 효과적인가요?

A. 네, 2분씩 집중하여 유지하는 방식이 더 효과적입니다. 단, 자녀가 피곤해하거나 활동을 강하게 거부할 때는 무리하지 마시고 쉬어가셔도 좋습니다.

하지만 한 번 운동을 시작했다면 2분 정도는 유지해 주시는 것이 뇌 자극에 더 도움이 되며, 2분을 초과해서 너무 길게 지속하면 뇌가 피로해져 오히려 운동 효과가 떨어질 수 있습니다. 따라서 2분이라는 시간은 가장 효과적인 자극 유지 시간으로 보시면 됩니다.

Q. 아이가 훈련을 거부할 때, 어떤 훈련부터 시작하는 것이 좋을까요?

A. 훈련을 거부하는 아이에게는 가장 먼저 '훈련을 기대하도록 만드는 루틴'을 형성하는 것부터 시작해야 합니다. 훈련 자체보다도, 아이가 훈련이라는 활동을 예측할 수 있고 안전한 일상으로 인식하도록 만드는 것이 우선입니다. 첫걸음으로는 아이에게 가장 편안하고 잘 받아들일 수 있는 자극부터 시도해 보세요. 몸에 안정감을 주는 압박인 심압 자극이나 부드러운 손길이나 수건으로 가볍게 쓰다듬는 촉각 자극으로 시작할 수 있습니다. 만약 아이가 촉각에 예민한 경우에는, 손이나 부드러운 천을 이용해 편안하게, 천천히, 거부감 없이 접촉해 주세요.

가장 중요한 것은, 아이와 함께 훈련 루틴을 만드는 것입니다.

아이에게 규칙적으로 반복되는 시간과 공간, 그리고 활동의 구조가 생기면 뇌는 점점 그 흐름을 기대하고 준비하게 됩니다. 또한 훈련이 끝난 후에는, 아이가 좋아하는 활동이나 물건, 칭찬 등 긍정적인 보상을 함께 주세요. 이러한 긍정적 강화는 훈련에 대한 거부감을 줄이고, 점차 참여를 유도하는 데 도움이 됩니다. 무엇보다 기억하실 점은, 아이도 결국 감각 자극이 필요하다는 사실입니다. 그 필요가 채워지면 아이는 조금씩 더 많은 것을 원하게 됩니다. 물론 언제나 그런 건 아니지만, 훈련보다 더 중요한 건 부모와 함께 보내는 시간과 애정일 수 있습니다. 포기하지 마시고, 이 루틴이 정착될 수 있도록 부드럽고, 일관되게 반복해 주세요. 작은 시작이 큰 변화를 만들어냅니다.

Q. 발작을 겪는 자녀에게 도움이 되는 훈련이 있을까요? 혹은 발작을 한 날 피해야 할 훈련이 있을까요?

A. 예, 자녀가 발작을 경험하는 경우 그날은 쉬는 것이 가장 좋습니다. 자녀가 발작을 일으켰다면 운동을 시도하지 마세요. 발작은 뇌의 비정상적인 전기 발화로 인해 발생합니다. 이것은 뇌를 피곤하게 하고 뇌를 불리한 상태로 만듭니다. 뇌가 휴식을 취하고 다시 적응해야 운동이 효과적일 수 있습니다.

따라서 가장 중요한 것은 발작이 계속되지 않도록 신경정신과 상담을 통해 자녀의 약물을 조정하는 것입니다. 약물을 조정하고 자녀의 뇌 활동이 정상화되면 신경 발달 운동을 재개하세요. 특정 식이요법도 발작에 도움이 될 수 있지만 먼저 약물을 사용하는 것이 좋습니다.

Q. 뜻대로 되지 않을 때 머리를 박는 행동이 점점 잦아지는데, 이럴 때 도와줄 수 있는 훈련이 있을까요?

A. 아이가 스스로 머리를 벽에 부딪히는 행동을 보일 때는, 이미 감각적으로 한계에 도달했다는 신호입니다. 이는 마치 아이의 '감각컵'이 넘쳐서 더 이상 받아들일 수 없는 상태에 이르렀다는 의미입니다. 감각 과부하로 인해 좌절감과 압도감을 느끼고 있다는 뜻입니다. 이럴 때는 훈련을 더 추가하기보다는, 오히려 활동의 양을 줄여주는 것이 가장 우선입니다. 이미 최소한의 신경 발달 활동을 하고 있다면, 지금 하는 훈련을 천천히, 체계적으로 진행해 주세요. 아이의 뇌가 스트레스나 압박감으로 압도당한 상태에서는 어떤 훈련도 효과를 발휘하기 어렵습니다. 오히려 훈련 자체가 아이에게는 또 다른 감각 자극이 되어 부담될 수 있습니다. 핵심은 천천히, 아이의 감각 내성을 조금씩 회복시키는 것입니다. 아이의 뇌가 준비되지 않은 상태에서는 훈련보다 회복과 안정이 우선입니다.

Q. 요즘 아이가 산만해지고 집중 시간이 짧아졌습니다. 이런 경우에는 심압 자극이 더 도움이 될까요? 아니면 배로 기기나 시소 운동처럼 전정 자극이 더 효과적일까요?

A. 아이의 주의력이 산만해지거나 집중 시간이 짧아지는 데에는 여러 가지 원인이 있을 수 있습

니다. 눈의 초점이 잘 맞지 않거나 감각 기능에 혼란이 있을 때도 그렇고, 단순히 주변 환경이 산만하거나 소음이 심한 경우, 혹은 배가 고프거나 화장실에 가고 싶은 욕구, 피곤함이나 불편함이 있을 때도 집중은 쉽게 무너질 수 있습니다. 이렇게 집중이 되지 않는 이유는 하나가 아니라 여러 가지 요소들이 복합적으로 작용할 수 있습니다.

이런 상황에서는 전정 자극과 심압 자극을 적절히 함께 사용하는 것이 좋습니다. 전정 자극은 뇌 전체를 조절하는 데 중요한 역할을 하므로 시소나 배로 기기 같은 활동은 대부분의 아이에게 안정감을 주고 집중력을 높이는 데 도움이 됩니다. 전정계는 거의 모든 감각 정보를 통합하는 중심 통로이기 때문에, 이 계통이 자극되면 뇌 전체가 더 안정되고 집중하기 쉬운 상태로 전환됩니다.

하지만 아이가 자신의 몸을 잘 인식하지 못하거나, 계속 몸을 움직이며 어디에 있는지 감지하려는 듯한 행동을 보인다면, 그때는 심압 자극이 더 효과적일 수 있습니다. 예를 들어, 무게 조끼를 입거나 손목이나 발목에 중량을 착용해 주면, 아이가 몸의 위치를 더 분명히 느낄 수 있어 산만한 움직임을 줄이는 데 도움이 됩니다. 또한 아이가 앉아서 집중해야 할 시간이 있다면, 무릎 위에 약간 무거운 물건을 올려주는 것도 좋은 방법입니다. 이런 방식은 몸의 중심을 안정시키고 집중 상태를 유지하는 데 큰 도움이 됩니다.

* 이 책에 수록된 <자주 묻는 질문>은 저자가 발달장애 아동과 부모를 대상으로 진행한 워크숍과 집단훈련 과정에서 부모와 보호자들이 실제 훈련을 진행하며 제기한 질문들에 대한 저자의 답변을 정리한 것이다.

끝까지 포기하지 말기

발달장애 아동을 양육하는 길은 끝없는 도전처럼 느껴지는 여정이다. 그러나 이 길은 혼자가 아니라, 부모와 아이가 함께 걸어가는 성장의 길이다. 아이가 보여주는 작은 변화와 성공은 결코 사소한 것이 아니며, 그 안에는 놀라운 기적이 담겨 있는 것이다.

부모의 인내와 사랑은 아이의 뇌와 마음을 변화시키는 가장 강력한 힘이다. 때로는 눈에 띄지 않을 만큼 작은 진전일지라도, 그것은 아이가 자기만의 속도로 앞으로 나아가고 있음을 보여주는 증거다.

이 책의 내용과 실천을 통해 부모와 보호자들에게 끝까지 포기하지 않아도 된다는 확신을 주기를 바랐다. 이 길 위에서 부모가 아이와 함께 웃고, 작은 성취를 기뻐하길. 힘든 순간 속에서도 삶에 너무 작아서 잘 보이지 않았던 소중한 작은 성공의 기쁨을 발견할 수 있기를 바란다.

발달장애 아동을 키우는 삶은 고된 길이지만, 매일 서로에게서 새롭게 희망과 사랑을 발견하는 삶이 될 수 있다. 이 여정이 부모와 아이 모두에게 기적과 같은 기쁨으로 채워지기를 소망하는 바이다.

샬롬!

참고 자료

Bedell, Jan. The Best Kept Secret in Education: Auditory Processing. Little Giant Steps: Plano, Texas. 2004.

Centers for Disease Control and Prevention CDC. "Data and Statistics About ADHD". https://www.cdc.gov/ncbddd/adhd/data.html. Accessed May 17, 2021.

Centers for Disease Control and Prevention CDC. "Data and Statistics on Autism Spectrum Disorder". https://www.cdc.gov/ncbddd/autism/data.html. Accessed May 17, 2021.

Cook, David. When Your Child Struggles: The Myth of 20/20 Vision What Every Parent Needs to Know. Invision Press: Atlanta. 2004.

First Things First. Brain Development. https://www.firstthingsfirst.org/early-childhood-matters/brain-development/ Accessed May 20, 2021.

Hjalmarsdottir. Freydis. 17 Science-Based Benefits of Omega-3 Fatty Acids. Healthline: October 15, 2018. https://www.healthline.com/nutrition/17-health-benefits-of-omega-3 Accessed May 20, 2021.

IMSE Journal. "Three Components to Multi-Sensory Instruction". December 27, 2019. https://journal.imse.com/three-components-of-multi-sensory-instruction/. Accessed May 17, 2021.

Ireton, Harold. Child Development Chart- First Five Years. https://www.pdffiller.com/63908295-ecdchartenglish_0pdf-ireton-developmental-chart- Accessed May 20, 2021.

Kane, Linda. The NeuroDevelopmental Approach: There is Hope…And a Future! Mountain Star Publishing, LLC.: Ogden, Utah. 2014.

Little Giant Steps. https://www.littlegiantsteps.com/ Accessed February 9, 2019.

Marenus, Michele. "Gardner's Theory of Multiple Intelligences". Simply Psychology: June 9, 2020. https://www.simplypsychology.org/multiple-intelligences.html. Accessed May 14, 2020.

McLead, Saul. "Maslow's Hierarchy of Needs". Simply Psychology: December 29, 2020. https://www.simplypsychology.org/maslow.html#gsc.tab=0 Accessed May 13, 2021.

National Center for Education Statistics NCES. 2018 Annual Report. Table 204.50. https://nces.ed.gov/programs/digest/d18/tables/dt18_204.50.asp. Accessed May 17, 2021.

Northwest Neurodevelopmental Training Center, Inc. The Brain: Fact, Function, Fantasy, 5th Edition. Northwest Neurodevelopmental Training Center: Woodburn, Oregon. 2003.

OTFC. The Importance of the Vestibular System. https://occupationaltherapychildren.com.au/importance-vestibular-processing-system/ Accessed May 13, 2021.

Purvis, Karyn B., Cross, David R., and Wendy Lyons Sunshine. The Connected Child: Bring Hope and Healing to Your Adoptive Family. McGraw Hill: New York. 2007.

Rief, Sandra. ADHD and Developmental Delay in Executive Functions. Educational Resource Specialists: November 14, 2012. http://www.sandrarief.com/adhd-and-developmental-delay-in-executive-functions/ Accessed May 5, 2021.

Schneider, Catherine Chemin. Sensory Secrets: How to Jump-Start Learning in Children. Concerned Communications: Siloam Springs, Arkansas. 2001.

Sun, Ying-Fang, Lee, Jeun-Shenn, and Ralph Kirby. Brain Imaging Findings in Dyslexia. Pediatrics Q Neonatology: (10)60017-4. April 2010.

신경발달 접근법 훈련 도구

신경발달 훈련 앱

이 책에서 소개한 신경발달 접근법을 실생활에서 체계적으로 적용할 수 있도록 개발된 전용 모바일 앱을 소개합니다.

왜 이 앱이 필요한가요?

책을 통해 신경발달 원리를 이해했다면, 이제 실제로 일상에서 꾸준히 실천하는 것이 중요합니다. 하지만 많은 부모들이 다음과 같은 어려움을 겪습니다:

> "우리 아이에게 어떤 운동이 가장 적합할까?"
> "매일 꾸준히 하기가 어려워요"
> "제대로 하고 있는지 확신이 서지 않아요"
> "전문가의 피드백을 받고 싶어요"

앱이 제공하는 실질적 도움

개인 맞춤형 진단
아이의 현재 상태를 정확히 파악하여 가장 필요한 훈련부터 시작할 수 있도록 안내합니다.

체계적인 일정 관리
매일의 훈련을 놓치지 않도록 알람과 기록 시스템을 제공하며, 아이의 변화 과정을 한눈에 확인할 수 있습니다.

전문가와의 연결
훈련 과정을 전문가와 공유하여 지속적인 피드백과 조언을 받을 수 있어, 혼자서 고민하지 않아도 됩니다.

앱 자세히 알아보기

아래 QR코드를 스캔하여 신경발달 훈련 앱에 대한 상세한 정보를 확인하세요. 앱 관련 문의는 QR코드를 통해 확인하실 수 있습니다.

앱 다운로드

애플 앱스토어   구글 플레이스토어

신경발달 훈련 도구

책에서 소개된 다양한 훈련법을 실제로 수행할 때 필요한 구체적인 도구들과 준비물에 대한 상세한 안내를 제공합니다. 구매 링크도 확인할 수 있습니다.

QR코드 스캔 방법

스마트폰 카메라를 QR코드에 대고 2-3초 기다리면 자동으로 페이지가 열립니다.
(아이폰: 기본 카메라 앱 / 안드로이드: 카메라 앱 또는 QR코드 스캐너 앱)

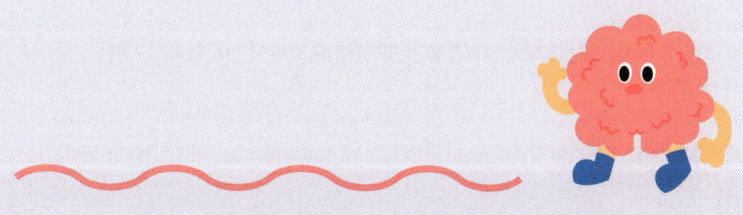

다시 연결되는 뇌, 기쁨을 깨우다
발달장애 아동 부모를 위한 신경발달 접근법

초판 1쇄 발행   2025년 10월 1일
2쇄 발행   2025년 10월 1일

지은이   윤조이

기획   윤상혁
편집   유지영
디자인   파크인미

펴낸곳   노츠랩
등록번호   제2025-000133호
주 소   경기도 성남시 분당구 하오개로344번길 2
전 화   031-759-8308
팩 스   031-759-8309
전자우편   wjp@wjm.kr

ISBN   979-11-994972-0-7 (03590)

이 출판물은 저작권법에 의해 보호를 받는 저작물이므로 무단 전재와 무단 복제를 금합니다.

* 잘못된 책은 바꿔드립니다.
* 책값은 뒤표지에 있습니다.